四分之一的身體

一百分的人生

生命英雄段雲球

段雲球／著

生命的堅韌與毅力是無窮的，大到可以打敗上天所有的磨難，
只要不放棄，努力不懈怠，上天會給你最豐碩的精彩人生。

崧燁文化

目錄

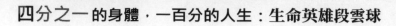

四分之一的身體‧一百分的人生：生命英雄段雲球

內容提要

內容提要

一個創造生命奇蹟的人！

一個真正的強者！

他說：「人如果突破了極限，四分之一是可以挑戰百分百的，因為我堅故我在。記得有位大家說過，人的潛能是無限大的，我們僅僅發揮了不到百分之五的潛能。如果我們可以百分百地努力，那我的四分之一至少可以把人的潛能發揮到百分之二十五，我不能感動中國，也沒能撼動人類，但是，我能用四分之一的身體創造生命的百分百！」

張海迪題辭勉勵，網上連載十天百萬人次點擊。

被喻為中國的乙武洋匡，新時代的精神支柱。

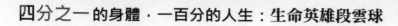

四分之一的身體・一百分的人生：生命英雄段雲球

當身體還剩下四分之一時（代序）

當身體還剩下四分之一時（代序）

記失去雙腿和右手的生命英雄段雲球

當身體還剩下四分之一時，即只剩下一隻左手和身軀時，人生會怎樣？

……

不可想像！

七歲時，穿著母親剛買的新鞋，段雲球在火車鐵軌上玩耍追逐。突然，一輛火車呼嘯而來，他急著跑，鞋子卻卡在軌道縫中拔不出來。剎那雙腿失去了知覺，他本能地用右手去拉雙腿，於是右手也在頃刻間沒了。

就這樣，噩夢一般，他失去了身體的四分之三。

但他沒有被突如其來的災難擊倒，他「站起來」了，一直「向前走」，並且走得很好。他只唸了四年小學，可是透過自學，他現在的學識涵養足以與當前大學生比肩，足以讓世人刮目相看。閱讀段雲球的作品，脈絡清晰、語言流暢、內容豐富，你找不出很明顯的紕漏。他不僅以寫作為生，生活上也完全自理，他從來不請傭人或保姆來照顧自己，他的親人（雙親已逝）大都在別的都市。他會烹飪，會自己穿脫衣裳，會用凳子走路，會自己大小便，會騎三輪機車，會單手操作電腦，會游泳（而且幾乎所有的游泳姿式都熟悉），會潛水……

這一切難道是奇蹟？

我對他開玩笑說：「你不愧是中國的乙武洋匡。」他則笑著說：「請問乙武洋匡會自己騎車嗎？我就是我，段雲球，今年三十，獨一無二。」

這些話出自他口，絕非平常聲音，那是一種對生命力量的膜拜與尊重。沒有人會責備他自誇，因為事實本當如此。況且，缺手斷腳對於一個活著的人而言，本來就是一項嚴酷的挑戰。

四分之一的身體，一百分的人生：生命英雄段雲球

當身體還剩下四分之一時（代序）

有網友言：「真正的勇氣不是敢去死，而是堅強地活下去！」對他來說，命運弄人至此，死已經比活還容易了。其中艱難、辛酸、困苦，非常人所能理解和接受。

他的心態可用「堅不可摧」來形容，那些與風雨抗爭、與命運比拚的印記，一一刻在他那張「曾經滄海」的臉上，看得出「飽經滄桑」，也看得到「風雨兼程」，就是看不到「怯懦」與「鬆懈」。在他看來，他和常人沒有區別，他可以自食其力，可以馳騁大街小巷，可以暢遊萬泉河……他認為自己甚至比常人還正常。他覺得自己沒什麼了不起的，沒有什麼驚天動地的事跡可以寫，只是一個普通人。記得當初透過同鄉認識他的時候，我簡直不敢相信世界上還有這種人，而且還能如此生存。想想自己，四肢健全，卻經常為一些雞毛蒜皮的小事而耿耿於懷、悶悶不樂。與他相比，自己簡直渺小到了極點。

我半開玩笑地對他說：「雲球，你知道嗎？你總認為自己沒有什麼了不起，可在很多人心中，你是神！人中的太陽神！前不久，我在網上貼了幾篇關於你的事蹟，你猜怎麼著？才三天時間，點擊率超過十萬（現在早已過百萬了），網友看了你的照片、讀了你的故事，有羞愧萬分的，有驚愕不定的，有信心倍增的，總之，你的形象高大無比，你的四分之一早已擴展成人類的圖騰……」他只是微笑，眼神中掠過一絲利劍般的光芒。是感動，是無奈，還是？我讀懂的只有「堅強」二字。

他的學識涵養同樣令常人嘆為觀止。僅憑四年的「父背上的小學」（他父親背著他讀完四年小學）和父親的一箱舊書，他從沈從文筆下「邊城」式的鄉村一路啃到東北，再到北京，是從小「當將軍」的夢一直支持著他「摸爬滾打」，也是這個夢讓他堅信「正常人能做到的，我也一樣可以」！

正是這個夢想的力量，憑著驚人的魔力，他自修了國中、高中絕大部分的課程。他對中國傳統文化的偏愛，源於他父親箱子裡幾本泛黃的古典名著，他七歲時就開始閱讀《紅樓夢》、《三國演義》等，九歲時開始翻閱《茶花女》、《紅與黑》、《簡愛》、《飄》等世界名著。再到後來，加上小紅姐（他的一個表姐）的指引和幫助，他開始了最初的寫作學習，他開始嘗試各種文體的練筆。漸漸地，他迷戀上文字，並暗下決心要寫出名堂。在他的思維世

界裡，既沒有「初生牛犢」，也沒有「虎」，他只知道李白、杜甫、王維是歷史名人，他們也沒有上過所謂的大學。古人尚且可以憑藉一腔熱血成就千古美名，他為何不可？就這樣，早在東北時，他就報考了當地的「作家班」，接受專業的文化知識和寫作技能訓練，他的文字狂熱終於可以「有理有節」地釋放，他慢慢變得「專業」起來。從東北到北京，他先後獲得多次寫作大獎，發表作品無數，只可惜，大都是替人做槍手。為了混口飯吃，他只好犧牲了著作權。

他的理念堅毅而前衛，聽聽他的言論：「人如果突破了極限，四分之一是可以挑戰百分百的，因為我堅故我在。記得有位大家說過，人的潛能無限大，我們僅僅發揮了不到百分之五的潛能。如果我們可以百分百地努力，那我的四分之一至少可以把人的潛能發揮到百分之二十五。哦，天大的數字！讓人激動的數字！難道你有理由否定他嗎？」無人不為之感慨，有此信心，其利足可斷金！

他的樂觀激勵人心，絕不「催人淚下」；他的故事讓人重生，絕不「聊表同情」。他沒有把太多的時間停留在四分之三的殘缺上，用他的話來講，就是「無暇顧及」，因為要做的事情太多，要想的問題太多，根本沒有時間去煩惱。首先是生計問題，他從不接受任何施捨和救濟，他要靠自己的單手去創造一切，去養家餬口。然後是夢想問題，他一直想創作出版署上自己大名的、感謝生活的長篇著作，他想一直寫作出書，寫出內心的湧動，把生活中的點點滴滴還原在紙上；把自己多年來對生命的感悟，對人情冷暖的感受盡情抒寫於書中；讓所有幫助過他、關愛過他的人從後台走向舞台，去接受「真情大使」的頒獎。

他沒有食言，一部近二十萬字的長篇自傳終於在他的單手敲打下「橫空出世」，名為《當身體還剩下四分之一時》。當身體只剩下四分之一時，人將如何？是生，是死，還是生不如死？沒有人不為之揪心。我相信，但凡看完他的書的人，不會擔心，只會深深祝福，帶著滿滿的希望與力量去迎接各自生命中的下一個漂流！正如他所言：「讓每一個身體健全的人多一分堅定，讓身體有殘缺的人多一點堅強！」

四分之一的身體，一百分的人生：生命英雄段雲球

當身體還剩下四分之一時（代序）

　　書很快就要出版，真希望大家能從中得到感悟，受到啟迪，希望大家都能享受生命的百分百！

劉燁

自序

　　寫點東西的想法由來已久。當初到北京來正是基於對這座古都文化氛圍的憧憬和嚮往。到了這裡才知道，光有熱情和想法還遠遠不夠，我那點墨水還不足以讓我在這個人才薈萃、競爭激烈的都市中憑藉舞文弄墨為生，終於體會到「先謀生計，後謀業績」的重要性。「知子莫若父」，想當初，父親早看出我急功近利、好高騖遠的盲目心態，於是將如此厚重的金玉良言相贈，真可謂用心良苦。

　　在現實中堅持一種夢想，在世俗中固守一份執著真的好難。一天天長大，徘徊在理想與現實的裂痕之間，我忽然發現一些美好的東西被現實的熔爐無情地焚化了：原來理想和現實是兩種完全不同的顏色。在現實的色彩面前，理想不過是一抹脆弱的點綴。儘管如此，我堅持將這一抹脆弱點綴到現實的調色盤上。因為我知道在理想和現實之間，健全人有健全人的煩惱，身障者有身障者的快樂。健全人做不到的，不等於身障者也做不到。

　　理想和現實之間的這扇門對每個人都是平等的，只有永不放棄的人才可以走進來。其實這扇門從來沒有關上過，一直等待著我們走進去，只是很多人還沒走到它的門口便已放棄了。

　　於是，我一直慢慢地走著。雖然有點累，有點苦，甚至有點痛，可是我知道我離那扇門越來越近，只是還需要一些運氣和機遇。

　　也許是機緣巧合，也許是上天作美。二〇〇五年秋天，有同鄉到北京來辦事，經他介紹，我認識了劉燁先生。我們年齡相當，趣味相投。不同的是他事業有成，公司已初具規模，正是大展宏圖之時。我沒想到偌大的北京城居然還有一位同鄉在這裡尋夢。

　　劉燁先生具有湖南人特有的性格特點，求真務實。他聽了我的遭遇、看到我的實際情況以後，既驚訝又關切，建議我寫一本書。我原想寫一部小說，他說我就是一本很好的書，鼓勵我將自己的經歷寫出來。我一直覺得自己沒什麼可寫的，和普通人一樣平凡而渺小。他說我雖然平凡而渺小，可是我的

四分之一的身體，一百分的人生：生命英雄段雲球

自序

經歷和行為卻不是每個人都能擁有和做到的。正是這種平凡和渺小，蘊涵了一個人對生活的真正理解和感悟。他要我想想：我為什麼能夠走到今天？

劉燁先生的話宛如一塊石頭，在我的心湖泛起陣陣漣漪。是的，我為什麼能夠走到今天？就我個人而言，只是做了自己該做的事，沒有什麼值得書寫的。倒是那些關心我、支持我、幫助過我的人值得寫一寫：像姑姑、大媽、小紅姐；小海、陳挺、二姐和二姐夫、高偉、江波向；還有孟香、小帆、曲薇、陳丹等等，而其他認識和不認識的人更是數不勝數。

當然最主要的還是我的親生父母。他們為我操勞了一生，牽掛了一生，呵護了一生，直到離開這個世界，心裡仍然念念不忘。所以說我是一個幸福的人，集萬千寵愛於一身。同時我又是一個內疚壓抑的人，背負著還不清的感情債。我除了感恩生命的奇蹟，還能做什麼呢？劉燁先生的提醒和幫助促使我拿起了沉甸甸的筆，還原生活中的點點滴滴，希望能給其他身障朋友一點啟示，給健全人一點鞭策。世界沒有拋棄任何人，首先要學會自重自愛；世界是五彩繽紛的，積極參與了才能看到它的美麗。

如果這個目的達到了，我就心滿意足了。

上帝是公平的！祂收去了我身體的重要組成部分，卻給了我一顆頑強不屈的心。我不是上帝的寵兒，祂卻使我懂得一條做人的基本準則：「不管生活有多麼艱難，我們都要微笑著去面對！」我相信，只要不放棄，我便不會成為上帝的棄兒！

財富可以改變生活的狀態，身體可以影響人生的品質，心靈則決定了生命的寬度。人只能活一次，是否精彩，完全取決於自己的行為方式！

謝謝你們，親愛的人們！

段雲球

冬於北京

第一部分：童年

▌禍兮福兮 歸去來兮

　　上帝是公平的！祂收去了我身體的重要部分，卻給了我一顆頑強不屈的心。我不是上帝的寵兒，但我相信，只要自己不放棄，便永遠不會成為祂的棄兒！財富可以改變生活的狀況，身體可以影響人生的品質，心靈則決定生命的長度。人只能活一次，是否精彩，完全取決於自己的行為方式！

一

　　七歲那年冬天的一個傍晚，我像往常一樣與許多小朋友在鐵路旁玩「鬼抓人」的遊戲。我穿著媽媽給我買的新皮鞋，在鐵道上穿來穿去，跑得又快又急，誰也追不上。正當我得意之時，不小心踩到鐵軌的縫隙裡，雙腳在道岔中間怎麼也拔不出來。此時，正好一輛運煤的火車呼嘯而來。我本能地用右手去拉腳，接著渾身顫抖了一下，旋即倒在軌道旁。

　　我恍惚間聽到刺耳的急剎聲，緊接著吵吵嚷嚷的聲音從四周圍攏過來。我掙扎著想爬起來，但渾身軟綿綿的，一點力氣也沒有。我看到一位戴著皮帽的中年男子一臉驚愕地看著我。他朝圍觀的人群大喊：「快去找鐵絲和鉗子來！」一邊要我別怕，一邊用兩隻手分別緊緊地壓住我的雙腿，並叫人幫忙壓住了我的右手。我渾身如火燒般難受，大聲哭喊著要他們放開我。

　　很快有人拿來鉗子和鐵絲。大人手忙腳亂地把我的手腳緊緊地捆綁起來。這時母親來了，將我抱在懷裡，歇斯底里地大聲痛哭。

　　為了搶救我的性命，火車司機丟下車廂，用火車頭將我與母親送到火車站。早已等候在那裡的救護車將我送到醫院。

　　也許是因為醫院的職業對生老病死、天災人禍早已習以為常。我記得很清楚，一位醫生看到我的模樣，勸母親不要搶救了。他說孩子還這麼小，就算治好了，這輩子該怎麼過啊？其實不只是醫生，當時很多人都這樣勸母親。

四分之一的身體，一百分的人生：生命英雄段雲球

第一部分：童年

母親見狀，突然跪倒在地上，一邊向眾人行禮一邊失聲痛哭：「求求你們救救他吧！我兒子要是死了，我也不想活了！」

回想當時的情形真是不可思議。在一個多小時的時間裡，我一直處於清醒狀態。當時我只覺得口乾舌燥，渾身火燒般難受，一直哭喊著要喝水。我還記得自己被推進手術室的時候，一位護理師餵了一口葡萄糖給我，然後用白色的口罩緊緊摀住我的嘴。我拚命掙扎了幾下，漸漸失去知覺。

二

恍恍惚惚睜開眼睛，我聽到有人興奮地喊道：「他醒啦！他醒啦！大姐！你快看，元基（這是我以前的名字）醒啦！」我眼前一片模糊，依稀看到一個身穿白色裙子的婦女走來走去。她在說什麼？這時有人將臉貼在我臉上，我下意識地喊了一聲媽媽。

「兒子別怕，媽媽在這裡。」我聽到母親的聲音，伸手胡亂抓了幾下，掙扎著想起身，可眼前一黑又昏了過去。

當我再次醒來時，母親已經坐在床邊的椅子上睡著了。我想爬起來，但腦子昏沉沉的，身體沒有半點力氣。我有氣無力地喊了一聲媽媽。

母親驚喜地站起來。她看到我醒了，立即把我的臉緊緊擁在懷裡。她一邊用臉磨蹭著我的頭，一邊泣不成聲地喃喃道：「兒子！我的好兒子！你嚇死媽媽了。」

醫生、護理師聽說我醒了，紛紛來到病房探望問候，向母親表示祝賀。有個醫生拿著聽診器在我身上聽來聽去。他聽完後笑著說一切正常，說我先天體質好。眾人說我大難不死，必有後福。我脫離危險期後，從加護病房轉到普通病房。

鄰居聽說我手術成功，紛紛拎著大包小包的探病禮到醫院看望我。當時我還對朋友說，等出院後要和他們去溜冰呢！（因為有個高姓護理師姐姐哄我，說我的腿之後還能再手術接回，當時年紀小便信以為真）母親聽到這話，眼淚剎那間流了出來。

後來麻藥退了，我的傷口開始疼痛，痛得我大哭大鬧。母親不在的時候更是變本加厲，吵得整個病房裡的人不得安寧。護理師高姐姐總會及時進來哄我，抱我在醫院走廊四處走走，她一邊安慰我，一邊拿牛奶糖給我吃。她還講了抗日小英雄王二小的故事給我聽。我對她說，王二小跟我一樣是小孩子，他都有勇氣對抗日本人了，而我只是受了點傷，現在我也不怕痛了。高姐姐親我臉，說我是個好孩子。

高姐姐當時還不到二十歲，剛從護校畢業，被分配到這間醫院工作。直到現在我都還記得她當年的樣子：大大的眼睛，又粗又長的辮子，整天笑嘻嘻的。那時，除了母親以外，我最喜歡的人就是高姐姐了。我出院的時候她還哭了，一直抱著我，一路送我到醫院大門外。很多年後我回去醫院看她，她已經當上護理長了，並且有了兩個活潑可愛的孩子。

聽醫生說，我之所以能夠僥倖活下來，都是多虧了路人及時用鐵絲捆住了我的傷口，否則早就失血過多一命嗚呼了。更糟糕的是，那天醫院血庫裡血漿短缺。為了搶救我的生命，母親的單位主管還特地開卡車載二十幾個身強體健的年輕人去醫院捐血。

我不知道那是怎樣的一幅情景，不過我能感受到那個場面一定非常感人。那個年代要人捐血，在心理上就像叫人捐贈骨髓一樣緊張。可是為了一個幼小的生命，在得不到任何酬勞的情況下，很多年輕人還是心甘情願地將身上寶貴的血液捐獻了出來。這種助人為樂的精神一直影響著我，感動著我。雖然我們素不相識，甚至不知道他們叫什麼名字。不過在我心裡，他們就是一幅美麗的圖騰，象徵著仁愛、勇氣、善良和人性的光芒。

用鐵絲給我捆綁傷口的那位帶皮帽的中午男子是一名鐵路員工，姓戴。在我住院期間，他到醫院探望了我幾次，我都叫他戴叔叔。他每次總要摸一下我的頭，笑咪咪地說：「這孩子福大，命也大！」

他見我天天躺在病床上，便抱著我在醫院四處玩耍。沒想到這樣一位見義勇為的好人，竟在一年後的冬天突發心臟病去世了。

第一部分：童年

也許上帝在創造人類的時候，故意在生命的流向中設置了形形色色的陷阱，以檢驗人類有沒有勇氣與智慧適應這個陷阱，並且踰越過去。而我是幸運的。或許在我落入陷阱的時候，上帝見我還小，不想過分為難我，便動了惻隱之心。於是好心人用力將我拉了出來。倘若沒有戴叔叔這樣善良的人，沒有那些素不相識的捐血者，我的生命在七歲那年冬天就已經結束了。在我生命危機時刻獻出愛心的所有人，是我心裡一道永遠不會褪色的彩虹。他們美麗的心靈是我心中真正的上帝！

三

母愛是一張地圖。經線是牽掛，緯線是祝福。

我住院期間，母親沒有上班，公司不僅照發薪水，還從工會撥了救濟款送到醫院。我住院的所有費用由當地的鐵路局支付。出院後，母親特地背著我去鐵路局感謝那裡的員工。母親對我說：「兒子，做人要懂得知恩圖報哦！」

母親當時的薪水微薄，也就能夠支撐我們母子倆的生活而已。在我的印象中，母親很少買新衣服，總是穿著工作服，一雙襪子縫縫補補，直到最後只剩下連在一起的補丁了。不過每隔兩三個月，母親便帶著我去郵局匯款。當時我還小，也沒問過母親要寄錢給誰。這場突如其來的橫禍使家裡的經濟狀況頓時陷入困窘。特別是我剛出院的那段日子，臉色蒼白，身體虛弱，母親心急如焚。她聽說鹿茸注射液是很好的營養品，便想方設法託人去買。在高姐姐的協助下，母親好不容易在醫院買到幾盒鹿茸注射液。

為了補充營養，母親每餐都會煮蒸蛋給我配飯吃，而她自己只配馬鈴薯和白菜。每每看到我碗裡還有剩下的蒸蛋，母親都會用饅頭蘸乾淨吃下，並對我說：「兒子，不可以浪費食物，知道嗎？」

蒸蛋雖然好吃，但吃久了也味同嚼蠟。有一次我發脾氣朝母親怒吼：「天天吃這些東西，膩死了！幹嘛不買點肉呢？」

母親看著我，半晌沒說話。忽然，她將我摟在懷裡，撫摸著我的頭低聲道：「兒子，媽媽明天就去買肉。」一滴滾燙的淚珠掉在我臉上，母親哭了。我心裡有些害怕，連忙改口道：「媽媽，肉不吃也沒關係啦！」

母親緊緊抱著我，我們母子二人哭成一團。隔天，她果然買了一小塊瘦肉回來，做了一碗瘦肉蘑菇湯給我吃。那天，我堅持母親也要一起吃肉。母親象徵性地嘗了幾口，高興地說：「我兒子長大了，懂事了！」

白天的時間，昔日的同學好友一個個走進校門，而我只能在窗前眼巴巴地望著他們。看著他們背著書包，手牽著手有說有笑的樣子，我羨慕得想哭。

我經常坐在窗前，呆呆遠望著過往的車輛與行人，心裡盼望星期天快點到來。星期天是我最快樂的日子，因為這一天母親放假，鄰居家的小朋友也會到家裡找我玩。

母親怕我一個人在家裡太寂寞，便買了很多童書回來供我消磨時間。後來還買了一個小收音機。當時普通家庭的孩子能得到家長如此溺愛的並不多，因此鄰居家的孩子非常羨慕我。

童年發生的不幸帶給我日常生活諸多不便。母親想盡一切辦法，最大限度地為我創造良好的生活氛圍。我那時還小，不知道什麼是痛苦，宛如籠子裡的小鳥，很快就適應了籠子裡的生活。

四

北方的春天姍姍來遲，臨窗眺望，遠遠就能看到樹上星星點點的葉芽，蝴蝶和小鳥自由自在地飛來飛去。那時我老是幻想，自己要是有一雙翅膀該有多好啊！可以飛到春意盎然的窗外，飛到學校和同學一起玩耍。

我經常作夢。夢見身上長出了翅膀，自在翱翔於美麗的藍天。那情形好似多年後小軍表妹送給我的那首詩：「朦朦朧朧的我，做了個朦朦朧朧的夢，小鳥變大鳥，費很多周折……」，詩的名字叫〈鳥〉。時間久了，只記得這幾句。這些都是我童年時的真實感受。

緊閉了一個漫長冬季的窗戶總算打開了。春天的氣息撲面而來，充盈了整個房間，透著沁人心脾的清爽。在這個美麗的春天，有一個比春天還要美好的男孩來到了我的身邊。

四分之一的身體，一百分的人生：生命英雄段雲球

第一部分：童年

　　時隔這麼多年，我們第一次見面時的情景依舊清晰地印在我的腦海裡，恍如昨日。當時，他姐姐帶著他來我家。他一隻手握著麻雀，一隻手握著幾朵剛從樹上採摘下來的杜鵑花。起初，他見到我的時候顯得很害怕，立即躲到他姐姐身後。他姐姐硬生生地將他拉到我面前：「你剛才不是還哭著說要找人陪你玩嗎？以後你沒事就來找元基玩吧！」

　　他的名字是小海，剛從老家來。他姐姐問我與小海一起玩好不好，我高興地大聲說：「好！」那個時候還能有人陪我玩，別提心裡多開心了。我立即將自己的玩具和童書給小海看，還打開收音機讓他聽。當時這些東西連都市的孩子都好奇，更別提鄉下來的孩子，簡直是難以抗拒的誘惑。小海果然心動，馬上將手裡的東西放到我旁邊，然後好奇地玩了起來。小海那隻羽翼未滿的小麻雀在床上跳來跳去。我小心翼翼地捉住牠，在牠的腳上繫上毛線，然後又將線的另一端綁在桌腳。

　　小海的家境也不好。他有六個兄弟姐妹，最小的妹妹出生後不久，父母就相繼病逝。小海的大姐為了照顧弟弟妹妹，只好招贅一個礦工。由於生活所迫，他的其他兄弟姐妹還在老家的祖母那裡。剛從老家回來的時候，小海和我一樣，經常一個人待在家裡，因為白天其他哥哥姐姐都要上班上學。正是這個類似的境遇讓我們成了最好的朋友。小海的到來給我冷清的童年增添了許多歡笑和快樂。

　　有一天，我看到窗櫺上有隻蜘蛛在結網，便爬到窗台上捉蜘蛛，一不小心從窗台上掉落外面。好在母親想在後院種點香菜和蔥，地面剛剛才翻過土，因此沒有摔疼摔傷。我爬了老半天，累得滿頭大汗，卻怎麼也爬不上那道一公尺高的牆。我坐在地上急得哇哇大哭。

　　小海來了。他見我摔到了窗外，立即伸手拉我上去。雖然我們僅一牆之隔，但畢竟大家都是小孩子，他使盡吃奶的力氣也沒法將我拉回屋裡。情急之下，他趴在窗台上向我伸出雙手，結果用力過猛，連帶他也一頭栽了下來，鬆軟的泥地被他的腦袋瓜撞出了一個洞。

　　我見他滿臉塵土，像個泥娃娃，忍不住笑了。我關心他的情況，他用手擦了擦臉，說沒事。然後使勁將我往窗台上推，每次總差一點點。我們又忙

了老半天，倆人都氣喘吁吁。我說他笨，他說我比豬還重，怎麼可以怪他。我們爭執了幾句，他生氣地說不管我了。說罷，作勢爬上窗台要走。我「哇」地大哭起來。他見我哭了，只好又從窗台上跳下來，一邊用髒兮兮的小手給我抹眼淚，一邊勸我不要哭。小海看著我，蹲在地上思索起來。他的目光忽然落在我的左腿上，好似想起了什麼，問我腿還痛嗎？我說早就不痛了。他又摸著腦袋瓜問我，那腿還能站起來嗎？

我說沒有腳怎麼站呀？他居然回我，跪著也行啊！接著他要我跪一下給他看看。

我害怕膝蓋受傷沒有同意，後來經不住他的糾纏，只好答應試試。我左手按在地上用力掙扎了幾下，身體搖搖晃晃的，才剛離開地面就失去平衡，「撲通」摔了滿臉泥。

小海一愣，略帶歉意地將我扶起來。他幫我擦去臉上的泥土，問我痛不痛？我笑著說沒事。這時我意外地發現膝蓋不僅沒有絲毫疼痛，還差一點就跪了下去。

我靈機一動，爬到牆邊將手扶在牆上，身體倚靠著牆面慢慢地起身。小海想要過來扶我，我拒絕了。我嘗試著「站」起來，一連幾次都失敗了，我十分沮喪。最後還是靠小海用雙手扶著我，讓我先跪在地上再「站」起身來。小海要我抓著窗櫺，等我「站」穩了，再用雙手緊緊抱住我的左腿，只聽見他大叫一聲「啊」！我就被成功推到窗台上了。

自那之後，我閒來無事便會用手扶著床，單膝跪在床上練習「站立」。剛開始，我感到既不順又吃力，後來漸漸習慣了。再後來，我不僅可以單膝在床上跳來跳去，而且只要有能依靠的地方，還可以穩穩地「站」在那裡很長一段時間。

沒想到這次意外摔倒卻成就了我僅存的半截腿，讓它有了用武之地，就是這「半截腿」在我日後的生活中造成了不可替代的作用。

記得那天母親下班回來，看到我靠在牆上一動不動地跪著，以為發生了什麼事，嚇得臉色大變。我卻洋洋得意地說：「媽媽妳看，我能站起來了！」

第一部分:童年

母親驚訝地看著我,忽然跑過來將我摟在懷裡,眼淚嘩啦啦地直流。她雙手捧著我的臉哽咽道:「好兒子。」過了一會兒,母親擦乾眼淚朝著我開心地笑了。為此她特意買了兩根香腸做了一頓豐盛的晚餐,邀請小海來家裡吃飯。

失去雙腿後,上廁所便成了難題。每天晚上母親都像小時候那樣,用雙手抱著我到外面上廁所。我受母親的影響,從小愛乾淨,為了避免白天想上廁所,一般情況下我很少喝水、吃東西。只有母親在家的時候,我才放心地吃東西。

有一天我肚子痛,小海要我直接用家裡的小便桶上廁所。我不願意,堅持等母親回來。不料肚子疼得厲害,折騰得我實在受不了了,我朝著小海大哭大鬧,催促他快想想辦法。小海被我鬧得站也不是,坐也不是,急得抓耳撓腮。也許是急中生智吧!他突然將一張凳子搬到我面前,要我坐到上面。我剛坐到上面,他就將另一張凳子放到前面,要我再跳到那張凳子上。我們像螞蟻搬家似地一點點向外面「走」去。這個辦法雖然笨拙卻很管用,解決了一大難題。母親知道這件事後,既高興又難過,複雜的表情至今仍歷歷在目。

五

後來我經常利用小海的「發明」到門口玩耍。一天小海和幾個小朋友在我家門口玩彈珠。我坐在凳子上看熱鬧,心中羨慕,也吵著說要加入。眾人見我在凳子上玩起來不方便,都表示反對。我說我可以的。他們不信,我一著急,「騰」一下從凳子上跳到地上。小海見我執意要玩,便跑回屋子,不知道從哪裡找出兩個裝石灰用的紙袋,抖乾淨後要我坐在上面。自從出車禍以後,我還是第一次和一群人直接玩遊戲。

彈珠的落點可不像小海那樣配合我。它忽東忽西,忽左忽右,忽近忽遠,我只能用兩個紙袋輪流向前挪動。每次輪到我打的時候,眾人都要等上好一會兒。他們等得有些不耐煩,吵著說不想跟我玩了。於是收起彈珠,要小海

跟他們一起到別處玩。小海原本轉身準備離開，我叫住他，威脅他若是拋下我一人，以後就不給他吃好吃的。小海果然猶豫起來。

那時候我們幾乎形影不離，同吃同住。一塊糖果要一口咬成兩半，一人一半。當時的我對小海有一種很強的依賴性，他不在身邊，心裡總是覺得很空虛。小海似乎也習慣我的這種依賴，一旦失去了這種依賴，反而覺得缺少點什麼。儘管我們都只是孩子，還不懂什麼是感情，什麼是友情，可是彼此之間好似有一根長繩，在無形中牢牢拴住了對方。這種情感沒有得失，沒有企圖，沒有功利，只有一顆純粹而童真的心。雖然我們話裡偶爾帶點功利色彩，甚至還有威脅對方的想法，但那反倒是因為我們還只是孩子。

眾人見小海猶豫不決，都開始取笑他。小海眼巴巴地望著我，一副欲走還留的樣子，似乎只等我開口同意。畢竟是孩子，看到小海與別人走心裡會有醋意，所以我便靜靜地不說話。眾人圍著小海起鬨。一會兒說他嘴饞，一會兒說他會怕我，一會兒說他想討好我。小海又羞又惱，氣得滿臉通紅，突然大叫一聲，與一個指著他的小朋友打起架來。小海一身蠻力，一兩個孩子奈何不了他。誰知道其中一個小朋友大喊一聲，眾人蜂擁而上。我看情況不妙，大聲叫小海快跑。眾人狼群似地撲向小海。他苦撐了一陣子，很快倒在地上。眾人像堆積木一樣，爭先恐後地堆了上去。我一著急，順手抓起身邊的凳子向人堆扔了過去。這一凳子砸下去——糟糕，我闖禍了。

一陣尖叫聲過後，眾人好似打碎的蜂窩，一下子四處飛竄。有人呻吟，有人啼哭，有人驚慌失措。我看到一個小朋友的額頭鮮血直流，心臟「怦怦」亂跳。眾人看到有人受傷流血，頓時鴉雀無聲，隨即一哄而散。額頭流血的小朋友一邊大哭，一邊往家裡方向跑去。小海目瞪口呆地看著我。突然他飛快地跑到我面前，沒等我反應過來就直接抓起我的手臂，背著我跟跟蹌蹌地跑回屋裡。那時真不知道他哪來這麼大的力氣。進屋後，他上氣不接下氣地問我怎麼辦，我這才如夢初醒，要他把凳子取回來，快點鎖上大門。

小海出去了。不一會兒卻聽見了驚恐的尖叫聲：「元基——」他剛進屋子，一個中年婦女怒氣沖沖地跟了進來。她穿著圍裙，手裡拿著擀麵棍，圍裙和手上沾滿了麵粉，一進屋子就先用擀麵棍指著我破口大罵：「你這個沒

第一部分：童年

教養的小孩，也不知道你媽怎麼教你的？別以為自己缺手斷腳的就可以胡作非為！」

我一聽到她連母親也罵進去，頓時火冒三丈，順手抓起桌上的水杯朝她扔了過去。杯子沒砸到她，水倒濺了她滿臉。她愣了一下，回過神來大吼：「你這個死小孩，想造反啊？」話音剛落，我聽到頭頂「砰」地一聲，霎時眼前金星直冒。我眩暈了一陣，視力才逐漸清晰起來。小海呆呆地望著我，我問他怎麼了，他反問我沒事吧？我說沒事。突然，我感到頭頂火辣辣的，便下意識地摸了摸，疼痛迅速傳遍全身，我「哇」地大聲哭了起來。

小海脫鞋上床。他見我頭頂隆起一個大包，嚇得說不出話來。他用手輕輕摸了一下，疼得我「唉唷喂呀」嗷嗷亂叫。

隔壁鄰居王阿姨下班後聽到我家中傳來哭聲，過來看看發生了什麼事。她一見我頭上核桃似的大包，問我怎麼了？我不說話，只是哭得更厲害了。王阿姨就問小海發生什麼事，小海東一句西一句地將事情經過說了出來。王阿姨氣得直罵那個女人不是人，連小孩子也下狠手。她要小海到抽屜裡找出紫藥水，一邊幫我揉頭頂上的大包，一邊往傷口抹紫藥水，藥水刺激著傷口，痛得我又哭又鬧。

母親下班回來後，王阿姨氣急敗壞地將此事告訴她。母親仔細看了看我的傷口，悻悻然地將工作服扔到床上，二話不說就衝了出去。王阿姨趕緊拉住母親，母親一用力差點將王阿姨推倒。王阿姨情急之下馬上跑回她家，大聲叫王叔叔快點過來。

王叔叔很快趕了過來，王阿姨來不及細說便抓起他的手往外跑。這件事情過後，街坊鄰居傳出許多版本，不過我這個才是原版，畢竟我是整件事情的始作俑者。

母親進了那戶人家，一把將坐在椅子上吃飯的女人給拉起來，問她為什麼要打我。女人在自己家裡，她丈夫又在旁邊，豈能示弱？便與母親大打出手。

　　那女人根本不是母親的對手，她那個唸高中的女兒也過來幫忙，沒想到母親一人就將她們母女倆都摔倒在地上。她丈夫原本在床上看著，見狀也跳下床要動手，幸虧王叔叔及時趕到，緊緊抱住了他。王叔叔的身材高大魁梧，是個典型的北方彪形大漢。他的出現造成了威懾作用。何況門口站滿了街頭巷尾看熱鬧的人。

　　那年代的人有問題都是先私下解決。雙方無法自行解決的糾紛，先是請里長、村長進行調解，調解不成才上報派出所。於是這件事鬧到了村長那，村長沒辦法處理，只好上交派出所。其實先動手的人是我，但那戶人家卻只能啞巴吃黃蓮。因為母親緊緊抓住大人打孩子這一點不放。派出所員警看到對方損失確實比我們大，為了敷衍了事，就讓母親寫份檢討報告。母親沒唸過多少書，不太識字，不會寫檢討報告。最後還是員警代筆寫了一份檢討報告再讓母親簽名，這件事情才落幕。

　　現在回想起這件事，當時那個女人一定也是因為自己的孩子才下意識地打了我。想到母親當時的反應，我完全能體會那個女人的護犢之情。天下的父母都一樣，沒有不疼愛自己子女的。很多年以後，我再次在街上遇到那個女人，很熱情地喊了一聲阿姨，她不好意思地笑了。後來我與她兒子也成了不錯的朋友。人類真的很奇怪，有時候一個熱情的微笑、一句真誠的問候就能彌合當初的裂痕。

六

　　轉眼到了秋天。小海開始上小學了，我悵然若失。我對母親說：「我想上學。」她半晌沒說話。過了一會兒，她坐到我身邊，輕輕地將我抱在懷裡問道：「兒子，你真的想上學？」我點點頭。母親仰天長嘆，眼淚嘩嘩地流了下來。我有些害怕，改口說：「媽媽，我開玩笑的！」

　　母親不禁嗚咽起來，泣不成聲：「兒子，你要上學，一定要上！」她摟著我喃喃地說，她就是因為沒有受教育，所以處處遭人白眼。此時王叔叔、王阿姨夫妻倆抱著兒子小勇來找我玩，看到母親悶悶不樂，問她發生什麼事？

四分之一的身體，一百分的人生：生命英雄段雲球

第一部分：童年

他們得知事情的原委後，說我不懂事，盡給母親找麻煩。母親說不能怪我，要怪就怪她，是沒照顧好我才釀成這個意外。

母親與王叔叔、王阿姨開始討論起我上學的問題。我從他們的對談中第一次聽到了「爸爸」兩個字。母親流著淚說：「元基剛跟著我的時候還好好的，我要怎麼跟他爸爸交代啊？」他們談了很久，而我在母親的懷裡睡著了。等我醒來時，人已經躺在被窩裡了。

我看到母親坐在不遠處抽菸，屋子裡煙霧繚繞，很是嗆人。母親見我醒了，朝著我笑了笑，說：「抱歉哦！兒子，你王叔叔的菸忘記帶走，媽媽才抽了兩根。」我沒吭聲。母親拍了拍我的頭，然後鑽進自己的被窩，關上燈。

隔天，母親向公司請假去了趟郵局，她花錢請郵局代筆寫了一封長信，寄回湖南老家。幾天後，母親高興地對我說：「兒子，你爸爸寫信來了！」說完，她拆開了信封要我看。我看了老半天，一個字也不認識。母親那天特別高興，是我出車禍以來最開心的一天。她說父親同意我回老家唸書，她明天去買東西，我們後天就走。

那天接到父親的回信後，母親立即向公司請了長假，單位主管聽了母親的請假理由，立刻批准了一個月假期。我臨走前，小海依依不捨地問我什麼時候回來，我說很快。儘管如此，我們還是抱成一團哭成了淚人兒。沒想到，此番一別就是七年。等到再次重逢的時候，我們都已經是青少年了。

第二部分：少年

▋有風有雨有彩虹 少年懵懂淚無痕

在現實中保有一份純真，在世俗中固守一份真誠真的好難。隨著一天天長大，徘徊在理想與現實的裂痕之間，我忽然發現一些美好的東西被現實的熔爐無情地焚化了。也許理想和現實原本就是相悖的。在現實的色彩面前，理想只是一抹脆弱的點綴。

七

一九八〇年代初期，老家的交通仍十分不便。公車在路上顛簸很久，才停靠在一個只有站牌的冷清小站。還沒下車，母親忽然眼睛一亮，起身指著外頭說：「兒子快看，爸爸來接你了！」

我順著母親手指的方向瞧了一眼。果然看到一個中年男子正翹首以盼地朝車內望來。他很快擠過下車的人群，來到我和母親面前。母親未語先泣，父親拍了拍她的肩膀說了些什麼，我沒聽懂。母親這才對我說：「兒子，叫爸爸！」

我當時怎麼想的已經不記得了，不過「爸爸」二字始終叫不出口。父親笑了，然後蹲下來摸著我的臉說：「我的兒子都長成男子漢了！」我不好意思地低下頭。父親的國語很流利，不像車上的陌生人夾雜著各地方言，我一個字也聽不懂。

父親是標準的美男子。不高不矮，不胖不瘦，相貌堂堂，只是額頭上有很深的皺紋，略顯滄桑。

父親將我抱了起來，母親拎著大包小包跟在後面。這時一個背著書包的女孩跑過來與母親相擁而泣。父親說她是我姐姐。姐姐叫了一聲：「元基！」我低著頭沒應答。

四分之一的身體，一百分的人生：生命英雄段雲球

第二部分：少年

　　那是一條未鋪柏油的公路。偶爾一輛汽車經過，塵土漫天飛揚。母親和姐姐走在後頭有說有笑。父親抱著我依然箭步如飛，他興致高昂，每過一個村莊或是一個路口都要介紹一番。

　　我們走了很久，父親的呼吸越來越急促，背上的衣服已經溼透了。我對母親說：「媽媽，『他』累了。」母親上前用手帕替父親擦擦汗，要父親休息一會兒再走。父親說一點也不累。我們走到一條河邊，父親喘著氣說：「快到家囉！」然後沿著河邊田埂小路繼續向前走。

　　我看到前方不遠有一座小村落，原來那就是我的老家。從車站到家裡有整整五公里路程，父親一路抱著我都沒有停下來休息。我不禁對他肅然起敬。

　　老家是那種老式的木製結構的房子。父親背我進屋時，裡面早已坐滿了人。有人趕緊將我接過去，放到一張竹製的床上。屋子裡一陣忙碌後，父親要姐姐泡茶給大家，母親則取出香菸和糖果發給眾人。眾人看我的眼神好似在觀看動物園裡的動物。我聽不懂他們在說什麼。母親一一作介紹，要我逐個叫他們。什麼大伯母呀，叔叔嬸嬸呀，大哥大嫂呀，堂哥堂嫂呀，堂姐堂妹呀，還有姪子姪女呀。我只是「嗯嗯」地在母親懷裡撒嬌，一句話也沒說，眾人不免有些掃興。

　　在眾人漸漸散去之後，只有大哥大嫂、姪子姪女還在陪父母聊天。我很納悶：大哥年長我好幾歲，還跟母親年紀差不多（他是父親前妻的兒子），在我以前住的地方應該叫叔叔的，這裡怎麼就不一樣呢？母親和父親小聲抱怨了幾句，對我說：「兒子，去看看你大媽（父親的前妻）。」

　　一個叫我「叔叔」的人將我抱起來走了出去。我們拐了幾個彎，來到另一戶人家。母親走到一個老太太跟前喊了聲「大姐」。老太太與母親說了幾句，看情形應該是在相互問候。母親將我抱過去，鄭重其事地要我喊對方「大媽」，我掙扎著不肯叫。母親氣得打了我一下，然後怒目瞪視著我。老太太急忙擺擺手說沒關係，然後從母親手中將我抱過來，輕聲說了些什麼，淚水在眼眶裡打轉。

　　母親陪大媽聊了許久，直到姐姐跑來告訴母親：「姑姑來了。」母親才與大媽告辭，抱著我急匆匆回到家裡。我見到姑姑時有一種異樣的感覺，和其他人都不一樣。姑姑將我抱在懷裡，情不自禁地失聲痛哭，父親與母親怎麼勸都止不住。姑姑抽抽噎噎，渾身顫抖不已。雖然我聽不懂她說的話，卻看得出來她很傷心。姑姑哭了很久才漸漸止住。這次不用母親介紹和催促，我情不自禁地叫了一聲「姑姑」。姑姑應答一聲，將我摟得更緊了。

　　父母一愣，以為自己聽錯了，剛剛我還啞巴似的，現在怎麼會主動叫人了？我說我也不清楚怎麼回事，但姑姑給我的感覺特別親切，彷彿認識了很久。姑姑叫旁邊兩個女孩過來，要她們喊我。她們一個是小紅表姐，一個是小軍表妹。小紅姐與我感情最好，我離開老家後她還經常寫信給我，在課業上給了我極大的幫助和鼓勵。

　　母親與姑姑對話時顯得很內疚，說了很多次「對不起」。原來這裡還有一段隱情：姑姑沒有兒子，想要收我當兒子（那個年代認兄弟姐妹的小孩為子女很常見），母親不同意。父母離婚的時候我才兩歲，姑姑考慮到母親一個人去東北，帶著這麼小的孩子有許多不便，曾再三請求母親換帶二哥去，將我留給她當乾兒子。母親卻執意帶著兩歲的我去東北。母親臨走前曾私下對姑姑說，只要父親同意，二哥可以過繼給她做兒子。但姑姑只想要我，這件事也就不了了之。

　　也許正因如此，姑姑與我有一種很深的母子緣分。即便姑姑有八九個姪子，她仍然對我疼愛有加。多年來，每次我回老家，姑姑一見到我總是相擁而泣。如今一晃又是十年沒有見到姑姑了。我每次看到「姑姑」二字便無限感慨，思念之情油然而生。

　　當時學校早已開學。父母忙著託人替我報名學校。姑姑想要帶我去她家小住幾日，父母說我已經耽誤半個多月了，再耽誤就跟不上大家進度了。姑姑說：「元基聰明，沒上到的課我回頭叫小紅教他。」父母拗不過姑姑，只能無奈地答應。姑姑立刻找了一艘小船，帶著我走水路去她家。

　　我在姑姑家的幾天像有錢人家的少爺，過著「茶來伸手，飯來張口」的日子。表姐表妹丫鬟似的被我呼來喚去。

當時鄉下的生活條件不好。但因為姑丈是一間大公司的採購員，收入穩定，所以家裡的生活條件相對較好。他們家裡養了幾隻雞，姑姑要燉雞湯給我喝，問我喜歡哪一隻。我指著一隻大紅公雞，說牠長得好看，味道一定也不錯。本來小紅姐說那是種雞，不可以吃，沒有牠，母雞就無法生小雞了。但姑姑說村裡有的是其他公雞，飯桌上一切以我為主。我愛吃的東西小紅姐和小軍都不敢碰。姑姑家的凳子很高，我吃飯時只能彎腰低頭。姑姑見我吃飯不太方便，乾脆坐到旁邊親手餵我。表姐妹見了，竊竊私語地嘲笑我。

小紅姐當時唸三年級，學習成績名列前茅，深得姑丈和姑姑疼愛。也許是我的到來讓她覺得自己受到父母冷落了吧！心情有點沮喪。姑姑要她教我學拼音、數數字，她嘟起小嘴，極不情願。她說我霸道，教我時敷衍了事，並且經常以寫作業為由，將此事交給剛上學的小軍。我偏偏為難小紅姐，她不教，我不學。小紅姐說我是大壞蛋，我故意朝她做鬼臉。多年後我們回憶當初的情景時，還津津樂道。有天姑姑要姑丈背著我去集市玩，累得他滿頭大汗。從集市回來後，姑丈叫小紅姐替他洗衣服，她氣得對我連連抱怨。

星期六，在鎮上讀中學的另外兩個表姐回來了。她們見了我彷彿見到怪物。因為我們不是一個年齡層，沒有辦法如孩子般天真無邪地玩在一起。她們經常問我都市的事情，我聽不太懂她們說的話，總是嗯嗯搪塞過去。不過我看得出來，她們很嚮往大都市的生活。

星期天，父母和二哥到姑姑家接我回去。姑姑想留我多住幾日，父親說學務主任要我星期一報到，她才勉強同意送我離開。臨走前姑姑抱著我說：「元基，好好學習，考一百分！」我似懂非懂地點點頭。

二哥比我大十歲，是高中生。他不愛唸書，課業成績也很差，總是全校吊車尾的。可能基於這個緣故，母親臨時決定帶二哥回東北。

七年後我回到東北時，二哥早已結婚從母親那裡搬走，姪子宇鋒都五歲了。

八

　　我家離學校有三公里的路程。那是一條凹凸不平的田埂小道。南方雨水多，路上經常泥濘不堪。在這條曲折泥濘的羊腸小徑上，父親連續四年都親自接送我上下學。如果將父親每日往返的路程累積起來，相當於一次萬里長征。

　　許多人不理解父親的做法，認為我上學與否並不重要。有人建議父親讓我學一門謀生的技藝。父親說我還小，應該先讀好書，謀生的事等長大以後根據情況再做決定。

　　我比較晚開始上學，當時班上同學都已經開始學寫國字了，而我知道的一點拼音還是小紅姐教我的。第一次隨堂測驗我只考了三十幾分。我回家後等著挨罵，沒想到父親看到成績單後只說了一句「孺子可教也」。我當時不懂這句話是什麼意思，以為是不好聽的話，於是不發一語地躺在床上生悶氣。

　　姐姐的課業成績普通，之前常被父親責罵。她聽說我只考了三十幾分，幸災樂禍得很，以為有了我這個「墊背的」，她就不會再挨罵了。

　　晚飯時父親特地為我煮了一碗蒸蛋，說是這次考試的獎勵。姐姐一聽便丟下筷子坐到旁邊生氣了，說父親偏疼我。父親笑了，他問姐姐：「元基上學幾天了？」姐姐嘟著嘴沒好氣地說：「一個多禮拜。」父親笑著說：「你弟弟連拼音都沒學好，這次就算只考二十分，我也覺得很高興了。」姐姐「哼」一聲，氣得不肯吃飯。父親笑著對姐姐說，只要她下次考超過八十分，就獎勵她一支名牌鋼筆。姐姐嘟著嘴，問父親說話算話嗎？父親反問姐姐他什麼時候說話不算話了。姐姐這才乖乖回到椅子上吃飯。之前母親常常煮蒸蛋給我，我正好有點吃膩了，便做了個順水人情送給姐姐。她只瞥了我一眼，沒好氣地說：「誰要你假好心了？」

　　我是學校唯一的身障學生，又是唯一從都市回來的人，因此成了一大焦點。同學每次看到我都好奇地指指點點、議論紛紛。我不知道如何應對，只是朝著大家點頭微笑，因此他們總說我傻裡傻氣的。不過情況很快得到轉變，第二次隨堂測驗時，我考了八十幾分，進入班上前十名。同學對我的印象明

顯改觀。他們對我受傷的事情非常好奇，對我之前生活的地方也很感興趣，我有問必答。同學見我態度友好，絲毫沒有都市人的架子，漸漸對我產生了好感，我們的關係一天天融洽起來。

那時候家裡有三畝多稻田。家中大小事都由父親一人忙著。為了送我上學，每日天剛亮父親就起床生火煮飯。因為離上課的時間還早，吃飯時我們很少叫醒姐姐。父親背我上學時總是隨身帶著那把鋤頭，像單槓似地托著我的身體（起初我以為父親帶著鋤頭是為了方便背，後來才知道父親送我到學校後就會直接去田裡忙農務）。我們父子倆每天清晨就這樣踏著朝露走在那條蜿蜒崎嶇的小路上。一路上我們很少說話，偶爾我會伸手擦一擦父親雙頰的汗水，他總是回過頭來朝我微微一笑。那種笑飽含著欣慰與滿足。也許對父母而言，即使是不經意的，兒女的任何善意舉動在他們心中都是莫大的安慰。

我每天早上都第一個到教室，下午卻最後一個離開。面對空蕩蕩的教室，我經常有一種很失落的空虛感。也許是因為每天都要早起，睡眠不足。我在教室獨自看書打發時間時，經常看著看著就趴在書本上睡著了。直到老師要開始上課了我還在打瞌睡。有時候同學小聲叫醒我，說老師來了，我才勉強打起精神，為此老師沒少旁敲側擊地提醒我。老師經常私下對我說：「你爸爸天天背你上學不容易，不要辜負他的一片苦心。」我嘴上不說什麼，心裡卻很反感。心想：你管那麼多幹嘛？我考試拿第一名不就行了？老師將我打瞌睡的事告訴父親，他笑著說我的確有點不守規矩，但其實是個很善良的孩子，只要不影響功課就隨我吧！

我不上課的時候很少看書，成績卻越來越好。老師覺得很奇怪，有一次問父親我在家裡是不是很用功。父親笑著說我每天寫完功課就只知道玩，要我乖乖坐在書桌前學習簡直難如登天。其實我不是什麼天才，只是上課時都會全神貫注地聽老師講課。或許是應了一句老話「少年學的好比石上刻的」。我在學校就把老師教授的東西記住了。有不懂的地方就舉手發問，並且打破沙鍋問到底。有時老師對我提出的問題感到莫名其妙，只好敷衍了事。現在

想起來，當時小學老師的教育程度大多不高，照本宣科勉強可以，課本以外的知識真是為難他們了。

期中考試時，我終於如願以償地獲得了第一名。初次領獎時的情景至今仍記憶猶新：操場上幾百名學生列隊立正。學校特意安排我坐在第一排的中央位置。教務主任慷慨陳詞一番之後，特別提到了我的名字，幾百雙眼睛齊刷刷向我看來。那種感覺只有一個字：爽！校長親手頒發獎狀和獎品給我。獎品是四本練習簿。從此，在我短暫的學習生涯中，第一名從未旁落。

放學後姐姐與幾個要好的同學來到我們班上。她得意地對人說：「他是我弟弟！」此前姐姐不太喜歡我，因此鮮少有人知道我們是姐弟。一同前來的還有姪女雲清（大哥的女兒）。她和姐姐同齡，倆人是同班同學。她們說笑了一會兒，雲清對姐姐說：「今天我們背叔叔回家吧！給爺爺一個驚喜！」眾人欣然應允。於是幾個十來歲的女孩不管我是否同意，硬是強迫我讓她們背回家。一路上她們輪流換班，我好似秤砣一樣在她們身上滾來滾去。我們有說有笑地回到家裡。父親回到家，只見我優哉游哉地躺在床上看漫畫，十分驚訝地問我怎麼回來的。姐姐邀功心切，沒等我開口便搶先將事情原委告訴父親。

父親看到那張黃澄澄的獎狀和蓋著學校公章寫著「獎品」字樣的練習簿，臉上露出欣慰的微笑。他事後對姐姐說她們還小，以後放學時不要再背我了，免得受傷。不過到了農忙時節或父親身體不適的時候，姐姐和雲清便會主動背我上學。那時候同鄉裡幾乎所有比我大的孩子都背過我，特別是段班平。

按輩分，班平與我祖父同輩，算是我遠房叔公，當時正在唸國中。他的學校在山上，我的小學在山下。他每次看到姐姐與雲清背我上學，都會主動將我接過去，一路送到學校。記得第二年春耕最忙的那幾天，父親忙完家裡農務還要去姑姑家幫忙。班平早早地就在家門口迎接我。那份濃濃的鄉誼至今仍然沉甸甸地壓在心中，難以釋懷，已經多年未見卻時常想起他。不知他如今是否安好？見面時又會是怎樣的情景？

九

　　長時間待在屋子裡對小孩子來說是很痛苦的事。父親為此特地買了一副象棋，抽空教我下棋。起初他讓我車馬炮，我還輸得一塌糊塗。害我整日在棋盤前苦思冥想，甚至自己與自己下棋。父親見我學下棋學到了廢寢忘食的地步，怕影響我課業，三令五申不到週末不准下棋。我對學校課業的興趣遠遠比不上下棋。用「士別三日，當刮目相看」來形容我棋藝的進步亦不為過。

　　有一次父親想試試我的棋藝，沒想到一連輸了四五盤。他笑罵道：「臭小子，再贏，看誰背你上學！」姐姐笑得東倒西歪，說父親不講理。父親瞪她一眼，說：「妳懂什麼，這叫心理戰術！」下完棋後，父親寓意深遠地說：「臭小子，你誰都敢贏啊？這樣不好、這樣不好哦！」

　　我當時還小，根本不吃這一套，該贏的絕不含糊。一天父親去田裡忙農務，姐姐也出門摘豚草了。我很無聊，想起了象棋。象棋被父親放在高高的衣櫃上，我苦惱半天，忽然想到之前小海那個「螞蟻搬家」的辦法。床邊有一個長方形的木板凳，但是又結實又厚重。桌子旁邊的兩條長凳子也根本用不上。只有灶前那個生火煮飯時用的小板凳勉強能用。

　　我顧不了那麼多了，「撲通」跳到木凳上，剛要跳下地的一瞬間我猛然停住了。地上很潮溼，萬一弄髒褲子，我要怎麼跟父親交代啊？於是猶豫起來。半天想不出法子來。這時我突然想起了小海，要是他在我身邊就好了！想到這裡，不禁熱淚盈眶。我傷心一陣，卻又無計可施，只好乖乖回到床上。當時我背對著床，需要轉過身才能回到床上。我握住凳子邊緣無意間用力挪動了一下身體，由於左腿和左手同在一個方向產生阻礙，身體沒有及時轉過來，凳子卻輕輕移動了一下。也許是慣性的作用，我差點從凳子上摔下來。

　　「好險啊！」我不由得驚呼。於是下意識地朝地上一看，清晰的凳子腳印距離原來的地方挪動了一點點。我腦子裡忽然閃過一個念頭：如果能利用凳子走路該有多好！

　　只有想不到的，沒有做不到的。一旦有了希望，我又豈能放過？按照剛才的方法，我又試了幾次，凳子在原地動來動去兜圈子，留下一大片斑駁「腳印」。我開始一邊思索，一邊小心翼翼地挪動凳子。

　　奇蹟就這樣在不經意間發生了。當我掌握好力度與身體的重心，凳子終於一點一點地朝同一個方向挪動。一步、兩步、三步……隨著「咯噔咯噔」的響聲，我竟然挪著凳子緩慢地移動到家門口。興奮！喜悅！還是興奮！還是喜悅！那個下午我著了魔似的，不知在屋裡走了多少圈。最後累得滿頭大汗，氣喘吁吁才稍歇片刻。

　　我挺起胸膛，手叉腰間立在屋子中央，盯著地面上那些清晰的「腳印」，我抑制不住內心的狂喜，不禁仰天長嘯：「我會走路啦！」淚水隨即潸然而下。

　　待心情逐漸平緩後，我預估父親和姐姐快回來了，便回到床上佯裝睡覺。我想暫時瞞著他們，給他們一個驚喜。

　　父親回來後，看到地上那些清晰雜亂的「腳印」覺得很奇怪，問我怎麼回事，我裝著剛睡醒的樣子對他說，下午有幾個人在家裡玩「騎木馬」。

　　第二天下午我模仿父親與姐姐生火煮飯的樣子，想好好表現一番。生火時為了點燃火柴，我費了好一番心思，無奈之下用口叼住火柴盒。火柴棒點燃時，自己的眉毛也差點被燒了。

　　我身後有兩捆樹枝。父親總是將乾樹枝放在右邊，我卻順手（我沒有右手）將左邊沒有乾透的樹枝塞進灶裡，結果可想而知。屋子裡煙霧繚繞，嗆得我眼淚直流。儘管我鼓足腮幫子對著灶裡一頓猛吹，可不僅火勢沒有起色，灰塵還撲滿一臉，說有多狼狽就有多狼狽，模樣相當滑稽。我忙碌好一陣子，想到一個笨方法：將煤油燈裡的煤油灑在木柴上。最後總算成功煮熟了那頓飯。看著白花花的米飯，我心裡樂不可支。休息片刻，我洗去臉上的煤灰，裝成寫作業的樣子等著家人回來。我認為父親回來一定會誇獎我能幹，不由得沾沾自喜起來。

　　父親回來了，確實是十分驚喜，但對於那鍋白花花的米飯，他無奈地笑了笑。原來我費盡周折只煮了一鍋半生不熟的飯，而且還透著一股很濃的煤

油味。只好讓姐姐拿去餵豬了。我忙碌老半天，空歡喜一場。不過父親對我學會走路這件事很感興趣。我示範的時候他看得相當仔細，一直圍著我轉來轉去。最後摸摸我的腦袋說：「兒子，難為你了。」

我第一次挪動凳子走出家門時，只覺得眼前豁然開朗。一切是那麼新鮮，那麼美麗。我路過台階和土坡時，好幾次從凳子上摔下來，一點也不覺得痛。父親常對人說我是「摔大的」，真是恰如其分。村裡的人見我走路的樣子都十分驚訝，也許是因為他們從未見過用凳子走路的人，所以有些少見多怪。我快樂地來到河邊。河水清澈見底，魚群自在地在水草間游來游去。偶爾一葉扁舟緩緩經過，水面泛起波光粼粼的漣漪。那時我想：如果我是一條魚，那該有多好啊！沒有腳依然能自在地穿梭於沒有盡頭的流水中。儘管我每天上學都會路過河邊，卻從未有過如此暢快的感覺。放眼望去，河岸擁擠的竹林中不時冒出幾棵柿子樹和柚子樹，上頭掛滿黃澄澄的果實，令人垂涎欲滴。水中央的小島上綠草青青，林木深深。放牛和摘豬草的孩子在島上追逐嬉戲，甚是熱鬧。我遠遠地看到姐姐在與人玩「丟沙包」的遊戲。

傍晚，許多燕子從四面八方飛來，密密麻麻盤旋在小島上空，吵鬧一陣後便消失在樹林深處。這時大人收工回來了，扛著鋤頭到河邊洗腳，有人告訴我小島是方圓十里內所有燕子的家園。多年後我終於體會到母親退休時急切回家的心情。家鄉是一幅流動的畫，是一首雋永的詩！

十

我學會用凳子走路以後，幾乎走遍了村裡每個角落。同鄉看到我的樣子，說我像顆冬瓜。我問父親別人為什麼叫我「冬瓜」？他笑著解釋說大家用冬瓜來形容我的身體形狀並無惡意。姐姐卻悻悻地告訴我，冬瓜圓嘟嘟的像馬桶，人家是故意笑話我呢！聽了姐姐的話，我心裡很不舒服，一直耿耿於懷。暗暗對自己說一定不能讓別人看扁了。事實證明我這顆「冬瓜」還行，比那些「金瓜」、「銀瓜」差不了多少。

我能夠走出家門，大大增加了與人近距離接觸的機會，和其他小孩子的相處漸漸多了起來。起初孩子對我只是好奇，並沒有太多的熱情和好感。後

來發生了一件事，令他們對我刮目相看，甚至還有些年紀較長的孩子主動對我示好。

老家的村子分為上下兩部分，中間隔著一座稻田。下村的孩子與上村的孩子經常隔著稻田對峙拌嘴、打架。上村的孩子人多勢眾，時不時沿著田埂小路衝過來，將下村孩子打得落荒而逃。年齡小的、跑得慢的孩子被捉住後難免受辱，出盡洋相。下村的孩子對此耿耿於懷，常聚在一起商討對策，伺機反攻。無奈對方人多勢眾，每次都狼狽地敗下陣來。

一次雙方激戰正酣，我挪著凳子去看熱鬧。只見土塊在空中飛來飛去，落地後四處開花，塵土飛揚，煞是「壯觀」。我一個小姪子（大哥的么子）正在搬運土塊，他一見了我，氣喘吁吁地要我快走，免得受傷。我說沒事的。他怕土塊砸到我，摘下斗笠給我戴上。我不太習慣，摘下來還給他。果然一通「土炮」過後，對方吶喊著一齊沿著田埂小路衝過來，下村的孩子抵擋不住，望風而逃。有人叫小姪子快跑，他哭著說：「我叔叔跑不動！我不能走！」說完，急急忙忙在地上找了兩塊磚頭緊緊握在手裡，站到我面前。

一幫人來勢洶洶，將我們叔姪二人團團圍住。小姪子手握磚頭，惡狠狠地瞪著眾人，一副魚死網破的架勢。或許是對我這個身障人士有所顧忌，也或許是眾人投鼠忌器，他們吵吵嚷嚷卻不敢真的走上前來。我從他們嘀嘀咕咕的推諉聲中聽到他們怕招惹了我，回去會受到家長責罰，所以誰也不敢貿然行動，只是圍著我們胡亂大吼。眾人不甘一無所獲，於是將矛頭指向小姪子，說他是個怕死的膽小鬼。幾個和小姪子一樣大的孩子開始挑釁他，摩拳擦掌地要和小姪子單挑。小姪子硬著頭皮，握著磚頭慢慢走了過去。

我見此情形立刻想起了小海，想起了那次打架的惡果，情急之下朝著眾人大喊：「誰敢動手？我明天就去報告校長！」這話果然管用，現場停止了喧譁。那個年代的孩子怕老師遠勝過怕父母。何況我是學校裡的風雲人物，眾人不免有些顧忌。他們抱怨一陣後，衝著我比了幾個粗魯的手勢。有些人則輕蔑地望著我，不屑地罵道：「誰打了你這個殘障啊？愛打小報告！告狀鬼！」眾人哄堂大笑，然後得意洋洋地散去。

我暗暗罵道：這群小屁孩，看我以後怎麼整你們！

四分之一的身體，一百分的人生：生命英雄段雲球

第二部分：少年

　　上村孩子剛走，下村孩子不知道從哪裡一下子全冒了出來。眾人見我和小姪子毫髮無傷，覺得奇怪，圍著小姪子問這問那。小姪子好似凱旋的英雄，頗為自豪地說：「我叔叔一句話就把他們都嚇跑了！」

　　幾個大孩子又圍坐在一起，商議著下一次對付上村孩子的辦法。他們想了許多辦法，又一一否定。我指著那條田埂小路出了一個主意：「在稻田路口找個地方藏匿幾個人，等上村的人衝過這條路後，幾個人再衝出來將退路堵住。這邊再將路口堵住，然後一齊向他們扔『土炮』。」並說他們衝不過來也退不回去，不被打成豬頭才怪呢！旁人有同意的，有不同意的。不同意的人說對方人多勢眾，堵住路口也不一定擋得住，弄不好還會被對方捉住成為俘虜。我要他們每人準備一根棍子，到時狠狠地打上村孩子一頓。但鄉下孩子一般還是很單純，聽到這個不免有些擔心。我對他們說打架就要狠狠打，這樣才有贏的希望。大家雖然不太認同，可是礙於小姪子的面子只好同意了。

　　隔天，下村的孩子人人奮勇，個個爭先。有專門負責拿木棍堵住路口的，也有專門負責朝對方扔土塊的。當時正值金秋時節，稻田裡稻穗黃燦燦一片。鄉下孩子知道糧食的重要性。即便被堵在小路中間，也只有一個勁地挨打，誰也不敢往田裡跳。下村孩子總算有了復仇的機會，發洩的土塊如雨點般落到對方頭上，打得對方亂作一團，哭天搶地之聲不絕於耳，直到有人喊投降，下村的孩子才罷手。

　　我怕上村的人反悔，告訴表姪要上村的孩子對天發誓，以後再也不欺負下村的孩子，這才放他們回去。這一次下村的孩子大獲全勝，一個個揚眉吐氣，喜不自勝。回家的時候幾個大孩子爭著背我，將我送回家裡。

　　不料上村的孩子卻食言了。他們如法炮製，個個手持木棍，蓄意挑釁。下村的孩子再度聚在一起商量對策，要我想辦法。商量來，商量去，最後決定用碎石塊。眾人紛紛動手找青石塊，砸碎後放在路上，並在上面蓋了一層薄土做偽裝，用稻草做記號。農村的孩子夏秋兩季大多光腳走路。這一回對方輸得更慘，好多孩子一瘸一拐地狼狽逃回了上村。下村孩子又贏了，歡欣鼓舞慶賀勝利。

　　回家後卻發現自己闖了大禍，若不是姐姐捨身相護，險些就挨了父親一頓藤條。父親也愣住了，沒想到姐姐會奮不顧身地用身體護著我。藤條抽打在姐姐的手臂上，留下一道道清晰的紫痕。父親叫姐姐讓開，她哭著說：「媽媽說過，誰都不准欺負元基！」父親面色鐵青，一把將姐姐拉開，揮動藤條向我打來。姐姐一下子跳到我面前，緊緊抱住我不放開。她哭喊著，聲嘶力竭地對父親說：「爸！媽媽說過不可以打弟弟，你越打他越皮啦！」父親稍一停頓，藤條狠狠地抽在竹床上。只聽「砰」一聲巨響，嚇得我出了一身冷汗。父親用竹條指著我，一字一句厲聲道：「再有下次，誰也保護不了你！」說罷，扔下藤條氣呼呼地回房間了。

　　我見姐姐為我挨打，心裡很過意不去，小心翼翼地幫她揉揉手臂，問她還痛不痛？她瞥了我一眼，叫我以後少惹父親生氣。我沒說話。

　　晚飯後，父親獨自沉思了一會兒，忽然問我知道錯了嗎？我說我沒錯。父親臉色一沉，問我為什麼？我理直氣壯地說，上村的人說話不算話，已經投降了還要打，我們只是「正當防衛」。父親嚴厲地看著我，忽然將我抱起來。姐姐以為父親要打我，抓著他的衣服不肯鬆手。父親對姐姐再三保證不打我，她才放開。

　　父親摸黑背我來到上村的一戶人家。那戶人家看到我與父親，愣了片刻，一個正在抽菸的老先生隨即將我接過去抱在懷裡。他一邊仔細端詳著我，一邊問父親：「這孩子是你從東北回來的那個？」父親應了一聲，坐在長板凳上。他們客套一番後，父親說：「對不起，聽人家說你兒子受傷了，我特地來探望。」

　　老先生憨憨地笑了，說不礙事。父親要看看受傷的孩子，老先生說孩子睡下了。父親執意要看，孩子的母親只好端著油燈領父親往房間走。不一會兒，父親一臉嚴肅地出來了。他向老先生說了幾句不好意思，然後抱著我一同進去房間。

　　我一眼認出躺在床上那個孩子是班羽，班羽是上村孩子的首領。此時他腳上纏著紗布，腳背上又紅又腫，塗滿了紫藥水。班羽一見到我，臉上瞬間充滿敵意。老先生走過來，要班羽起身騰個位置給我坐。班羽氣呼呼地別過

四分之一的身體，一百分的人生：生命英雄段雲球

第二部分：少年

臉不肯動。老先生屬聲喝斥了一句，班羽才極不情願地挪動了一下身體。父親將我放到床上，要我好好想想。他說等到我想通了、班羽不生氣了再來接我。說完，父親拉著老先生出去了。我頓時「哇」地哭了起來。老先生要進來抱我出去。父親說：「不要管他，這孩子被他媽媽寵壞了！」兩位大人在外頭閒話家常。老先生釀了一罈米酒，要和父親喝兩杯，吩咐他妻子做炒蛋當下酒菜。我哭了一會兒，突然聽到班羽要人滾出去。我回頭一看，原來他的弟妹正圍在房門口看我笑話。我乾脆哭個痛快。

班羽見我哭個沒完，不屑地望了我一眼，輕蔑地說：「還以為你多了不起呢，草包一個！」我反唇相譏，說他才是草包，說話不算話，投降了還打。他「哼」了一聲，說那叫計策。我反駁說那是賴皮。他得意地說，這叫緩兵之計，問我懂不懂。我搖搖頭，問他什麼叫緩兵之計。他說了半天，我還是不明白。他見我如此糊塗，不耐煩地訓斥道：「他們都誇你聰明，功課很好，結果呢？你連緩兵之計都不曉得！」其實這也不能怪我，我當時才一年級，班羽已經四年級。知識與閱歷自然不在一個層次。

班羽見我什麼都不懂，便跳到地上，像金雞獨立那樣一蹦一跳地將書包拿過來，從裡面翻出幾本童書，說是《三國演義》。我一見童書，不免得意地說：「這有什麼？我家裡有一大箱呢！」班羽愣了一下，說我吹牛。我說不信就去我家看看。班羽翻著童書，問我的童書和他的一樣嗎？我看了看，只見該書上都是一些騎著馬、拿著槍的人，便說不一樣。他「嗯」了一聲。我覺得他的童書很有趣，想借回去看看。班羽當然一口回絕。我只好低聲下氣地喊他大哥，央求他。

班羽詫異地看著我，似乎不大相信。我很納悶他為什麼那樣看我。班羽回到床上，看了我一眼後煞有其事地說：「你叫我大哥？你知道嗎？你爸還要叫我叔叔呢！」我生氣了，狠狠「呸」了他一下，斥責他胡說八道。他說我不信可以問父親。我說問就問。於是衝著外面「欸！欸！」叫了兩聲。外面的人以為發生了什麼事，父親要他們不用理我。老先生問父親我要做什麼？父親對他們說：「他這是在叫我。我這個兒子，從小跟他媽媽住一起習慣了。回來到現在這麼久了也沒喊過我爸爸，有什麼事只管『欸欸』亂喊。」父親

說我是母親的心肝寶貝，說不得、碰不得、打不得。「現在連他姐姐也像他媽媽一樣拚死護著他！」父親好似有意要我聽到，說話時提高音量，「我這幾個孩子，有什麼事都只聽媽媽的，我這個爸爸當得有夠委屈的！」

外面的人笑了，父親好像也笑了。班羽問我為什麼不叫父親「爸爸」？我支支吾吾說不上來。一直以來，「爸爸」兩個字到了嘴邊就卡住了。記憶中，我只叫過一次「爸爸」，是在父親去世的前幾天。

班羽嘲諷地說：「你還真是個『好學生』啊！連自己爸爸都不喊。」我瞪了他一眼，說關他什麼事。父親與老先生聊了很久才進來。他問我想通了沒有？我沒說話。這時父親問我，腳有什麼用，我說走路。他又問我沒有腳還能走路嗎？我說不能。父親再問我不能走路好不好？我自知理虧，不由得低下頭。父親拍了拍我的肩膀，要我抬起頭來。他問我如果有人故意弄傷他的腳，他還能背我上學嗎？我臉一下子變得通紅，恨不能找個地洞鑽進去。父親見我知道錯了，便抱著我告辭回家。

臨走前，父親從口袋摸出一些錢遞給老先生，要他帶孩子到醫院治療腳傷。老先生推辭半天，才不好意思地收下了。當時父親所得不高，那些錢已經占了四分之一擔的稻穀收入。父親在回家的路上意味深長地對我說，鄉下孩子和都市孩子不一樣，他們每天要放牛、摘豚草，還要上學。腳受傷就什麼事都沒辦法做了。

隔天，聽說班羽拄著拐杖上學了，我不免有些內疚。回家後，我順手抓了一疊童書放到書包裡，請同學轉贈給班羽。他回送我一個陶製的哨子。從此以後，上村與下村的孩子再沒有發生過大規模的群架。

十一

老家的春節既熱鬧又喜慶。鞭炮聲此起彼伏。拜年的人潮一波接著一波，人人笑逐顏開，好似一年的喜悅都集中於此時。老家有一句俗語是這樣：「初一崽；初二郎；初三初四外甥郎；初五初六會同堂；七八以後是遠房；十五那天龍進房。」意思是大年初一是闔家團聚的日子，兒女早上起來首先要給

第二部分：少年

父母拜年，陪父母過新年的頭一天，圖個吉利，「初一守歲，十五觀燈」大概由此而來。

初二是女婿帶著孩子上門給岳父岳母拜年的日子，這一天只要有人上門，就是女婿拜年來了。不過這一天只屬於女婿，女兒是萬萬不能回娘家的。按著習俗說法「嫁出去的女兒，潑出去的水」，女兒不出十五回娘家會帶走娘家一年的財運。所以要等正月十五過了，女兒才可以選個吉利日子回娘家。

初三初四外甥郎是指那些結婚的外甥要在這兩天向外祖母拜年，因為初二都去岳父岳母家，外祖母只能讓位了。親疏關係由此可見一斑。

初五初六兩天是同姓同祖同宗室大團圓的日子，大多是叔伯兄弟齊聚一堂，把酒言歡，其樂融融。直系親屬之間拜年的習俗在這一天基本結束，剩下的便是遠房親戚了。只要十五以前上門拜訪，即是相互尊重與親情的體現。

春節前母親寄回一些錢。大年初一父親給我和姐姐各一個紅包。姐姐高興地說她要買髮夾和乳液。她問我買什麼？我撒謊說什麼都不買。正月初八是父親生日，我想買一塊手帕送給他。因為父親送我上學的時候，臉上總是汗水涔涔。

隔天，村口突然傳來一陣「劈哩啪啦」鞭炮聲。姐姐精神為之一振，興高采烈地出去了。父親笑著說聽鞭炮聲應該是姑丈來拜年了，我半信半疑。過了一會兒，姑丈果然帶著表姐妹來拜年了。原來那時候從鞭炮聲裡即可辨別出人與人間生活的差距。條件好的人拜年時一進村口便開始燃放鞭炮，一路好不熱鬧。姑丈即屬於這一類人。每年來拜年時都帶著一個專門裝鞭炮的竹籃子。表姐妹穿著新衣服，一個個花枝招展，喜氣洋洋。

我看到人群裡沒有姑姑，不免有些失望地問姑姑為什麼沒來？父親說要等到正月十五以後才能來，這是習俗。我掃興地說：「什麼爛習俗，連過年都要管！」父親解釋說習俗是世世代代傳下來的，是一種傳統。我沒好氣地說：「就算如此，還是爛習俗。」父親與姑丈一愣，繼而笑了起來。父親對姑丈說：「看到了嗎？這臭小子又來了，誰曉得他腦袋瓜裡到底在想什麼？」

　　姑丈笑著問我是不是想姑姑了，我點點頭。姑丈說這好辦，回去的時候他背我去他們家。我說不去。姑父問為什麼？我說在他們家沒人陪我玩，悶得慌。姑父指著表姐妹說她們可以陪我玩，我撇著嘴不屑地說她們是女生，我才不和她們玩呢！小紅姐瞪了我一眼，說男的有什麼了不起？她班上的男生都是大笨蛋，考試不及格。她問我及格了沒有？我瞟了她一眼，問她是第幾名？表姐沒回答，臉上卻很得意。小軍走過來說小紅姐是第四名。我發出一聲冷笑，問她第四名比第一名還厲害嗎？

　　小紅姐說我吹牛，我「哼」一聲沒理她。姐姐這時在小紅姐耳旁小聲嘀咕幾句。小紅姐瞥了我一眼，說我驕傲自滿。然後和姐姐一起進房間看我的獎狀。父親與姑丈坐在炭火前取暖閒聊。表姐妹將我的獎狀拿給姑丈看。他一邊看一邊誇獎。小紅姐說她下次也考第一，看我還驕傲不驕傲？我回敬她一句：「妳要是第一，我就是第一的第一！」表姐妹哄堂大笑。二表姐（小紅姐和小軍的姐姐）笑著問我第一的第一是多少？我摸了摸頭，啞口無言。

　　父親將我的種種頑皮行徑講給姑丈聽。姑丈不但沒有責怪之意，反而連連稱道叫好。他說孩子還小，只要認真唸書就行了。「認真唸書？」父親顯得很無奈。他說我放學回家後從來沒看過書，只知道玩，頑皮得很。姑丈笑著安慰父親，玩耍能得第一，就讓他玩耍好了。父親長嘆一聲，說擔心的不是眼前而是以後。姑丈望了我一眼，我正躺在床上看二表姐親手編織的手套。姑丈對父親說：「不必想那麼長遠，元基很聰明，說不定會比你更有出息！」父親說我要是有兩隻手，他都不擔心我的將來：「一隻手能做得了什麼事？」姑丈開玩笑說：「秀才不出門，能知天下事。等元基長大，說不定真的變成秀才，不出門便能做天下事了。」父親仍然憂慮地嘆息道：「到時候就看他自己的造化囉！」

　　姑丈問我將來做什麼，我說當空軍。眾人忍不住笑了起來。「笑什麼！」我不高興地嚷道。我小時候一直天真地夢想長大後做一名空軍，駕駛飛機在藍天上自由翱翔。這個夢想持續了好幾年，直到我懂事後才漸漸消退了。現在想起來，也許是失去雙腿後，心裡非常羨慕在空中自由飛翔的小鳥，所以才有了嚮往藍天的願望。我記得當時姑丈沒有笑，他若有所思地望著我說：

四分之一的身體，一百分的人生：生命英雄段雲球

第二部分：少年

「好啊！元基長大了去當空軍，我們就有免費的飛機可以坐了！」說完，姑丈站起來招呼眾人去大伯母家吃飯。

祖母已經去世，大伯父也走得早。姑丈每年來拜年的第一頓飯總是安排在大伯母家，以示對大伯母的尊重。我早就認識大伯母卻很少接觸，只知道大伯母是個裹小腳的老太太，兒女早已成家立業，其他情況一概不知。這種情況在農村司空見慣。親戚關係平時顯得淡薄，只有在特定的日子大家聚在一起方可顯示出關係的遠近親疏。

姑丈要背我去大伯母家。我堅持自己走。姑丈拗不過我，只好與父親跟在後面。路上很泥濘，我走路時相當小心。姑丈問父親我是怎麼學會用凳子走路的？父親說他也不知道我是怎麼想出來的。姑丈覺得不可思議，一路上不停地誇我。他問我累不累，我說一點也不累。姑丈建議父親做一個重量輕一點的凳子給我，父親說早就做了，但我用不習慣。我們家到大伯母家只有一百公尺左右的距離，由於路滑，我走了二十幾分鐘。

大伯母家裡已經聚集了很多人。有些我認識，有些我不認識。好多人在我剛回老家時聽父親介紹過，當時沒什麼感覺，這天才有一些想親近的念頭，彷彿一下子沒有了距離。飯前先是喝甜酒，吃點零食，類似於都市人招待客人時先品茶一樣。餐桌上擺滿了佳餚，看得小孩子直流口水。可是沒有大人暗示，他們只能眼巴巴地望著。我從小與母親住在都市，根本不懂鄉下的煩瑣禮節，當其他孩子還在左顧右盼的時候，我已經下手了。小紅姐與我坐在一起，不停地拉著我衣服暗示我。我看了周圍一眼，眾人正詫異地看著我呢！小紅姐見我難為情了，貼著我的耳朵說：「你好大膽喔！」

大伯母做的臘腸味道很特別，現在想起來還是垂涎欲滴。後來我總結出一套經驗：吃酒席時，哪張桌子的女孩子多就往哪裡坐，最好是十五歲以上二十歲以下的。因為這個年齡層的女孩子大多很矜持，在陌生人面前不好意思吃東西。

大人喝酒閒聊時提到大伯父。姑丈臉上充滿敬意。我沒有見過大伯父，我回老家前他已經去世了。大伯父是個很了不起的人。沒讀過書，沒拜師學過一門手藝，完全憑揣摩與愛好練就了一手木工絕活。姑姑結婚的時候家裡

很窮，所有的嫁妝都是大伯父親手做出來的。大伯父時不時地做些小發明。他先在河邊建了一間麵坊，利用流水的動力推動碾子磨麵粉。不久後又在河邊蓋了間榨油的油坊。由於水路便利，生意還不錯。毫不誇張地說，我們村裡那時僅有的一點副業是我大伯父做出的貢獻。

我回老家之前，麵坊已經拆掉了，而油坊還在，只是有些破陋。父親說油坊已經許久沒有使用過。村民拆油坊的那天，我目睹了整個拆卸過程。我看到大伯母老淚縱橫，泣不成聲。我那時還小，覺得大伯母為一間破房子流淚，很傻。現在我終於懂了，因為我長大了。或許受大伯父好名聲的影響，也或許是虛榮心作祟的緣故，有一段時間我居然也開始思索起小發明。可惜我根本不是那塊料。如今想來，當初真是幼稚！難怪父親常說我不知天高地厚。

從大伯母家吃完飯回來，我覺得小紅姐的手帕很好看。她說這是過年前在巷口雜貨店買的。我假裝借來看看，趁機放進自己口袋裡，對她說這塊手帕我要了。小紅姐說手帕不能隨便送人，要我還給她。我把壓歲錢給了她，要她再買一塊。她不同意，想搶回自己那塊。我倆相互爭執不下，這時我突然從凳子上摔倒了。姑丈以為小紅姐欺負我，嚴厲訓斥小紅姐一頓。她氣得說不出話來，將鈔票狠狠扔到我身上掉頭便走，並且大聲罵我賴皮。姑丈問我發生了什麼事？我笑著說我在和小紅姐開玩笑呢！

到了父親生日那天，我將這塊手帕送給他，說要用這塊手帕替他擦汗。父親很高興地誇了我兩句。姐姐有點不高興，她一眼就辨認出那塊手帕是小紅姐的，埋怨我只曉得裝乖。後來父親也知道了這件事，他蹙緊了眉頭，對我說以後不許胡來。他說君子應成人之美，不可奪人之愛。我似懂非懂地點了點頭。

十二

正月十五元宵節。天黑不久，突然嗩吶聲聲，鑼鼓喧天，鞭炮聲震耳欲聾一浪賽過一浪。原來鄰村的龍燈隊來了，家家戶戶放鞭炮迎接呢！村裡男男女女，老老少少，蜂擁而出，雲集曬穀場。姐姐忙著穿上外套要去看「滾

龍燈」。我從來沒見過「滾龍燈」，充滿好奇，自然不甘落後。父親說人太多我挪凳子去不安全。他換上雨靴背我去了曬穀場。曬穀場上人頭攢動，燈火輝煌，一條長龍上下翻滾，煞是好看。父親為了讓我看清楚，乾脆將我放在肩膀上。我的出現引起了很多人的注意，好多鄉村的人見了父親紛紛上前來打招呼。第一句話大多是「這個就是你從東北回來的兒子？」父親笑著回應。我很納悶父親怎麼認識那麼多人。父親告訴我世世代代生活在這裡的人都是鄉里鄉親，沒有幾個不認識。

滾完了龍燈舞。開始掃堂屋。家家戶戶的堂屋中央放一張桌子，上面擺滿糖果還有一個紅包。主人在門口放鞭炮迎接。龍燈隊進屋繞著桌子走一圈，然後去另一戶人家。有人專門在後面收走桌上的東西。這就是「正月十五龍進房」，說是可以驅災避邪，帶來幸福吉祥。據說這個習俗由來已久，卻沒人清楚確切的開始時間。

龍燈隊到我家門口的時候，我趁著父親放鞭炮迎接之際，將紅包裡的幾張鈔票拿出來塞進自己口袋裡。看人來拿紅包時，我不免有些緊張，等那人將紅包扔進竹籃子裡，我心頭的大石才落了地。等龍燈隊離開村子後，我將鈔票還給了父親，並且得意忘形地說那些人真笨。父親瞪了我一眼，突然「咚」地一跺腳，仰天長嘆：「家門不幸啊！我段保生（父親的名字）怎麼會有你這樣的兒子？貪小利忘大義的東西！」說罷，悻悻而去。我以為父親會誇我，沒想到他如此生氣，我委屈地哭了。姐姐問我出了什麼事？我沒理她，只是不停地哭。

過了好長時間，父親才從房間出來，像換了個人似的坐到我身邊。他笑著問我扎一條龍燈要多少錢？我說不知道。他又問我這些錢哪裡來的？我搖搖頭。父親告訴我這些錢是村民從牙縫裡擠出來的，他們收取一點費用只是為了收回投入成本。我好似坐在蒸籠裡，臉一陣紅一陣熱，不敢抬頭看父親。父親見我知錯了，感慨說農民賺錢不容易啊！父親道出生氣的原因。他說我很聰明，但應該用於正事上，這種耍小聰明的行為一旦養成習慣很不好。他還說，智慧用在壞事上就不是聰明，而是狡猾，是詭計多端，這樣的人不會有好結果。我一聲不吭，滿臉通紅。父親拍著我的肩膀說我又害了一個人。

我愣了，腦子快速轉動起來。想來想去覺得父親的話沒道理。父親要我好好想想他說的是誰，我直接說想不出來。父親要我再仔細想想，我沒好氣地反駁道：「我沒害人，要想什麼啊！」

父親提醒我一句：「是誰把紅包放到竹籃子裡的？」我如實回答說一個老爺爺。父親問我：「如果村民統計紅包現金的時候，發現金額有少，會怎麼樣？」我恍然大悟，羞愧地低下頭。最後，父親將那張鈔票遞給我，要我好好保留。我理解父親的良苦用心。

十三

春天的故鄉花是那樣鮮，草是那樣綠，山是那樣翠，水是那樣清。一眼望去，像一首抒情的詩，像一幅美麗的畫。也許是心理作用使然，我到過很多地方，可魂牽夢縈的除了故鄉，還是故鄉。故鄉的一山一水，一草一木，那麼熟悉，那麼親切，好似血液裡都流動著最眷念的「故鄉」二字。

在這個美麗的春天，我在好多人的祝福聲中度過了十歲生日。恰巧生日前兩天的期中考試我又得了第一，可謂雙喜臨門。

姑姑聽說我喜歡手帕，親手繡製了一塊送給我作生日禮物。姑姑說，我出生的時候正值桃花盛開，便在手帕上繡了幾株鮮豔的桃花。小紅姐見我又得了第一，態度明顯好轉，總算願意叫我「弟弟」（在那之前，她每次見著我都喊「都市來的」）。她開玩笑說：「你考試都得第一，別的項目應該很差吧！」我掰著指頭問姑姑，我明明才九歲，為什麼要說我十歲呢？她說鄉下人過生日以虛歲為準。我說鄉下人的規矩怎麼這麼多呢？她微微一笑。我生日那天，大媽第一次來家裡，並且親手做了一件漂亮的衣服給我。

大媽在家族中很受尊敬。她比我父親大三歲，倆人結婚那年，大媽正滿二十歲，我父親十七歲。他們結婚四個月以後，父親便入伍參軍，去了戰場前線，一段很長的時間杳無音信。我同父異母的大哥出生後，大媽既要孝敬公婆又要照顧孩子，一個人含辛茹苦地把大哥拉拔長大。她滿心期盼父親回來，可是等了很久都沒有消息。很多人猜測父親陣亡了，勸大媽改嫁，她卻執意要等父親回來。後來父親終於寄給祖父祖母一封信，信上除了幾句安慰

大媽的話，對他們的婚姻隻字未提。大媽預感到婚姻危機，卻抱著從一而終的態度等待父親歸來。一九五七年，父親給大媽寫了一封長信，隨信寄來的是一張離婚協議書。大媽哭了好幾天，終於同意在協議書上簽字。

大媽用一生等待幸福，卻等來了一世的痛苦。她用一生來守望的，僅僅是曾經有過的婚姻，箇中滋味可想而知。我後來不止一次問過大媽恨父親嗎？她沉默不語。我也曾多次問父親為什麼要和大媽離婚？他的回答是：「你還小，長大了就會明白的。」不過我對此一直心存芥蒂，我從不叫他「爸爸」，其中亦有一些因素是出於此。等到我真正理解父親時，他已離開了人世，我為此懷悔不已。

兩次意外事件的發生，令我對大媽有了更深一層的認識，使我真正體會到「血濃於水」的親情。正是這種情結使我一直對故鄉心存感念。

河邊有一棵很大的桑樹，每年夏天，上面掛滿了紫褐色的桑葚。一天我從樹下經過，想摘幾粒嘗嘗，倚著樹幹從凳子上站起來，伸手去摘桑葚。不料我才剛觸摸到桑葚，身體就失去平衡從凳子上摔了下來，嘴唇正好撞在石頭稜角上，頓時血流如注。我大哭起來。大媽聞訊後立刻跑過來。她見我滿臉是血，急忙要人去叫正在放牛的大姪子（大哥的長子），倆人合力抱著我去了醫院。村裡到醫院約有兩公里路程，祖孫倆將我送到時，早已累得氣喘吁吁。回家後大媽又讓小姪子送來十幾個雞蛋，說我流了很多血，給我補補身子。父親見我下顎上貼著厚厚的紗布，又好氣又好笑。他說我用一隻手去爬樹，實在太不知天高地厚。我反駁說我沒爬樹，只是倚靠在樹幹上。父親搖搖頭，不再理我。經過這件事，我對大媽的好感與日俱增，閒來無事常去她家玩耍。大哥一家人對我非常照顧。大姪子、小姪子和姪女雲清，每次見了我都很親切地喊「叔叔」。

另一次意外發生在夏天。老家的夏天酷熱而乾燥。每到這個季節，我身上便長滿痱子，看到其他孩子在河裡游泳，我羨慕得不得了。而我只能等到父親晚上收工回來後，才有機會和他一起下水。那種感覺真舒爽。那天姐姐與雲清和往常一樣，在河裡摘水草餵豬。我纏了她們好久，她們才同意帶我一同前去。來到河邊，孩子見了我，紛紛揮手招呼我下去。姐姐不准我下水，

要我在大樹下乘涼。我眼巴巴地看著她們抬著大木盆子走下河堤，「撲通」跳入水中，失落感不禁油然而生。

我在樹下坐了一會兒就熱得滿頭大汗，看著孩子在水中你來我往的追逐、嬉戲、打水仗，心裡漸漸煩躁起來。我好幾次想挪動凳子走下河堤，但一看到那條長長的陡坡就失去了勇氣。我非常渴望有人能背我下水，可是孩子玩得正開心，沒人懂得我的心思。我又氣又急，咬牙切齒地向水裡扔石頭發洩不滿。孩子以為我在開玩笑，只是草草打個招呼了事。我無奈地望著河裡，偶爾抬頭看看樹上叫個不停的「知了」。

實在沒辦法，我只好厚著臉皮開口求人。一個比我大一些的孩子光著濕漉漉的身子，背著我慢慢走下河堤。他身上很光滑，我們差點摔倒。

到了岸邊，我迫不及待地脫掉衣服，卻如失控的陀螺般在水裡滾來滾去，怎麼也找不到平衡點。孩子見我好似溺水，手忙腳亂地將我拉到水淺的地方。我嗆了幾口水，坐在淺水處一邊喘息，一邊心有餘悸地看著水面。

姐姐推著人木盆子送水草到岸邊。她看到我在水裡，不禁嚇了一跳，問我怎麼下來的？我撒謊說自己走下來的。姐姐看出我說謊，便朝眾人大喊：「誰背元基下來的！出事了誰負責？」從那以後，再也沒有人敢背我走下河堤——直到我學會游泳。

姐姐去水中央摘水草時一再告誡我：「只能坐在岸邊水淺的台階上，這樣才不會出事。」我剛剛嗆了幾口河水，自然不敢違背。坐在水裡的台階上，雖然不能和其他人一樣自由自在，卻涼快了許多。那種清爽的感覺漸漸驅散了畏水的心理，此後幾天我常去河邊玩耍。孩子見了我一如既往地打招呼，卻沒人敢上來背我卜水。我心有不甘，一直想挪動凳子走下河堤。

暑假的一天，太陽如火球般烤得地面直冒熱氣。我受不了這樣酷熱的天氣，如往常一樣來到河邊。河邊早已聚集了許多正在打水仗的孩子。他們見了我不免挑逗戲謔一番。我一衝動，便試圖挪動凳子走下河堤。沒走幾步，我居高臨下往水面看了一眼，不禁膽顫心驚。於是急忙低下頭，將目光投向地面不敢再看。我深吸一口氣，等心跳趨於緩和，又一點點向下挪去。當我

四分之一的身體，一百分的人生：生命英雄段雲球

第二部分：少年

走到路中央時，明顯感覺到凳子已經極度傾斜，稍有不慎就會顛覆。我下意識緊緊握住凳子，將身體坐到凳子的最上方，憑經驗我知道這樣不會摔倒。我不敢左右環顧，只是咬著嘴唇，緊盯著地面慢慢向下挪動。孩子睜大雙眼，驚愕地望著我。

姐姐和雲清在水裡看到我挪著凳子走下河堤，嚇得朝我大喊大叫，並且急速游向岸邊。她們濕漉漉地來到我面前要背我上去，我怒吼著要她們滾開。她們只好跟在左右兩旁，一再叮囑我小心。我見身邊有人「護佑」，心裡更加有恃無恐地向下走去。距離水裡的台階不到兩公尺時，我忽然不再恐懼了。看了周圍一眼，不禁狂喜：我已經走到安全的緩坡地帶。於是得意地對她們說：「妳們下去吧！不用管我。」過台階對我來說已是家常便飯，村裡很多人家的門檻比台階高多了，區區石階我豈會放在眼裡？

我跳下凳子跪在石階上，然後縱身跳到下一級台階。再將凳子迅速放到下一級台階上，抓住凳子再跳到下一級台階。我的手始終不能離開凳子，因為跳躍時凳子是支撐點。這樣往返幾個衝刺便到了水裡。孩子見我下水了，紛紛游上岸來濕漉漉地坐到我旁邊，與我閒聊起來。我稍歇片刻，回頭望了一眼，不禁倒抽了一口涼氣。很納悶自己是如何走下那麼傾斜的坡路的？一種難以言喻的喜悅感頓時蕩漾開來。

夏日炎炎。我們回家時，在姐姐與雲清的助威聲中，我又挪動凳子走回岸上。儘管有些緊張，但總算攻克了一道難題。姐姐將此事告訴父親。父親不信，要我示範一次。他站在岸上看著我在姐姐陪同下慢慢挪動凳子走下河堤，臉上露出了欣然的微笑。儘管如此，他還是板著臉下了一道死命令：姐姐不在我身邊時不許下水。

隨著往返水裡次數的增加，我走坡路的速度越來越快，膽子也越來越大。偶爾姐姐與雲清摘完水草後，會用大木盆子載著我到河中央玩耍。

佛法裡說人要歷經許多劫數才能修成正果。也許正是應驗了這句話，我在水裡又一次與死神擦肩而過。

我那天下水前似乎已有不祥徵兆：眼皮跳得厲害。我畢竟只是孩子，不僅沒有任何忌諱，反而覺得眼皮跳來跳去很好玩。

有人捉到一隻小烏龜。我好說歹說也想湊個熱鬧。玩得正高興時，小烏龜突然掉進水裡，我來不及細想，便一頭栽進水裡追了過去。事故就在不經意間發生了。

那一瞬間的情景至今仍歷歷在目。我記得很清楚，入水後我馬上意識到危險，立即奮力迴游。可是我像陀螺似地在水裡滾來滾去，愈陷愈深，很快迷失了方向。我那時還不懂漂浮技巧，越掙扎眼前越黑暗。我清晰地看到水草在眼前擺動，擦著身體一掠而過。我想喊人，剛張開口，水泡咕嚕嚕地冒出一大片。我一邊拚命掙扎，一邊受迫性地喝水，意識逐漸模糊，恍惚間看到陽光在眼前晃動。我伸手一遍又一遍地向陽光奮力抓去，只見水泡一波一波地泛起、流動、升騰，然後慢慢消失。

我潛意識裡似乎認為抓住陽光就可以上岸了。掙扎，還是掙扎，可無論如何掙扎，陽光始終在遙不可及之處晃來晃去。我感覺眼前星光燦爛，煞是好看，隨即失去了知覺。

好似睡夢中被人叫醒一般，恍惚間聽到有人大聲喊我的名字。我昏昏沉沉地睜開眼睛，還是那片陽光在眼前晃來晃去，照得我看不清東西。過了許久，我模模糊糊地看到人影不停地抖動，隨後一點點清晰起來，我這才發現自己已經在船上了。腦子裡嗡嗡作響，好像有人在說話。終於，我看到姐姐和雲清就坐在旁邊，倆人雙雙哭成了淚人兒。

我麻木地感覺有什麼東西卡住喉嚨，不禁「哇」地嘔吐起來，然後聽人說道：「元基別怕，吐出來就好了！」

這聲音親切、熟悉，像母親。

我慢慢恢復了知覺，好似在母親的懷裡，又溫暖又幸福。我下意識回頭一看，原來是大媽。我軟綿綿地喊了一聲「阿姨」，伸手擦去她臉上的淚水。大媽將臉貼在我的胸前「嗯」了一聲，老淚縱橫。

第二部分：少年

　　我勸她別哭，問她怎麼了？大媽用衣襟擦了擦眼角，不好意思地笑了笑。姐姐和雲清見我安然無恙，不禁破涕為笑。她們揮手朝岸上大喊：「好了！好了！沒事了！」

　　岸邊已站了許多人，議論紛紛地朝我們望來。我遠遠地看到父親，他面色凝重地站在河堤上，雙手緊緊扣在一起搓揉著。

　　船一靠岸，大哥大嫂和小姪子一起圍過來。大媽抱著我一路送回家裡。很多看熱鬧的人跟隨到家裡問候，他們說我命大。眾人散去後，大媽一邊替我穿上背心，一邊囑咐我：「以後不要再下水了，想洗澡叫爸爸帶你去！」她臨走前看了看父親，好似要說什麼，最終沒有說出口便匆匆離開。她前腳剛走，父親後腳便一記飛踢到姐姐身上，姐姐「撲通」一聲被踢倒在地，霎時痛哭起來。父親暴跳如雷，厲聲喝斥姐姐閉嘴，並且大聲質問她是怎麼照顧我的。父親越說越氣，順手抓起掃把朝姐姐打去。姐姐沒有閃避，一副甘願受罰的樣子。我從沒見過父親發這麼大的脾氣，嚇得膽顫心驚。幸好大媽及時過來，一把推開父親，把姐姐帶走了，否則後果不堪設想。父親怒目瞪視我，說我是個禍害。然後丟開掃把，氣呼呼地回房了。我不禁鬆了一口氣。

　　姐姐直到天黑才回家。她端著一個陶製大碗放到我面前，說這是大媽剛做好的年糕，要我趁熱吃。她還告訴我大媽說我肚裡有沙子，多吃年糕能帶出沙子。這個偏方是否靈驗我無從考證，不過大媽做的年糕很合我的胃口。一大碗年糕相當於兩個成年人的食量，我那時還小，不可能吃這麼多，現在想來，大媽應該是將父親那一份也做了。隔天，大媽特意殺了一隻鴨子，做了一碗鴨血薑湯要雲清送來。父親告訴我動物血可以清理腸胃。大媽對我的關愛由此可見一斑。

　　我溺水之後，父親問我以後還下水嗎？我毫不猶豫地說「下」。父親一愣，問我不怕死嗎？我說怕有什麼用。父親笑著搖搖頭，說我是孫悟空變的，不知道「怕」字。我出事以後，好像一下子開竅了，不再急著學游泳，而是經常在水裡思索掌握平衡的技巧，有不懂的地方就向人請教。過沒多久，我一口氣潛入水中，可以橫穿家鄉的小河。多年後，我去北京萬泉河裡游泳，

路人一見我下水，紛紛游回岸上，站在岸邊翹首觀望、拍手叫好。陪我一同前去的朋友羨慕得不得了。

很多人問過我游泳的竅門。其實很簡單：一是學會在水裡掌握平衡；二是克服「畏水」的心理障礙；三是膽大心細勤練習。掌握了這幾點，一切水到渠成。

十四

我上三年級的時候發生了一件有趣的事情。開學時三年級分為兩個班。兩位老師搶著要帶我所在的班級，因為產生了分歧，最後竟然以抽籤的方式作決定。

開學那天，老師點名要我當班長後，才要同學推舉其他幹部。這樣的待遇令我受寵若驚。多年後我再次見到那位老師，和他談及此事，他笑著說我小時候很惹人喜歡，言外之意似乎暗示我現在不惹人喜歡了。細細一想也是：老師當初對我的期望很高，失望也在情理之中。

開學後不久，二哥寫信來說，他已經開始工作，而且交了女朋友。母親要替姐姐申請都市戶口，要她立即前往東北。姐姐欣喜若狂，立刻辦理了休學手續，恨不得馬上飛奔到東北。我則異常失落，問父親我為什麼不能一起回東北？父親沉思良久，無奈地說：「你還小，長大了就會明白。」

過了很久，我才知道按當時的政策規定，如果夫妻離婚而孩子跟著母親，可以申請母親駐地的戶籍。如此看來，父母離婚頗費了一番心思。

姐姐去東北不久，父親就大病了一場，臥床不起。我因此請了四十幾天的假，在家裡照顧父親。那段日子我無所事事，除了偶爾翻翻課本，大部分時間都在與人下棋、玩撲克牌。有時心血來潮，也會為父親煎熬草藥。一次無意中打開了父親的皮箱，看到裡面有不少發黃的書籍，順手翻開看了看。看了很久才發現這些書要豎著閱讀。很多字我不認識便去問父親，他有氣無力地要我去查字典。從此我迷上了課外讀物。

第二部分：少年

那段日子我看了舊版的《再生緣》、《三國演義》，同時看完了從東北帶回來的童書。特別是《忠誠》、《第二次握手》，在我腦中留下了深刻印象。父親問我喜歡《三國演義》裡哪個人物？我想了半天，紅著臉說是銀屏夫人。父親瞥了我一眼，說我胸無大志沒出息。父親大病初癒，還來不及好好養病，又要開始送我上學了。

過沒幾天，全鄉舉辦數學競賽，要求同年級每個班的前六名優等生參加比賽。老師考慮到我已經落後了四十幾天課業，建議我放棄參賽，我沒有同意。老師見我執意參賽，只好抽出時間輔導我，在一番瘋狂補課後，最後終於將最後一個參賽名額給了我。

比賽結果出乎許多人的意料，我在競賽中獲得同年級組第三名。沒想到我請假這麼久，竟然還能進入前三名，此事在學校引起了不小的騷動。這也是我短暫的四年學習生涯中唯一的第三名。

父親病後身體大不如前。送我上學時經常大汗淋漓，氣喘吁吁。我讀完四年級的時候，父親臉色凝重地對我說，他已經六十多歲，實在沒有力氣送我上學了。我愣了好半天，沒有任何表示，當時的第一反應是想回到母親身邊。

我偷偷寫了一封信給母親。母親讓二哥回信，說等姐姐戶口下來，我們一家人就可以團聚了。

有次我看父親年輕時的照片，身穿戎裝，肩章上掛著一顆梅花狀的星星，顯得英姿勃發，威風凜凜。我問父親那顆梅花狀的星星是什麼意思？他說是軍銜。我問他是什麼軍銜？他告訴我是少校。我問少校是多大的官？父親想了想，說相當於營級幹部，我忍不住笑了。我經常下軍棋，知道營長不是很大的官。父親似乎看出我的心思，笑著說希望我將來超過他當個旅長。我不屑地「哼」了一聲，大言不慚地說，要當就當司令。父親笑了起來，說我做白日夢。

一天，我比較鏡子裡的自己和父親年輕時的照片，發現我們根本不在一個級別。於是我照著父親的髮型梳起了偏分式，可是我的頭髮太短、太不聽

話，我靈機一動，將肥皂沾點水，抹在頭髮上。雖然頭上黏糊糊地很不舒服，但看起來卻有模有樣，很像有那麼一回事。後來我經常如法炮製，很多人都以為我抹了髮膠。有一次被父親發現了，笑著說我臭美。

終於等來了好消息！幾年後，姐姐來信說她的戶口下來了。母親要我與父親立刻回東北。我聞此喜訊，興奮得睡不著覺。之後幾天家裡高朋滿座，來祝賀的人足有一個排。

在外地唸高中的小紅姐特地請假回來看我。她送給我一個筆記本，上面寫了一句話：「如果你是一粒蓮子，希望在沒有水的地方，一樣綻放出最美的花。」那時候我還不能完全理解這句話的真正意涵。

臨走那天，大媽拉著我的手，戀戀不捨地流著眼淚說：「不知道還能不能再見到你？」我心裡酸酸的，笑著對大媽說我會常回去看她。我沒有食言，五年之後，為了磨練自己的獨立生活能力，我又回老家住了一年。

透過車窗，看著故鄉漸漸遠去，心裡悵然若失，兩行熱淚不知不覺流了下來。那一年我十五歲。

第三部分：青年

第三部分：青年

▌坎坷心酸苦痛 互愛互助互動

　　人生猶如一艘小船，難免有木槳斷裂的時候，不過只要風帆還在，依然可以駛向夢想的彼方，因為還有風的力量。我很慶幸能得到風的眷顧，使我的人生繼續前行，沒有失去方向。這是熱情的風，愛心的風，互助的風。正是這些風的力量牽引著我向彼岸航行。

十五

　　我回到東北時，姐姐剛開始工作。二哥成家後就搬出去了。姪子宇鋒都五歲了。小海變化很大，見面時我差點沒認出來。他留起了一字胡，兩條褲管像兩個擺動的喇叭。我一問才知道那是時下非常流行的喇叭褲。我問小海讀哪所中學？他窘迫地說不唸書了，原來他被退學了。我剛從湖南回來東北時，童年的玩伴大都生疏了，只有小海經常與我在一起。有人看到我用凳子走路，居然給我取了一個很難聽的綽號「地透」，意思是我像螞蟻一樣在地上透迤而行。我嘴上不說什麼，心裡卻很痛苦。在鄉下備受羨慕與推崇，回到都市後卻無人問津，我心裡的落差感可想而知。

　　父親在院子裡蓋了一間小屋，說要供我讀書用。我卻辜負了他的良苦用心，將小屋變成了狐群狗黨聚會消遣的場所。很長一段時間小屋裡煙霧繚繞，聲音嘈雜。下棋、打牌、打麻將幾乎成了我生活的組成。父親曾多次嚴厲喝斥我，每到關鍵時刻，母親總會及時出來打圓場，氣得他直跺腳。時間一長，他也懶得理我了。

　　那是一個變化的年代。世人的價值標準已經偏離傳統道德觀念的軌跡。理想、信仰、道德觀念以及精神狀態似乎到了躁動的懸崖上，無論進退都處於危險邊緣。有一天我在打麻將，小海帶著一個十七、八歲的大哥哥來到我面前。這位哥哥名叫范勇，小海稱他為「老大」。范勇在外面惹事不敢回家。小海的意思是要我留范勇住幾天，我雖然不太情願，但礙於小海的面子，也

只好答應下來。聽小海說范勇在外面惹事，朝夕相處的幾天我一直小心翼翼，好生相待，生怕怠慢得罪他。父親問及，我撒謊說是好朋友來家裡玩幾天。范勇臨走時拍著我的肩膀說：「沒什麼好說的，你這個朋友我交定了。」

過了幾天，范勇來到我的小屋說要請我吃飯，也不管我是否同意，背著我便走。外面早有計程車等在門口。坐到車裡，我才發現小海正對著我笑呢！到了餐廳，一幫男男女女正等著我們，眾人見「老大」親自背我進來，自然另眼相待。我不會喝酒，看著他們把酒言歡，不免有些失落。席間，范勇大聲喊道：「元基是我朋友，大家以後多照顧點！」飯後，在眾人的簇擁下，我生平第一次去了舞廳。我看到霓虹燈下成雙成對的男男女女正隨著節拍跳來跳去，不由得心旌蕩漾，想入非非。此後我經常與范勇一夥人去舞廳玩耍，一度深陷其中無法自拔。那時候治安不好。娛樂場所裡經常有人為芝麻大的小事打得頭破血流，甚至還有人因此喪命。

一次在舞廳裡，因為有人強迫范勇的女友跳舞而發生了鬥毆。小海要過去幫忙，我緊緊拉住了他。我看到范勇一刀砍在一個人臉上，那人霎時倒在血泊之中。隨後幾天，所有當事人都被帶進了派出所，小海也不例外。好在他沒有直接參與毆鬥，罰錢了事。范勇被判感化教育一年。小海事後心有餘悸地對我說，當時多虧我拉住他，要不少說也要被拘役十五天。這件事對我造成了很大的震撼，此後再也不隨便去娛樂場所。到了北京之後，才偶爾與朋友去酒吧坐坐。

此後相當長一段時間裡，我無所事事，整天過著渾渾噩噩的日子。少年的美好時光就這樣像流水一般逐漸遠去。有一天，我在鏡子前看到自己的面孔，不由得感慨萬千：倏忽之間，我怎麼變成大人了？

十六

那天與往常一樣，我在家裡與人打麻將。母親下班回來後，說小紅姐寫信我。小紅姐信上說，她終於實現了自己的理想考上師專，畢業後就可以成為一名受人尊敬的教師了。記得在老家時，小紅姐曾說長大後要當老師。我不以為然，說做老師有什麼了不起？要做就做老師的老師！她問我什麼是

老師的老師，我摸著頭想了想，回答說：「老師的老師就是曾老師吧！」姑丈與父親聽了我的話，笑得酒都噴了出來。我當時想說祖母上面是曾祖母，老師上面自然是曾老師了，因此鬧出這樣的笑話。

　　小紅姐先寫了一些她在學校裡有趣的事情。隨後筆鋒一轉，問我還看書嗎？會不會寫信？如果不會，就不要勉強回信給她了。特別是最後那句話，像無形的鞭子抽在我心上，隱隱作痛：「我依稀還記得有個弟弟，上學時從沒得過第二。不知道誰能告訴我，他現在下滑到幾位數了？」後面的大問號，浮誇到了極致。

　　我看完小紅姐的來信，一夜未眠。一幕幕往事好似電影裡的特寫鏡頭，定格，切換，再定格，再切換，彷彿沒有結尾。一連幾天，我的心情糟透了，看什麼都不順眼，無緣無故發脾氣。最倒楣的是小海，每次平白無故受委屈都不知道為什麼。好在我們的關係始終如一，他早已習慣了我時不時的無理取鬧，自然不會計較。我決定回信給小紅姐，挫挫她的銳氣。我寫完信一看，覺得很不滿意，於是撕碎重寫。寫完後再一看，還是不滿意，於是撕碎再寫。寫了撕，撕了寫，反反覆覆。一本信紙快撕光了，依然寫不出一封像樣的信。我氣急敗壞，狠狠將鋼筆摔到地上。

　　小海見我一連數日悶悶不樂，便騎腳踏車載我去看電影。回來時湊巧路過書店，我靈機一動，順道去書店裡買了幾本書。其中有一本《涉世之初》幫了我大忙。書裡介紹了許多文學體裁的格式和經典範文，其中包括專門介紹信件格式的內容與範例。我如獲至寶。仔細閱讀了信件方面的內容，同時又在其他書上抄下一些華麗辭藻，總算拼湊出比較滿意的一封信寄給了小紅姐。我為此興奮了好幾天，彷彿上學時得第一的感覺又回來了。

十七

　　小紅姐很快回信了。她在信中象徵性地安撫了我幾句，接著便指出了許多語法的錯誤，並且向我推薦當時幾本暢銷的文學月刊，要我好好看看。最後她說：「小弟，很多事業有成的人都是靠自學取得成功的。希望你不要玩物喪志，淪為行屍走肉一般的人。我之前一直以你為榜樣，今天才實現了自

己的理想。我能，你為什麼不能呢？多看看書吧！那裡有無窮無盡的寶藏，但願你能挖掘、利用。聽說你以前作文寫得不錯，我們經常寫點東西再比試比試如何？我就不信，我還會輸給你！」

我正值年輕氣盛的青春年華，得不到小紅姐的讚許與認同也就罷了，豈能受她如此奚落與挑釁？於是回信時只寫了一句話：「師專有什麼了不起？等著瞧吧！」我終於又拿起書本，真正意義上的自學就是從那個時候開始的。當初僅僅一時衝動，為爭一口氣，根本沒有具體的目標，難免有些盲目。小紅姐一如既往，每半個月就準時來信。我漸漸少了一些自以為是、目空一切的盲目，多了一些虛心求教、不恥下問的理性。學習上遇到難題，我誠懇地請教小紅姐。有時甚至向左鄰右舍正在唸書的弟弟妹妹求教。隔壁王叔叔的兒子小勇當時在讀國中，他就是我的一位小老師。半年後，小紅姐終於寫信誇我了：「我們宿舍有一個女生很欣賞你的文筆，想認識你呢！」從此以後，我們信件往來不斷，一直到小紅姐投入職場為止。

我的文字基礎正是從那個時候一點點積累的。對文字的興趣亦與日俱增。小紅姐後來告訴我，她是回家休假時，湊巧看到父親寫給姑丈的信，才知道了我的情況。她說我的影子一直在她腦海裡浮現，攪得她心神不寧，寢食難安。所以她回到學校後才寫了一封那樣的信給我。信寄出之後，她又有些後悔，怕我會因此生氣、不理她，接到我的回信後她才放心了。她說我那封信雖然只有短短一句氣話，她卻看到了希望，彷彿又看到我年少時那股捨我其誰的衝勁與銳氣。

看到此處，我不禁感慨萬千：「多好的一個姐姐啊！」隨著對文字興趣的日漸濃厚，我對知識的渴求越來越強烈。去書店成了我生活中的一件大事。小海雖然也開始工作了，我們之間的關係卻有增無減。每逢假日，他便騎腳踏車載我看電影、逛書店，即便有了女朋友也從未間斷過。當時我最喜歡的文學刊物是《青年作家》，幾乎每期必讀。記得有一次下大雪，我們去書店的途中我從後車座上掉了下來，由於路上雪厚，小海只顧用力踩踏板，竟然沒有察覺我已不在車上。當時我坐在鬆軟的雪地上，望著雪花飛舞中小海騎車的背影，覺得那是一幅極美的畫面。小海騎出幾十公尺後才感覺到我不在

車上。回頭一看，我正坐在雪地上，急忙跳下車跑過來背我。他問我為什麼不叫他？我笑著說坐在雪地裡又軟又涼，挺好玩的。

看書不僅開拓了我的視野，還促使我開始渴望了解外面的世界。我已不滿足於「兩耳不聞窗外事，一心只讀聖賢書」的平淡生活。於是我將自己寫的東西拿給那些高中生看。很多人讀了以後覺得還不錯。鄰居有位姓蔡的女孩當時在讀師範大學，她時不時地將我寫的東西拿給老師和同學看。因此她的一些同學會到家裡來看我，有些人還與我成了好朋友。還有一位姓趙的女孩在市區重點高中讀書，經常將我寫的東西帶到學校。他們班裡兩位功課好的女生沒少提修改意見給我。遺憾的是，這兩位女生我從未見過。不過她們的名字卻刻印在我心裡：楚秀芳、叢月英。不知道她們現在身在何處，一切可好？

人生猶如一艘小船，難免有木槳斷裂的時候，不過只要風帆還在，依然可以駛向夢想的彼方，因為還有風的力量。我很慶幸得到風的眷顧，因而繼續前行，沒有失去方向。這是熱情的風、愛心的風、互助的風。正是這些風的力量牽引著我向彼岸航行。毫不誇張地說，這種助人為樂的人間春風是我涉世之初的強勁助推器，將我推向正確的人生軌道，一路平安。

十八

姐姐始終不適應東北的氣候，為此母親沒少斥責她。很多人替姐姐介紹男朋友，她卻無動於衷，一一回絕。有一天姐姐低著頭，羞赧地說她有了男朋友，父母非常高興。當母親得知姐姐的男朋友竟是湖南老家人時，氣得臉色驟變，差點跳了起來。她大發雷霆，拍著桌子要姐姐死了這條心。母女倆為此很長一段時間不肯說話。原來姐姐與老家一位很要好的同學經常通信。在那位同學的撮合下，姐姐認識了姐夫。他們透過一段時間的信件往來漸漸產生了感情，由於時機還不成熟，姐姐一直瞞著家人。母親對姐姐愛情的強行干預令我困惑不解。我私下勸母親不要干涉姐姐的婚姻。母親訝異地看著我，她說這是為了我好。我莫名其妙，心裡想：這與我有什麼關係？母親見我一時沒反應過來，便說出了事情的原委。她之所以花費那麼大力氣將二哥

和姐姐的戶口遷到東北，就是為了讓我們能聚集到一處。將來她與父親老了、走了，還有人能照顧我。

我不以為然地對母親說：「真是笑話，將來說不準是誰照顧誰呢！」儘管我一再懇求母親不要反對姐姐的婚姻，她卻始終堅持自己的決定，並且對姐姐揚言，她要是不聽話就打斷她的腿。姐姐為此不知悄悄流過多少眼淚。姐姐鬱鬱寡歡，日漸憔悴，母親心裡焦急，只好朝父親發脾氣：「女兒是你帶大的，你也勸勸她，叫她回心轉意吧！」父親緘默不語，總是找藉口躲出去，氣得母親直瞪眼。

我知道父親左右為難，他一方面覺得母親沒有錯，另一方面又很同情姐姐，沉默不失為一種好辦法。二哥二嫂則完全站在母親這一邊，他們認為好不容易才搬來都市，再回到鄉下得不償失。當然其中不免有點私心作祟：怕我將來成為他們二人的包袱。我覺得姐姐怪可憐的，想起她在老家時沒少幫我，還背我上學，便決定幫她一次。

臨近春節放假時，我給她出了一個主意：要她提前買好回老家的車票，等假期一到，立刻坐車走人。姐姐嚇壞了，說母親不打死她才怪呢！我開導她，說母親是刀子嘴豆腐心。姐姐雖然心動，卻不敢違抗母親的命令。在我的極力慫恿下，她才有了私自回家的勇氣。我們做好周密計畫之後，姐姐卻又發愁了，她說自己沒有回家的盤纏。我開玩笑說，只要她能嫁個好男人，往返路費我全包了。姐姐突然像換了一個人，又有說有笑了。下班回到家裡「媽媽、媽媽」地叫個不停。母親以為姐姐回心轉意，心裡非常高興，對她更是疼愛有加。

我趁著母親心情好，向她要錢買皮夾克。母親說等放假後她再跟姐姐去買。我堅持自己去，我要自己挑自己喜歡的款式。母親拗不過我，只好給了我一些錢，我將這些錢轉交給姐姐。我考慮到姐姐的婚姻是人生大事，又從小海那裡借了一筆錢。兩天後，母親見我還沒穿上皮夾克，問我怎麼回事？我撒謊說小海也要買一件，等他放假我們再一起去。為了消除母親的疑慮，我故意將小海的錢拿出來放在她眼前，表示自己沒有亂花。

　　春節放假前兩天，姐姐悄悄在公司寄出結婚請柬。我與小海叫車送她到車站。姐姐臨走前哭了，她對我說：「弟弟，媽媽的心思我曉得。你往後在都市有困難就回家吧！我養你一輩子。」我心裡很不是滋味，為了不影響姐姐的心情，我戲謔道：「行了，妳管好妳自己吧！離我越遠越好，省得我看了心煩。」望著火車漸漸遠去，忽然一種牽掛油然而生，不知道姐姐此去是怎樣的結果，從此以後我們天各一方，一切只能靠自己了。

　　我回到家裡後，先將此事告訴父親。他沉思良久，長嘆一聲，然後拍拍我的肩膀，說我做得好。母親下班後，見姐姐沒回家，不禁嘮叨了幾句。我撒謊說姐姐公司裡有人結婚，請她當伴娘，要明天才回來，母親不免埋怨一通。隔天，我正在屋裡看書，聽到母親在大屋裡對父親發脾氣：「你就知道心疼女兒，有沒有替元基想想，元基不是你的嗎？這樣子你們都給我滾開！從今以後我和元基一起住！」我看到這架勢，斷定父親已經將姐姐的事情告知母親。母親一旦生起氣來，便很少有人可以攔住，我只好過去勸解。母親疼我，也就沒有對我發脾氣。

　　母親見了我不禁埋怨：「你真傻，別人把你賣了，你還在替人數錢！」說完，指著我氣呼呼地嚷道：「將來看誰照顧你！」

　　「媽！」我情不自禁地喊道，懇求她冷靜下來，母親氣得靠在牆上不理我。我嘻皮笑臉地在她身邊撒嬌，逗得她哭笑不得。我見她氣消了，笑著說姐姐已經是大人了，應該有自己的生活。如果我們橫加干涉，姐姐一輩子都不會開心。那樣的話，姐姐不但不會照顧我，反而還會怨恨我。

　　父親適時安慰了母親幾句，然後端來洗腳水親自替她洗腳。他對母親說：「我們兒子通情達理，人又聰明，妳還擔心將來沒人照顧他嗎？說不定早就有女孩子排隊等著嫁給他呢！」

　　母親白了父親一眼，氣呼呼地說：「你少哄我！我的兒子我自己曉得，他才沒你那麼花心呢！」父親不好意思地站起來，說：「孩子在旁邊聽，妳別亂講話哦！」

　　我見母親情緒已經穩定下來，就回小屋看書去了。不過父親當晚還是被母親趕了出來，只好到我這過夜。

　　閒聊時父親問我，姐姐私自回家是不是我的主意？我得意地說：「除了本人，還有誰能做到？」父親笑了。他說我會籠絡人心，姐姐這輩子注定要當我的丫鬟了。我「噴」了一聲，覺得父親這話不妥。於是他問我為什麼會這麼做？我不假思索地回答：「上學時姐姐背過我，算是還她人情，以後互不相欠吧！」

　　父親用一種很奇怪的眼神看著我，半晌才說我雖然不知天高地厚，但到底還算個男人。我不恭敬地說道：「被老婆趕出家門的事情，在我身上永遠都不會發生。」父親拍了我一下，說我沒大沒小，一點規矩都不懂。

　　母親一連幾天寢食不安，偶爾脫口而出：「那該死的到家了嗎？」我知道她牽掛姐姐，便開玩笑地說那種不聽話的人管她幹嘛？沒有她家裡更清靜。母親抱怨幾句，將矛頭指向我：「還不是你造的孽！」我嘿嘿一笑，馬上找藉口躲出去，免得挨罵。

　　後來姐姐發來電報，向家裡匯報結婚日期。我勸母親回去參加姐姐的婚禮，她果斷拒絕。我深知母親的個性，於是用言語刺激她，笑著說結婚時女方沒有娘家人在場，會讓人瞧不起的。我們以後回老家，人家不笑掉大牙才怪呢！母親沒說話。隔天，她到銀行取出一大筆錢，狠狠地扔到父親面前說：「女兒是你的，你去吧！」父親要母親一起回去，她堅絕不去。二哥二嫂得知此消息後，自告奮勇說要陪父親回去。母親終於拉下臉，不耐煩地說：「去吧去吧！別忘了帶上宇鋒。」

十九

　　大年三十晚上，我想起小時候過年的情景。儘管是很久以前的事了，回憶起來依然很溫馨。那時候只有我們母子二人，母親做了很多我喜歡吃的東西，將我抱在懷裡一口一口餵我，還不時在我小臉上親吻。時間過得真快，我忽然發現母親額頭多了很深的皺紋，頭上也有了幾許白髮，一種內疚不禁湧上心頭，我的眼眶漸漸濕潤了。

　　母親問我怎麼了，我情不自禁地說：「媽媽，這些年來妳受苦了！」母親反而說真正受苦的是我，是她沒有照顧好我才導致那次意外。說著說著，淚水流了下來。

　　我看到母親不開心，立即轉移話題，問她父親年輕時是不是很帥？「死老頭一個，花言巧語。」母親嘟嚷道，幸福之情溢於言表。她說她與父親是在寶泉嶺農場認識的，父親是農場裡少見的美男子，當時還是軍人，她與父親登記結婚那天才知道對方已經三十八歲了。「我當時完全沒有看出來，還以為他不到三十歲呢！」說到這裡，母親忍不住笑了，「死老頭，吃過唐僧肉，一點也不顯老。」我也時常感到奇怪：父親已經七十歲了，看上去卻與五十歲的人差不多。他與母親在一起，沒人相信他們相差十六歲。

　　母親回憶往事，似乎對父親有點歉意。她說生下姐姐時，她得了一種怪病，頸部突然變得肥大起來。當時醫療水準不發達，治療很長時間都不見好轉。有人說母親水土不服，也有人說母親可能是生了姐姐後缺少營養。母親有些害怕，提出想回老家治療。我現在知道母親那種病是由於缺碘引起的，也就是甲狀腺功能亢進，簡稱甲亢。父親剛開始不同意回老家，後來經不住母親央求只好同意了。當時農場主管再三挽留父親，可是他不放心讓母親一個人回去，謝絕了主管的一番好意，與母親一同回到了老家。母親很內疚地說，當初是她拖累了父親。如果不回去，父親說不定也能在農場升任主管的職位，後來也不至於一直窩在老家了。

　　母親接著充滿感激地說，剛回到老家的時候多虧了大媽。大媽不僅將分家時分到的老屋讓給父母居住，還送來很多生活的必需品。母親提到大媽時充滿敬意，說大媽是少有的好人。並且一再叮囑我要好好對待大媽，她是我們家的恩人。那天晚上，我們一邊看著電視節目，一邊聊著家庭往事。母親在老家生活了兩年才痊癒。在我出生滿月後，母親因不願意一輩子在鄉下生活，便提出要父親回農場的要求。父親離開農場時早已辦妥退伍手續，覺得回去沒面子，所以不同意。兩人為此爭執了好長一段時間，母親一氣之下就和父親離了婚，然後帶著不到兩歲的我去了東北生活。

　　到了東北後，母親暫時借住在一位同鄉家裡。她當時聽說鶴崗有許多招募礦工的職缺，便帶著我搬去鶴崗，幾經輾轉，最後終於成了一名煤礦工人。我那時還小，母親上班時會把我寄放在一位老太太家裡，每月給老太太一些錢，從此母親在都市紮下根。我很難想像一個女人帶著一個孩子，在那種艱苦條件下一步一步走過來是怎樣的情形。也許在那個年代，這只是一件生活當中很尋常的事情。畢竟那是一個磨難的年代，人民習慣逆來順受，習慣風風雨雨的洗禮……那個大年三十的晚上，我與母親過了一個憶苦思甜的新年。

二十

　　正月初十，父親、二哥二嫂、宇鋒帶著姐姐姐夫回來了。姐姐一進家門，就拉著姐夫跪到母親面前，母親別過臉不肯理睬。父親與二哥二嫂一起勸母親不要生氣了，她氣惱地大嚷：「你們一家人現在過好就好啦！還叫我回來做什麼？」

　　二哥向我使眼色，示意我為姐姐說情，我佯作不知地聽宇鋒說老家的情況。宇鋒十歲了，多少懂點事情。他說家裡有很多人問我為什麼沒回去，大媽與姑姑整日以淚洗面。我聽了以後心裡不禁一陣酸楚。

　　二哥見我不理他，以為我沒看見，湊到我旁邊來小聲催促我勸勸母親。我斜睨他一眼，要他一邊涼快去。他瞪了我一眼，灰溜溜地走掉了。我心想：母親最近滿腹委屈與怨氣，姐姐、姐夫下跪的時間越久，越是對她的一種安慰。只要母親心裡好過些，姐姐與姐夫受點苦未嘗不可。二哥拉姐姐起來，姐姐推開了他。二哥又去拉姐夫，姐夫見姐姐沒反應，更是一動也不動。二哥覺得沒面子，直說母親心狠。父親狠狠瞪了二哥一眼，他氣呼呼地到一旁抽菸去了。二嫂在母親身邊喋喋不休，母親聽得不耐煩，乾脆抓過枕頭躺在床上，用枕頭巾蓋住臉。父親見狀笑了笑，忙著做飯去了。

　　我看火候差不多了，小聲叫母親，她沒聽見似的，毫無反應。我朝姐姐笑了笑，示意她藉機行事。姐姐不明就裡，疑惑地看著我。

　　我故作小心翼翼的樣子，將耳朵貼到母親胸前聽了一會兒，忽地大叫一聲：「媽！你怎麼啦！」姐姐以為出了什麼事，急得一下跳到床上，趴在母

親身上大哭大叫起來，屋裡頓時亂成一團。母親被我們糊裡糊塗地扶了起來。等她反應過來，抓起枕頭扔到我身上：「你個死小鬼，我還沒有死呢！你帶頭哭個什麼勁！」

我嘿嘿一笑，附在她耳邊小聲說：「妳就這麼一個寶貝女兒，見好就收吧！」

母親白了我一眼，又打了我一下，嘴裡卻說：「你這個死小鬼，良心被狗吃了，還替他們說話。」姐姐見母親沒事，便跪在母親身旁，然後抓住母親的手往自己臉上打去。母親掙脫姐姐的手說：「起來吧！不要再在這裡煩我了！」姐姐撲到母親懷裡嗚嗚哭了。一邊哭一邊說是她不好，惹母親生氣了。

姐夫是個老實人，只會不停地叫媽。我看到他可憐兮兮的樣子，覺得遇到母親這樣的丈母娘實在是難為他了。

晚上姐夫睡在我的小屋。我向他問了一些老家的情況，得知鄉下的生活已經比以前好多了，非常高興。姐夫告訴我小紅姐參加婚禮時，曾多次向姐姐打聽我的情況，她聽姐姐說我經常看書，高興得大聲叫好。我們閒聊一會兒，姐夫說家人把我當成了寶貝。我一聽這話，感覺姐夫遠不是看上去那麼簡單了。我雖然自負，但還是有些自知之明。姐夫大概是從姐姐那裡得知我在母親心中的份量，免不了籠絡一番，以便我在關鍵時刻能在母親面前替他們美言幾句。

姐夫說他早就知道我。我唸小學時，他正在讀國中，和我一位堂哥還是同班同學。他補充說當時學校裡沒幾個人不知道我。這倒是很有可能，我是從東北回來的，又是身障人士，加上課業表現優秀，在學校裡頗有名氣。鄉下人世世代代生活在那塊土地上，任何新鮮事都能在一夜之間傳遍四鄰八鄉。何況像我這樣的人在那塊土地上大概僅此一例，自然引起眾人的關注與興趣。

姐夫在鎮上一家公司上班，他大哥在邵陽市政府擔任秘書長，承諾會盡快將姐姐的戶口與工作調回老家。我與姐夫聊了半個晚上。他給我的印象是長相稀鬆平常，看起來也老實厚道，不過深諳處世之道。也許姐姐事先交代

過，所以他與我聊天時並沒有我想像中那般拘謹，偶爾還主動跟我開玩笑。我們之間很快有了好感。隔天，我主動把小屋讓給姐姐與姐夫，自己則到小海那裡過夜。

母親召開家庭會議，家人悉數到場。她說等她和父親老了以後，我的生活由二哥和姐姐負擔。我在誰家生活，另一個每月承擔相應費用。語畢，母親要二哥和姐姐表態。二哥方要開口，二嫂一聲乾咳，他頓時猶豫了一下，然後有些顧慮地表示：「一切按媽說的辦。」姐夫倒是乾脆俐落，他說只要我願意回家，一切隨母親作主。

母親看了姐夫一眼，目光裡含有幾分讚許。也許從那一刻起，她打從心底認同了姐夫、接受了姐夫。

這種場合令我非常尷尬。我的命運，我的生活，在這一刻似乎交給了別人，不再由自己掌控。想到這些，我不禁黯然神傷，一種從未有過的壓抑、鬱悶忽然而升。我感到一陣一陣熱浪湧到臉上，火辣辣地難受，喉嚨裡好像塞進了石頭，令人窒息。我忽然摀著肚子，痛苦地呻吟起來。父親看出端倪，對母親說：「算了，這種事以後再說吧！」母親生氣了，斥責父親不關心我。父親指著我說：「你看臭小子那樣，要別人養他還不如叫他去死。」母親沒想到煞費苦心，安排我未來命運的家庭會議就這樣收場了。她朝父親吼了大半天。

這次不愉快的家庭會議，向我敲響了警鐘：我已經到了考慮將來的年齡。正像父親說的那樣，要別人養活我，不如要我直接去死更好一些。我意識到遲早有離開父母的一天，開始思考什麼事情是力所能及的，思來想去，始終沒有答案。我甚至想像不出離開父母，離開家門，等待我的將是怎樣的情形。幸虧姐姐的一句話提醒了我，她說老家很多人都惦記著我，問我什麼時候回去看看？我靈機一動，忽然閃過一個念頭：不如趁機與姐夫回老家，自己單獨過一段日子，嘗試一下獨立生活的滋味。我打定主意後告訴了父親，他思索了一會兒，要我自己決定。母親聽了我的想法直搖頭。她不管我如何解釋，始終只有兩個字「不准」。我很懊惱，一連幾天不理她。母親急了，多次朝父親大吼：「兒子一個人回去你也放心，不知道勸勸他嗎？」有一次父親生

氣了，大聲質問母親：「妳平常要怎麼寵兒子都隨妳，但別怪他不聽我的話！」倆人因此大吵一架。

我與姐夫在屋裡下棋，聽到父母爭吵不禁暗喜。果然等他們冷靜下來之後，大家心平氣和地商議起來。姐夫笑著說：「媽要讓步了。」我輕輕笑了笑，心想：「這傢伙洞察力還不錯，以前小看他了。」

果然，母親最終同意讓我回老家。臨走前，她千叮嚀萬囑咐，絮絮叨叨，沒完沒了。我聽得煩了，拉下臉來問她有完沒完？母親免不了又囑咐姐夫一番。她說每個月會寄生活費給姐夫，他必須及時拿給我。姐夫很會做人，要母親不用為我操心，並且主動承擔我的生活費用。上火車前，母親偷偷塞給我一大疊鈔票，悄聲說：「這些錢你好好收著，不要亂花。」說完，眼淚便掉了下來。我安慰了她幾句，並開玩笑說回老家後馬上與她分家。

二十一

離開了故鄉五年，我終於又回來了。姐夫公司的人聽說我來了，紛紛前來看望。也許姐姐將我捧上了天，所以眾人見到我的時候難免有些失望。他們唯一驚訝的是我真的可以用凳子走路。

南北溫差大，我又不注意增減衣服，回到故鄉的當天晚上，我便發燒咳嗽起來。姐夫一摸我滾燙的額頭，馬上叫醒隔壁同事急急忙忙去隔壁鎮的醫院找醫生。醫生替我量過體溫後，說我只是感冒了。也許醫生認為都市人身體嬌貴，於是建議我打點滴。姐夫再三要求要用最好的藥。醫生給我打上點滴後，要姐夫叫醒其他人過來打牌。

從他們的談話中，我感覺到姐夫極有人緣，沒我想像的那麼呆板。隔天，醫生又來替我輸液。眾人說姐夫大半夜折騰人，必須請客喝酒。姐夫買了兩隻鴨子。幾個人為了做飯互相推諉，只好抽籤決定。這時我才知道姐夫的公司只有四個人，他們與姐夫一樣是克紹箕裘。四個人年紀相仿，而姐夫不但最早結婚，娶的又是都市女孩，自然令人刮目相看。我身體剛恢復，便要求回老家，姐夫非得留我多住幾日。我只好又住了幾日。

　　姐夫的父母聽說我來了，特意從家裡乘車到公司來看我，還帶了許多臘肉和花生。看來姐姐沒少在婆家人面前吹捧我，為我累積了不少人氣。這讓我想到那句「愛屋及烏」的成語。推開閣樓窗戶，遠遠看到那條曲折蜿蜒的小河。河水清澈，緩緩流向遠方，我知道河水會經過老家。想起小時候在河裡差點成為魚群的美味佳餚，想起在大媽懷裡的情景，也突然想起姐姐說過姪女雲清之前患了風溼，由於沒有及時治療，落下了病根，現在已經結婚了，但日子依舊過得很清貧。

　　我歸心似箭。任憑姐夫如何挽留也鐵了心要回家。姐夫只好找了一輛三輪車將我送回老家。

二十二

　　短短五年時間，家鄉的變化令我驚嘆不已。我唸過的小學已遷移他處，原址蓋起了一排整齊的公寓。很多門面開起了店家。其中兩家還是我的兩位堂哥。

　　大媽見了我，簡直不敢相信自己的眼睛。也許在她心裡，我還是那個少不更事的莽撞男孩。等她明白過來後，眼淚「刷」地流了下來。我深情地喚了一聲阿姨，她應了一聲走到我面前，用衣角擦了擦眼睛，然後仔細端詳我，許久才喃喃道：「像，太像了！」我不明白什麼意思，看了看大哥大嫂，他們顯然和我一樣疑惑。這時大媽用手摸著我的臉說：「只有元基跟他老爸最像。」大家才恍然大悟。大媽說我像父親。我受寵若驚，這至少證明我不難看。

　　村人紛紛到大哥家看我。姐夫將準備好的香菸和糖果分給眾人。我一見來者當中大多老的老、小的小，頓時有了一種物是人非的滄桑感，真是應了那句「年年歲歲花相似，歲歲年年人不同」。原來村裡的年輕人大多去廣東工作了。大哥說我早半個月回來就好了，那時過年返鄉的人還在。

　　隔天，姐夫回鎮上工作了。我請大哥大嫂收拾一下老屋，他們說老屋幾年不住人快不行了。我笑著說要在老屋裡住上一段日子。大媽立即拉下臉來，說老屋有什麼好，家裡又不是沒有其他好房子。我擔心大媽誤會，於是將此趟回來的目的耐心地解釋給她聽，並且陳述其中的利害關係，再三強調這關

係到以後的生死存亡。她雖然不大情願，但聽我說得如此嚴重，也只好勉強同意了。大媽說別人會認為我們一家人不團結，誤會大媽把我當外人，我笑著說，我永遠是她的元基。大媽無奈笑道：「只要元基好，別人說三道四，我只當沒有聽到。」

老屋是木製結構。屋裡長時間不住人，早已灰塵遍佈，只有牆上那些獎狀還隱約可見。推開門的一剎那，我看到獎狀上的塵埃細沙般飛落，頓生無限感慨。這是我的家嗎？我人生中最重要的七年曾經在這簡陋的木屋裡度過啊！是的。倘若床上還掛著蚊帳，鋪著被褥，一切似乎還是老樣子。不同的是，歲月的滄桑愈加明顯地折射出木屋日趨衰敗的痕跡，彷彿昔日的生活畫面早已定格在失去的底片裡，成為一種漸遠的記憶。

大媽整理獎狀時對我說：「元基，你這些東西都是我家的寶貝！」

我愣了一下，笑著說都過去了，沒什麼用。大媽說我當年要是繼續讀書，一定比小紅姐更厲害。我笑了笑，說那也不一定。

大媽鋪床時幫我準備了一條新棉被，又在床上掛了一副新蚊帳。當時天氣還有點涼，老屋到處是縫隙，大媽將透風的地方糊上紅紙。

屋裡經過大媽的清掃與擦洗，又回復到以前的模樣。我好似一下子回到了「少年不識愁滋味」的純真年代。我真希望穿過時間隧道，重溫那段難以忘懷的少年時光。

第一次做飯時，大媽見我行動遲緩，動作笨拙，好幾次要過來幫忙，我都沒同意。大媽見我不會生火，便教我燒柴火的方法。她一邊教我一邊說：「你這是何苦，你直接到我們家吃飯，不是省事多了嗎？」我笑著說總不能一輩子這樣。

過了幾天，姐夫託人送來一小車蜂窩煤與煤爐，並帶來一張紙條說用煤火做飯省事，要我有什麼事情就差人捎信給他。「遙遠的路程，昨日的夢以及遠去的笑聲，再次的見面我們又歷經了多少的路程，不再是舊日熟悉的我有著舊日狂熱的夢……」收音機裡傳來羅大佑的歌聲。

我從此度過了一段獨立生活的日子。不過這種獨立生活始終沒有離開大媽的悉心呵護。儘管如此，這還是為我以後走出家門奠定了基礎。

二十三

聽別人說段班平沒有去廣東工作，而是在隔壁鎮做點小生意，我便挪著凳子去看他。春天雨水多，路上泥濘，一公里遠的田間小路我走了兩個多小時。班平見我挪著凳子走那麼遠的路去看他，激動得說不出話來。

我問他做什麼生意，他說經常到外地批發一些物品然後趕集販賣，並且不好意思地說，連續考幾次大學都落榜，只好回家務農，農閒時做點小生意。他開玩笑說：「沒辦法，誰叫一家老小張大嘴巴等著吃飯呢！」我笑著說世世代代都是這麼過來的。他顯然不同意我的看法：「你們都市人多好命，不愁吃，不愁穿。」我說其實哪裡都一樣，都市人也有很辛苦的，有的工廠已經快發不出薪水了。他不相信。我不想一見面便為了這種小事吵架，便無奈地笑了。

我們談笑甚歡。班平留我吃飯，叫妻子殺了一隻公雞。臨走時，我偷偷塞給他孩子一點零用錢。他在河邊叫一隻船順道將我送回村裡。從此以後，我每每去找班平，都是搭乘順路的船，省了許多力氣。

二十四

我去了一趟姑姑家。那時姑姑賣掉了村裡的老屋，與二表姐一家搬到高沙鎮。姑丈已退休，小軍克紹箕裘，在姑丈之前的公司上班。姑姑每次見到我總是未語先泣，她怪我回來時不事先通知她，要是早知道我回來，就會叫姑丈來接我了。

當晚小軍騎車大老遠地趕回來看我，我一見表妹已經出落成亭亭玉立的美少女，笑著說她醜小鴨變成了白天鵝。小軍說我一點都沒變，還是那麼喜歡胡說八道。晚飯時，小軍問我有女朋友了嗎？我臉紅不語。此前連想都沒有想過這件事。小軍見我不說話，笑了起來，說我賣關子。我說我還小，要女朋友做什麼？小軍撇撇嘴，一臉壞笑地看著我。姑姑瞥了她一眼，說女孩

子家要矜持一點。我忽然反應過來，問小軍是不是有男朋友了，很快就換她臉紅了，不置可否地看了我一眼。姑姑告訴我小軍的男朋友正在當兵。我大笑起來，說小軍總算有人要了。「元基哥，你太壞了，我不理你了！」小軍嘴上這樣說，臉上卻洋溢著微笑，還夾了一筷子菜放到我碗裡。

我問起小紅姐的情況，姑丈說她現在是邵陽一所中學的英文老師。小軍朝我吐了吐舌頭，說我心裡只有小紅姐沒有她。我說手心手背都是肉，隨即背誦了她幾年前寫的那首詩：「朦朦朧朧的我，做了個朦朦朧朧的夢，小鳥變大鳥，費很多周折……」小軍一愣，繼而欣慰地說：「你還記得。」我微微一笑。她說我偏心，為什麼只寫信給小紅姐。我開玩笑說因為小紅姐是我的老師，有求於人，豈敢怠慢？小軍朝我一撇嘴，說我不但勢利，還狡猾得很。

我在姑姑家的幾天，姑丈常用腳踏車載我在鎮上四處轉轉。偶爾我們會下幾盤象棋。他畢竟年紀大了，很少贏我。姑姑說：「你姑丈總是瞧不起我們段家人，你可要為我們段家爭口氣，別叫他小看了段家。」姑丈笑了，說姑姑挑撥離間，破壞我們姑姪倆的感情。

二十五

楊柳青青，花團錦簇。故鄉的春天分外美麗妖嬈。一陣微風拂來，純白的李花、粉紅的桃花漫天飛舞，紛紛飄落，令人眼花撩亂，目不暇接。水田宛若一面鏡子，清晰照人，偶爾一片片花瓣蝴蝶似的在空中飄來飄去，旋即緩緩落入水中，形成一幅天然的畫屏，真是「花如群蝶舞，人在畫中游」。如此美麗的季節，我自然不會錯過。除了想方設法四處遊覽，我還每天去河邊竹林裡看書。

一天我正看得入神，忽聽到一陣清脆的歌聲傳來。那歌聲曲調優美，聲音清脆。不過我聽了半天卻聽不懂歌詞。歌聲從下游方向飛來，我合上書本，順著歌聲的方向眺望。

四分之一的身體，一百分的人生：生命英雄段雲球

不一會兒，一大群鴨子叫嚷著從下游慢慢游過來，歌聲隨後而至。一艘小船漸漸出現在視野裡。船上一位女子將鴨群趕向小島。由於距離遠了些，看不清她的模樣。不過那條大辮子徘徊來徘徊去，相當引人注目。

隨後數日，我天天都在河邊聽到這位女子的歌聲。只是我發現她唱來唱去總是一個曲調，歌詞卻不大一樣。我好奇地回去村裡問人，一位姐姐告訴我那是山歌。我一聽到山歌二字，立即想起電影《劉三姐》。為了弄懂歌詞的真正意義，我一連數日在河邊聆聽，漸漸聽懂了一些。

「……天上星星密密／田裡「葫標」開袖花／『葫標』莫是生根草喲／妹妹心是『葫標』花。」

我判斷「葫標」一定是象徵愛情的鮮花，類似玫瑰。為了證實自己的判斷，我問村裡人，人家笑話我在老家這麼多年，居然連「葫標」都不曉得。有人指著水田裡的浮萍，告訴我那就是「葫標」。我差點沒笑倒在地。原以為「葫標」是什麼名貴的花，沒想到竟然是浮萍！村人常用網罩在水田裡，撈這種東西餵豬。

我做飯的時候不禁按著曲調哼哼起來。忽然，我停了下來。越想越覺得有意思，尤其那句「葫標莫是生根草喲，妹妹心是葫標花」，既然葫標是浮萍，是否暗示她的心像浮萍一樣不由自主地四處飄零呢？

隔天鴨群出現後，歌聲的主人果然隨後划來。我從竹林裡出來，站到岸上向著船上女子大喊：「鴨子賣嗎？」

女子站在船上應道：「鴨子還小，不到時候。」我笑著說：「嫩鴨子炒起來好吃，可以多給錢。」

女子在船上猶豫片刻，撐著小船慢慢朝我這邊划來。她到了河邊，將竹竿插進船頭一個洞裡，直插到水中泥土裡，然後赤腳跳上岸，目光一直盯著我走上岸來。

「妳唱歌很好聽。」我說。

她不好意思起來：「沒有的事，只是無聊打發時間罷了。」

　　目測她年紀與我差不多，眉清目秀的，只是臉頰上有些雀斑。她顯得很拘謹，我剛要問她話，她卻怯怯地問我：「你是段元基嗎？」我一愣，隨即笑著點點頭，她紅著臉說認識我。我頗感意外，開玩笑地說像我這種缺手斷腳的，人人見了都會記得。她一聽就笑了，說：「我們還在一個考場裡考試過呢！」我細想了一下，卻沒什麼印象。她見我沒接話，便羞怯地說：「你忘了嗎？當年的數學競賽，你得了第三名。」原來她也參加了那次數學競賽，當時就坐在我後面。她不提起數學競賽倒好，提起來我便心有不快。倘若沒有那次數學競賽，我的四年學習生涯中全部是第一名。正是那次競賽的第三名，留下了些許遺憾。

　　女孩是下游鄰村的。我問她為什麼沒去廣東工作？她說她父親身體不好，要留在家裡幫忙農務，順便養些鴨子貼補家用。我們閒聊一會兒，話題轉到了山歌上。她說山歌只要記住調子就行了。很多流傳下來的山歌只有調子，歌詞是即興編造的。以前的老山歌，歌詞傳來傳去早已不是原樣了。我覺得很有道理，口頭流傳的東西畢竟沒有標準可言，時間久了自然不是原汁原味了。我問她還會什麼，唱幾句聽聽，她不肯。我見她難為情的樣子，心想一定是歌唱愛情的。鄉下女孩在這方面還是相對保守的，才剛認識人家，太冒失反而不好。我開玩笑說：「既然我們曾在一個考場裡考過試，也算是同學，有空時也教我唱山歌吧！」

　　她靦腆地說她會的不多，只是唱來打發時間的。我說沒關係，會多少教多少就好了。她不置可否地笑了。臨走前她問我，我是真的想吃鴨子嗎？我笑了，反問她剛才不是說沒到時候嗎？她告訴我有幾隻大隻的可以用辣椒炒來吃。沒想到自己只是一句玩笑話，她卻當真了，只好要她捉一隻來。她回到船上，只見她拿竹竿用力一撐，小船一下子衝出好遠，船尾泛起一道翻捲的波浪四散而去。她到了島上，在鴨群裡捉了一隻鴨子，用東西繫住鴨子翅膀，很快送了過來。她將鴨子放到我面前，說再過幾個月就更肥了。

　　我問她要多少錢，她說算了，就當作送我的見面禮。我說那可不行，哪有買東西不給錢的道理。說完，我掏出口袋全部的錢遞給她。她沒接，說用不了那麼多。我當時有意裝大方，便說：「那妳改天再送其他鴨子來好了。」

她笑了，說要是她不來，我豈不虧了？我說沒關係，我不在意這點小錢。她望了我一眼，一絲不快在臉上一掠而過。她問我，都市人是不是都很有錢？我一聽她口氣不對，調侃說「是的」，都市人大多腦袋朝前。我隨即問她知道為什麼嗎？她疑惑地看著我，搖了搖頭。我慢吞吞地說，這是因為都市人不是駝背就是劉羅鍋。她咯咯笑了起來，說我真會耍人。見她還是不肯收錢，我只好將鈔票收回口袋裡，自作主張地說道：「那就下次一起算吧！」她笑著說下次要加利息的。我故作驚訝地說她很會算計，一點都不吃虧。

她問我手裡拿著什麼書，我告訴她是《茶花女》。她不經意地「哦」了一聲。我從她的表情裡讀出她想借卻不好意思開口，便將書遞給她，騙她說這本書在介紹種茶葉的方法，她拿回去看看也許能學一門技術。她接過書，嘖嘖稱奇道：「看不出來，你們都市人也關心種植技術呢！」我嘿嘿笑了，心裡想：「鄉下女孩居然還知道『種植』二字。」

我回家時遇到困難了──那隻鴨子沒法帶走。只好從竹林裡出來，站到路旁等人。等了很久，才等到一個剛從田裡忙完農務的人。我請他把鴨子送到大哥家，並要他轉告大媽，說我晚上過去吃飯。

吃飯時，大哥大嫂連連誇我孝順。我順水推舟，說只是碰巧遇到了，買來嘗嘗鮮。最高興的是大媽，還以為我專程買鴨回來孝敬她呢！我雖然心裡有些慚愧，可是看到大媽高興也就心安理得了。從那以後只要出門，我總會帶點東西回來給大媽。看她高興的樣子，我也很開心。

二十六

過了幾日，唱山歌的女孩還書給我。我給她買鴨子的錢，她象徵性地只收了一部分錢。她問我還有書嗎？我笑著說我窮得只剩下書了，想看必須教我唱山歌。

她沉吟片刻，說可以將歌詞寫給我，只要按著調子唱就行了。我覺得這方法不錯便同意了，我回家後拿了幾本書給她。她高興地一再保證隔天會將歌詞給我。我問她叫什麼名字？她有些遲疑，不太情願地告訴我她叫楊雨。

　　隔天，楊雨將已經抄好的歌詞拿給我。那是幾張很粗糙的黃紙，祭祀掃墓時作紙錢的那種。紙上的毛筆字工整、娟秀。我看了以後，終於明白楊雨為何不肯教我唱山歌了。那與其說是山歌，還不如說是情歌。紙上到處哥呀妹呀，情呀愛呀的，更確切地說是很壓韻的大白話情書。

　　其中的〈望情妹〉很有意境：「十八妹妹辮子長喲／莫拿辮子耍戲郎／郎呀莫是石頭心／見了辮子心慌慌。」

　　那首〈四季盼〉也頗有韻味：「春季樹上桃花開呀／妹妹樹下盼人來／桃花紛紛落滿地喲／莫見哥哥進村來／夏季蓮花滿塘白呀／妹妹水中蓮花采／雙手採花心無意喲／兩眼望著小村外／秋季桂花香四方呀／妹妹用花把酒釀／一罈好酒變成水喲／哥哥聞不到酒香／冬季裡來雪花飄呀／妹妹寒夜繡荷包／荷包繡了百十個喲／年年一個不見少。」

　　我讀完所有歌詞後，按著調子哼哼幾段，雖不甚滿意卻覺得很好玩。於是依樣畫葫蘆，也試著寫了幾句。

　　我在河邊再次見到楊雨時，展開破鑼嗓子朝她唱道：「那日正午此水中呀／一人獨舟踏歌行／此水清清總相似喲／歌聲如風了無痕／今日又是此水中呀／歌聲悠悠如風鈴／那是哥哥心好冷喲／妹妹何不送春風。」

　　楊雨佇立船頭，緩緩駛來，只聽她唱道：「哥哥莫要耍小妹呀／荷花葫標怎同行／雖然都是水裡生喲／一個嬌貴一個飄零。」

　　楊雨即興發揮得如此迅速、準確，令我一時之間想不出應對的歌詞，只能佩服地看著她。她上岸後笑盈盈地看著我，說我學得真快。我謙虛說跟她相比差遠了，不過心裡話是：「這有什麼困難？只要想寫，寫出一百首歌詞都沒問題。」楊雨向我索取剛才的歌詞，我說沒帶來。我問她寫得如何？她臉色一下子紅了。她矜持地說歌詞要因人而異，我剛才的山歌不可以對她唱。我問她為什麼？她說那種山歌要唱給喜歡的人聽。我不好意思起來，解釋說我只是練練筆，請她不要介意。楊雨笑得很勉強，她說她知道都市人不太守鄉下規矩，也看不起鄉下人。我那時涉世未深，做事極少考慮後果，人情世

故從未放在心上。這種狀況直到母親病逝，才應時而止。儘管我聽出楊雨言辭間不太高興，卻依然調侃她一番。她敷衍幾句後說要餵鴨子，便匆匆而去。

她再次還書給我時，我剛要說話，她說她還有事，便上船疾馳而去。有一段時間，我們經常見面卻很少說話。每次我叫她，她總是藉口離去。有時我見她一個人坐在船上沉思不語，從我面前經過也僅是淺淺一笑；有時我見她一個人坐在小島的草皮上看書，偶爾唱幾句山歌或躺在草皮上仰望天空，一副很悠閒的樣子。也許是我得到的稱讚、呵護過多，驕縱慣了。所以楊雨不理不睬的冷漠態度，令我有種自尊心受創的感覺。因此，後來我每回見到她，心裡總是不舒坦，不禁暗罵：「土包子！有什麼了不起！」甚至還低聲罵了幾句髒話，以尋求心理平衡。

二十七

小紅姐與小軍抽空來看我。我們見了面幾乎同時一愣。幾年不見，小紅姐愈發出落得清麗高雅、楚楚動人。尤其臉上那副精巧的眼鏡，更增添了幾分學識涵養與高貴氣質，我不禁脫口而出：「抱抱我！」

小紅姐一愣，隨即敞開雙臂象徵性地擁抱我。她親吻了一下我的額頭，微笑著說僅此一次，下不為例。我問為什麼？小軍笑得前俯後仰。小紅姐輕輕拍了一下我的臉，說我們已經是大人了。我說就是到了一百歲，她還是我姐姐。小紅姐看著我「撲哧」笑了，小軍這時插了一句：「真是傻得可愛，你不怕未來姐夫吃醋嗎？」我頓時意識到自己失態了，只好自我解嘲說小紅姐會喜歡那樣小氣的男人嗎？小紅姐笑了，說我和小時候一樣，一切以自我為中心。我聽得出來她是在間接地批評我，不過她的批評我歷來欣然接受，因為她是為了我好。

我要親自下廚，炫耀一下自己的廚藝。小軍免不了時不時地幫襯一下，小紅姐則在一邊笑臉旁觀，她翻著我常看的那些書籍，順便也看一下我寫的東西。她忽然問我，那些山歌是我寫的嗎？我告訴她只有一張是。小紅表姐將我寫的山歌與楊雨的比較一番，然後要我將心思放在該用的地方。顯然，

類似山歌這樣的東西根本入不了小紅姐的眼，她建議我多看看名著和寫作技巧方面的書。

吃飯時，小紅姐問我菜是怎麼來的？我說蔬菜不用買，大媽送來的都吃不完。其他東西村人去趕集時會順便帶來。姐夫則按時送來米和油。小紅姐笑我日子過得挺愜意，我得意地說還不錯。小軍說太舒服了不好，吃飽閒著沒事做，才會哥呀妹呀地胡思亂想。我知道她指的是山歌，解釋說那只是寫著玩的。說到山歌，我提起了楊雨，以一種嘲弄的口吻說：「一個土包子還當自己是林青霞呢！連玩笑都開不得。」小軍聽了直笑，說我一定被讓人家罵了，心裡不平衡。

「罵我？」我不屑地「哼」了一聲。小紅姐微微一笑：「你呀你，什麼都長大了，就是心還像個孩子。」我立即強調說我已經二十歲了，小紅姐笑了，說我的思想和精神、思維和能力遠遠超過了二十歲，但我的心仍然是一顆童心。不過她話鋒一轉，又說這也許是好事，童心令人充滿活力，充滿好奇，充滿想像力。

也許是學歷和文化素養的關係，小紅姐雖僅比我大三四歲，說話卻極富哲理，好似我的上一代人。不過現在想來，也許她生來就是要當老師。那時我之所以對她心存敬畏，大概是源於她的理性和嚴謹。正是這種理性和嚴謹，多了一位優秀教師，少了一位富有創造性的才女。依我看來，小紅姐的才情、智商遠在我之上。我原本不明白她怎麼就當了老師呢？現在我終於懂了，正如她當年說的那樣：「心與童心」使然。她缺少一顆天真的童心。

下午大伯母和大媽挽留小紅姐和小軍住兩天，姐妹倆婉言謝絕了，說明天還要上班，晚上要去準備一些東西。人伯母臨走時，小紅姐問她四表哥在家嗎？大伯母說他能到哪裡去，閒得很。小紅姐說想坐船四處看看，要四表哥撐船到岸邊等我們。四表哥是大伯母的么子，也是我堂哥。他平時沉默寡言，不苟言笑，都快四十歲的人了，依然單身。說了好多門親事，女方都嫌他太老實、太窩囊而不了了之。

我們到了船上，堂哥問我們去哪裡？小紅姐說隨便。堂哥乾脆坐在船頭，任由小船順流而下。

　　小紅姐望著沿岸景色，問我對家鄉的感覺如何？我抬頭四處看了幾眼，由衷地說「很美」，我在東北時經常夢到。

　　小紅姐笑了，問我喜歡嗎？我想了想，說談不上喜歡。家鄉的一草一木已經刻在了腦子裡，想的時候只要閉上眼睛，像看電影一樣清晰。小紅姐嫣然一笑，對小軍說：「你表哥有點靈氣吧？」小軍朝我做了一個鬼臉，笑著說看起來好像不傻。小紅姐的手在水裡輕輕撥了幾下，然後問我空軍夢還做嗎？我笑了，說她哪壺不開提哪壺。小紅姐用手帕擦了擦手上的水，又問我有沒有想過將來做什麼？這個問題讓我很尷尬，因為我一直不知道自己能做什麼、該做什麼？小紅姐見我不說話，笑著說她覺得有些事挺適合我。我要她說來聽聽。她略微思考了一下，說：「美術、書法、寫作。」

　　「我？」我指著自己搖了搖頭，「那是知識分子的事，我這點墨水還不夠畫隻烏鴉呢！」「小軍妳聽聽，妳元基哥這句話，妳想得出來嗎？」小紅姐笑著問小軍。小軍嬌嗔地看了姐姐一眼，反問她：「妳怎麼不和他比一比，要拿我比？」姐妹倆說著便笑了起來。我要她們別尋我開心了。我們這裡有說有笑，甚是熱鬧，堂哥卻一個人孤零零地坐在船頭。我叫他過來一起坐，他朝我憨憨一笑，要我不用管他。小紅姐那天還對我說，美術和書法練起來很枯燥，不適合像我這樣感性的人。如果我有興趣，不妨朝寫作方面試一試，說不定能闖出自己的一片天。

　　小紅姐的這句話真是害人不淺，讓我走進了一條漫長的寫作胡同，轉來繞去怎麼也走不出來。她當時如何想的我不得而知，不過我的美好青春就這樣浪費在稿紙上，其中滋味他人豈能體會？我卻從未對小紅姐表達過絲毫不滿，因為是她指引我推開了文學的大門。至於能不能走進去，能走多遠，不是小紅姐能夠左右的。在我的內心深處，一直對她充滿了感激之情。

二十八

　　楊雨依舊每天在河裡放鴨子。鴨子越來越大，鴨群卻越來越小，最後只剩二三十隻會下蛋的母鴨。我常看到楊雨提著竹籃在島上撿鴨蛋的身影。姐

夫按我的請求，外出進貨時帶回一身泳衣。我游泳時順道帶著大木盆子，摘水草回去讓大媽餵豬。

有一次我游泳時，遠遠看到楊雨撐船過來，便游了過去。接近目標時我忽然在水裡胡亂掙扎起來，大喊救命。楊雨瞬間而至，將撐船的竹竿送到我面前，大聲要我抓住它。我佯裝不會游泳的樣子揮舞手腳。在她的叫喊催促聲中我終於抓住了竹竿。她順勢將我拉過去，要我抓住船舷，然後伸出雙手拉我上船。小船搖擺不定，加上我有意為難，楊雨用盡全力也沒能將我拉上船。我趁她不備時看準機會，猛地將她拖入水裡，隨後我慢慢沉入水底。楊雨緊隨而來，快速游到我身後。她托住我的頭，雙腳用力擺動，奮力浮向水面。我們幾乎同時浮出水面，楊雨大聲叫我別怕、別亂動。然後拖著我向小船游過去。我怕露出破綻，佯裝驚魂未定的樣子任她擺佈。她雙手托著我，要我抓住船舷。她說數到一二三，我要用力往船上爬。只聽她口裡唸到：「一二三！」緊接著一股巨大的推力將我托到船上。我躺在船上一動不動，裝著大口喘氣的樣子。

楊雨咳嗽了幾聲，濕漉漉地爬上船。她來到我面前問我有沒有被水嗆到？我心虛地說沒事。我看到她衣服往下流水，頭髮黏連成一絡一絡的滴著水珠，意識到自己太過分了，不免有些內疚。楊雨背對我，擰著衣角上的水說：「不會游泳幹嘛下水啊？活膩了喔？」我撒謊說天氣太熱了，想涼快涼快。楊雨轉過身來，看了我一眼說：「你們都市人不是都很聰明嗎？幹嘛做傻事啊！」我笑了笑：「我是很傻的都市人，要不怎麼會來鄉下？」

楊雨一聽，笑了。她要送我回岸邊。我距離岸邊不遠的時候，忽然對她說：「我雖然很傻，卻知道妳是個好女孩。」說罷，我「撲通」一聲跳進水裡，迅速潛入水底。等在岸邊探出頭時，我看到楊雨正四處急切觀望。我朝她大喊一聲：「在這啦！」

楊雨驚愕地望著我，突然喊道：「段元基！你這個壞蛋！」話音剛落，小船已經衝出好遠。我坐在岸邊，一連問自己數次，我很壞嗎？

隔天，我一看到楊雨，立刻朝她游過去。她見了我，沒等我開口便搶先吼道：「以後不理你了，你太壞了！」我笑著說沒有我這種壞人，顯現不出

第三部分：青年

她這種好人啊！楊雨舉起竹竿朝我打來，我一動不動地看著竹竿從頭上落下來。只聽「咚」地一聲，竹竿落在我身旁，水濺得老高，繼而紛紛落下，濺在我臉上。我擦了一下臉，笑著要她再打一下。楊雨瞪了我一眼，說懶得理我，撐船離去。

又一日，我看到楊雨在島上撿完了鴨蛋，正準備撐船回家，便潛水過去忽地浮出水面，朝她大喊一聲：「妳好！」

她看了看我，竹竿用力往水裡一戳，小船一下子躥出好遠。我說她斗笠掉了，趁她回頭觀看的瞬間，我猛地跳進水裡追上她，抓著船舷對她笑。她很生氣，說沒空陪我耍白痴。我繼續笑。她要我放開，我說我不要。她高高舉起竹竿擺出打人的架勢。我笑著說她是好人，好人不胡亂打人的。她看著我，慢慢放下竹竿，說我臉皮很厚。我笑著說也是因人而異。她「哼」地一聲冷笑，撐船便走。

我一邊抓住船舷，身體吊在水裡隨船漂浮，一邊唱道：「樹上夏桃蜜又甜／莫栽樹呀莫要撿／想呷蜜桃要栽樹喲／莫栽樹的看花眼。」

楊雨無視我的存在，一邊划著船一邊隨心所欲唱起山歌：「石榴好呷樹難栽／播下種子砌圍台／年年月月要施肥喲／紅芯蜜糖自然來。」

我見沿岸竹林緩緩在眼前掠過，忽然來了興致，也大聲唱了幾句：「竹子密／根連根／不分高矮一條心／有粗有細莫要怪喲／聚在一起是緣分。」

楊雨立即唱道：「竹子密／竹葉青／有好有差不同根／有的用來做柴火喲／有的用來做花盆。」我馬上接過來：「做柴火的為百姓／做花盆的為美人／物盡其材各不同喲／楊雨好壞分不清。」

楊雨停了下來，嬌嗔地望著我。我調皮地朝她一笑。她忽然將竹竿朝我甩過來，我急忙喊：「好姐姐饒命啊！」

不料她將竹竿繞了一圈，甩回到船頭，一下子插進船頭的洞裡，直入水中，將船牢牢固定在原處。動作乾淨俐落，一氣呵成。這時她走到我面前，蹲下來小聲說：「你好煩哦！」我看著她笑，半晌不說話。她別過臉去，將手伸向我。我故作不知，只是微笑。她回頭望著我說：「還不上來，想累死

嗎？」說完雙手伸向我。我笑著說我才不怕呢！因為有好人救我。她拍了一下我的頭：「油腔滑調！」

我在她的幫助下爬到船上，想開口謝她，卻見她回到船頭，揮竿啟航了。這時我才發現離村裡的岸邊好遠了，若要自己游回去，恐怕真的會累死。

楊雨一路沉默不語，我要她別生氣了。她面無表情地看了我一眼，繼續向岸邊駛去。我上岸後，她從竹籃裡取出十幾個鴨蛋送到岸上，放到我身邊。我說太少了，她一愣，我說要全部。她一聲冷笑，一腳踢進水裡，水花濺了我一身。她笑著跳到船上飛馳而去。那一瞬間我覺得楊雨好可愛。也許「好女不經賴漢磨」，楊雨雖然嘴巴上沒直說氣消了，但從她的言談舉止中，我看得出來她不僅氣消了，還對我有了些許好感。

有一天我和楊雨一起放鴨子時，她說向我請教一個問題。我問她什麼事，她欲言又止。過了幾天，她很無奈地說：「我阿姨總是上門逼親，我該怎麼辦？」原來楊雨的父母和阿姨家很久以前便將她和表哥指腹為婚，雖然沒正式下過聘禮，雙方大人卻對此一致認可。楊雨母親去世後，阿姨多次上門提親，父親考慮楊雨當時還在唸書，便將此事拖了下來。父親現在身體不好，阿姨又趁機來提親，還說辦婚事可以替楊雨的父親沖喜。

我提醒楊雨近親不能結婚，就算是表親也一樣（從前人認為只有親兄妹或堂親之間才算亂倫，表親是親上加親），法律也規定不行。她說早就對阿姨說過好多遍了，阿姨聽不進去，反而說她想賴婚，現在父親也逼她快點結婚。

「你們都市人不是都很聰明嗎？你幫我想想辦法吧！」楊雨問我。

「我？」我一時語塞，沒了主意。楊雨傷心地說：「其實爸爸也是為了我好。」我不屑地說：「哪有爸爸把女兒推到火坑裡的？」她瞥了我一眼，冷言道：「你又懂什麼？」

「我？」我又語塞了。楊雨看了我一眼，說：「我爸爸快不行了，一直希望臨走前能替我找戶好人家嫁了。」我問：「令尊怎麼了？」楊雨沒說話，眼眶逐漸濕潤了。她意識到有些失態，立即擦了擦眼睛，然後說：「我爸爸

第三部分：青年

是直腸癌末期，剩沒多少日子了。」我頓時不知所措。她埋怨我：「還以為你有多聰明，結果跟我一樣笨。」我啞口無言。

我回家後想了很久，依然無計可施。

隔天我見到楊雨時，建議她出去躲一段日子。她說：「我也有這樣想過，可是爸爸病重，必須有人照顧他，我不能不孝。」我問她有什麼想法？她搖搖頭，說：「聽天由命吧！」我聽了，不由得一陣心酸。想了半晌，突然笑著說不如答應算了。楊雨斥責我腦袋有問題，我說先哄他們高興未嘗不可。她見我嘻皮笑臉的樣子，問我是不是有辦法了？我建議她先答應訂婚，明年再結婚。她「哼」了一聲，說能拖到明年還問我這些幹嘛。我賣起關子，笑而不語。楊雨生氣道：「不說算了！」我這才正經地說：「辦法不是沒有，只是不知道行不行。」她要我說出來聽聽。

我說：「妳先去找算命先生批八字，然後對妳爸說八字上說妳今年不宜結婚，結婚剋父母。」楊雨瞟了我一眼：「隨便講講誰信？」我笑了。她一見我笑，氣得不理我。我咳嗽一下，鄭重其事地問她：「這話如果是算命先生說的，那有沒有人信呢？」楊雨思忖片刻，要我繼續說下去。我問她附近哪個算命先生最有名？她想了想，說馬坪鄉有一個老算命先生很有名，迷信的人都到他那裡問卦算命。我嘿嘿一笑，要她與阿姨到馬坪鄉找那位算命先生批八字算命。語畢，我一臉詭譎地看著她。

楊雨略一沉吟，忽然笑了。她指著我，笑吟吟地說：「你是我見過的最壞的傢伙。」我強烈抗議：「都是妳逼的。」幾天後，楊雨興奮地對我說：「你的陰謀詭計得逞了！」我笑著向她討賞，她指著籃子裡的鴨蛋，說要多少拿多少。我不屑地「哼」了一聲，說早知如此，才不出這種不入流的計策呢！她笑得很開心，說：「我表哥要是知道真相，大概會殺了你吧？」我說：「妳表哥應該謝我才對，這樣的老婆不要比較好。」楊雨狠狠捏了我一把，疼得我直求饒。

二十九

　　入秋不久，楊雨的父親撒手人寰。我再次見到楊雨時，她彷彿變了一個人，她極為憔悴、消瘦，整個人沒有一點活力，衣袖上還戴著黑紗。我想說幾句好聽的話逗她開心，一見她精神狀態極為頹廢，立即打消了這個念頭。

　　不料，楊雨卻問我為何不說話，我說此時無聲勝有聲。她勉強笑了一下，要我想到什麼就說什麼，她想聽。我笑了。她問我有什麼好笑的？我說，見了她就想笑。她說我會哄人，我大呼冤枉，一臉無辜地看著她，她淡然一笑。

　　我料定她阿姨又上門逼親了，於是提醒她以前投鼠忌器，現在沒必要了。楊雨說阿姨要她馬上結婚，要不然立刻退還聘金。我氣憤地罵她阿姨簡直不是人，居然如此針對一個剛喪父的女孩。她告訴我：「現在村裡的人也在背後罵我沒良心，說我忘恩負義，大家都在看我笑話。」我勸她別人怎麼看不重要，自己問心無愧就行。她長嘆一聲，說沒那麼簡單，為了替父親治病、辦喪事，訂婚的聘金早就用光了。按她村子的規矩，退婚聘金是要加倍奉還的。

　　「這是什麼爛規矩？」我不禁發了句牢騷。她說：「你是都市人可以不理會這些，可是我以後還要不要見人？」我說：「人活著不是給別人看的，自己開心比什麼都好。」她一聲苦笑：「你站著說話不腰疼。」我嘿嘿一笑，說我一直是坐著的。她不禁笑了，然後問我遇上這種事該怎麼辦？我不假思索地回答：「走吧！走得遠遠的，離他們越遠越好。關於聘金的事，等妳有錢再還給阿姨就是了。」楊雨一臉驚愕地看著我，良久不語。我們再見面時，楊雨說我的辦法雖然有點奸詐，可是現在看來也只能那樣了。

　　我此後再也沒見過楊雨，聽說她失蹤了。我為她慶幸的同時不免感到有些失落。雖然她走了，但她的音容笑貌、清脆歌聲，永遠留在了我心中。

三十

　　一天，姐夫突然而至。他一進門便興沖沖地說雙喜臨門。我心有靈犀地問，是不是姐姐的工作調動已辦好？他笑得合不攏嘴，連連點頭，並且喜滋

滋地告訴我，他當爸爸了。我一聽自己做了舅舅，感覺哪裡怪怪的，說不上來是高興還是酸澀，似乎身不由己又被人往前推了一步。

最高興的是大媽，逢人便炫耀她當外祖母了。那種喜悅和滿足的心情，正是上一輩人對家族人丁興旺的熱烈期待與渴望。也許在大媽的心裡，家族的榮譽遠比個人的得失更重要。她為了維護這種榮譽，幾乎失去了一生幸福而無怨無悔。這份對家的依戀和情感使我受益匪淺，令我對家的認識有了更深刻的理解。

姐夫要我做好回去東北的準備。臨行前姑姑捨不得我走，哭得好傷心。我笑著安慰她，她牽著我的手，免不了叮囑一番。姑丈雖然沒有流淚，可是我從他的眼神裡看到了一種企盼：那是長輩對晚輩的殷切期望。大媽更是哭成了淚人兒，她一再念叨自己已經老了，很難再見到我了。我要她放心，有機會我一定會再回來看她。

那一刻，我突然懂得了什麼是親情，什麼是血濃於水的骨實情結。一個人不論走到哪裡，身處何地，戀戀不忘的永遠是家！因為家由許多盤根錯節的血脈編織而成，每個人都是血脈裡的一滴血，一個細胞。

小紅姐在邵陽車站等我。她送給我一本書，說是找了好多家書店才買到的。那是一本關於寫作技巧的書，名字叫《文學知識描寫》。這本書對我的影響很大，我看了以後初步懂得寫作方面的知識，並且從中閱讀到許多名篇佳作的經典片段，對我日後寫東西有著絕佳的借鑑作用。

三十一

風吹過的地方總會帶走一些塵埃，水流過的地方總會落下一些痕跡。

失去也罷，擁有也罷，在生命流向中，所有的苦痛與快樂猶如匆匆的不速之客，稍作停留之後，一切又歸於平淡，歸於真實。生命就是一個這樣簡單的過程；沒有永遠的苦痛，沒有永遠的快樂，更沒有永恆的沉寂。只要努力了，一切是那樣坦然。

我不再羨慕窗外的蝴蝶和空中的小鳥，因為我知道窗外的世界不但廣闊而且精彩，所有的精彩都源於芸芸眾生對生命的熱愛和激情。

我從老家回到鶴崗不久，姐姐便從鶴崗調回湖南老家；二哥辦理了留職留薪，在外地找到了一份新工作；母親提前退休，又兼了一份打工。而我呢？終於如願以償地走出家門，融入社會，在外面開了一家小書店。雖然生意普通，卻忙得不亦樂乎。

書店左邊是髮廊，右邊是餐廳，由於鄰里和睦，關係相處得很融洽。髮廊的美髮師姓張，回族人。我叫她張大姐。她看到我不方便煮飯，有空便過來幫忙，偶爾還和我搶飯吃呢！用她丈夫的話說：「和小段在一起沒那麼多忌諱。」右邊餐廳的爺爺只要有空就會找我下棋賭飯局。即便輸得一塌糊塗也絕不抵賴。其實老人家是換一種方式要我過去吃飯。雖然處處得到旁人的關愛與理解，我卻始終高興不起來。心裡的感覺好似衛星偏離了軌道，距離心中的目標愈來愈遠。

陳挺是書店的常客，那時還是高中生。他經常在書店裡看書，有一次我問他為什麼不買回去看？他說父母不讓他讀課外書。他看上去又瘦又小，一點也不像十七歲的人。我開玩笑地說沒想到他還是濃縮的精華。他也笑了，說我以貌取人。我見他是學生，也沒有責怪他窩在店裡看免錢書。他也投桃報李，有人租書時會在一旁幫忙。他很愛乾淨，每次來書店都將店面整理得乾乾淨淨。感覺像是另一個「小海」來到了我身邊。

陳挺一次到書店看書時帶了一份當地報紙。我無意中掃了兩眼，上面一則廣告引起了我的興趣：當地的青年文藝補習班正向社會招收學員。我問陳挺「青年文藝補習班」是什麼樣的地方？他看了看地址，說明天放學順路去看看。隔天，陳挺告訴我「青年文藝補習班」是文學愛好者學習的場所。我精神為之一振，說真沒想到還有這樣的地方。他問我是不是想去？我有些顧慮，開玩笑地說不知道人家收不收我這個殘障啊？他說會收的。說完，從書包裡取出一張表單要我填上。填學歷時我猶豫了一下，還是如實地填上小學肄業。陳挺顯得一臉嚴肅，問我這樣子行嗎？我笑著說，總不能濫竽充數吧？

第三部分：青年

他說現在學歷造假的多、真實的少，我望了他一眼，心想：「這孩子看著不起眼，心裡卻精明得很。」

我到補習班報到當天感覺自己矮了一大截。來這裡補習的人大多是大學畢業的社會人士，最低學歷也有高中，我噤若寒蟬。心裡納悶老師怎麼會收我這樣小學都沒畢業的學生？當時只有一個想法：夾著尾巴做人吧！好好向人家學習。

好在一個星期只有兩天課，安排在週六、週日上午，這兩天各有四節課。我是身障人士，學費得以減半。我上課的日子正巧陳挺放假，他便主動提議要幫我顧店。隔壁餐廳爺爺的女兒亞華當時正讀高三。她嫌餐廳太吵，常到書店來寫作業，也經常幫我的忙。我那時候不像現在可以駕駛三輪機車出去。每次上課都要叫車載我到補習班，然後給司機兩倍車錢，人家才能準時去補習班接我下課。很多同學見我有專車接送，以為我是什麼了不起的人物，哪裡知道我只是身不由己。

第二個星期上課時，我犯了一個「美麗」的錯誤。老師講李白名篇〈將進酒〉時，把「將（ㄑㄧㄤ）」字唸成了「ㄐㄧㄤ」。我居然傻呼呼地舉手向老師示意他唸錯了。教室裡頓時鴉雀無聲。同學的目光紛紛轉向我。那一刻我才覺得自己真傻。從同學的目光與表情中我看得出來，很多人都知道老師唸錯了，卻沒有人像我這樣不知天高地厚地說了出來。那種氛圍令我異常難堪，臉上一陣紅一陣白，幾近窒息。老師倒是很大度，不但沒有絲毫不快，反而說：「元基同學這種認真的學習態度很好，他幫老師糾正了一個錯讀了大半輩子的字，我謝謝他！」說完，老師帶頭鼓掌，教室裡響起了幾聲附和的掌聲。

老師當時的心情如何我不得而知，但是他能說出那番話來的確給了我一個很好的台階，使我得到了些許安慰，令我不禁肅然起敬。或許是歪打正著，也或許是人的潛意識裡都有求真的願望，我在無意中觸及這個願望的開關，這扇心理禁忌的門被打開了一條縫，於是開始有人從這條縫裡擠出來，向我伸出理解之手、友誼之手。補習班裡「文人相輕」的氛圍逐漸變得淡薄，同

學之間不再為了「面子」而學習。毋庸置疑，老師為營造這樣的學習環境樹立了良好榜樣，所以我一直對他心存敬意。

一個月後，老師要求每名同學寫一篇習作上交。類似學校裡的作文測驗。我以楊雨為靈感，虛構了一篇散文〈相思葉〉。想不到這篇虛構的〈相思葉〉被老師當作範文，讓朗讀能力好的同學在講台上朗讀。既然老師說好，同學自然也捧場。每到精彩處，老師適時點評一下，台上台下掌聲不斷。我人氣大增，一時成了補習班的紅人，並且贏得了一位女孩的芳心。

我發現同學對我的態度有明顯改變，還有人送我一個綽號「文狐」。他們說我很狡猾，在習作的結尾將竹葉燒掉，留下無據可查的懸念。其實我根本沒那麼想，當時只想留下一個浪漫的結尾。不料同學曲解了原意，我懶得解釋，只好由他們去了。

萬東泉同學家在我書店附近。他主動與我同座男生調換座位，和我同桌。他從事建築業，由於順路，他主動騎腳踏車接送我上卜課。因此我省去了許多額外的交通費。我們成了很要好的朋友。

同學聽說我開書店，紛紛到書店看我，免不了借書回去看。有一次亞華怯怯地說：「有句話不知道該不該對你說。」我以為她有什麼事，要她說來聽聽。她靦腆地看著我，聲音細如蚊叫：「你補習班的同學有人借書不給錢，有人一拿就是好幾本。每天有二十幾本書在外面，也不見得會歸還，這樣會賠錢的。」

陳挺也曾多次提及此事，而我一直沒放在心上，這話從亞華口中說出，使我意識到此事的嚴重性。亞華見我不說話，又說：「孟姐姐說你愛面子，但做生意不能這樣。」我問她誰是孟姐姐？亞華先是詫異地看著我，隨後大笑，說我連自己的同學都不認識。「同學？」我低頭沉思，然後一拍腦袋，恍然大悟道：「是不是孟香？」她點點頭。

「她來過這裡？」我半信半疑，這不太可能啊？孟香是補習班裡的一個女同學，坐在我後面。她與亞華的性格類似，平時沉默寡言，即便是同桌女生也很少交談。她從不記筆記，也不回答問題，更不用說提問了。老師沒少

數落她，每次向她提問時，她都一語不發地站在那裡，直到老師要她坐下才了事。她來書店確實出乎我意料。

亞華用徵詢的目光看著我，問我以後同學拿書時怎麼辦？我笑著說：「大家都是同學，還能怎麼辦？只要看完後有送回來，隨他們去吧！」

陳挺與亞華卻自作主張地對前來借書的同學收費。亞華後來告訴我，孟香說我為了面子定會什麼都不顧。如此看來，陳挺與亞華是在孟香的慫恿下這樣做的。此後來書店借書的同學漸漸少了，有些人還因此疏遠我。對我而言不算壞事，至少書店不會虧損。

老師生日那天，同學一起替老師慶生，我一再聲明自己不會喝酒，有些同學卻事先串通似的不肯放過我。他們看到萬東泉替我說話，紛紛起鬨要他替我喝酒，弄得我們好尷尬。

孟香從女生桌搬了張凳子過來，坐到我旁邊。她輕蔑地瞥了我一眼，冷言道：「不會喝酒幹嘛還坐在這裡？一邊涼快去！」

我心裡一愣，好在馬上反應過來，立即心領神會地朝眾人笑了笑，一句「失陪了」，挪著凳子溜之大吉。有人說我太不夠朋友，有人說我太不夠意思，甚至還有人嘲笑我不是男人。我心裡想：「少來這套。」

從此以後我特別注意孟香。

三十二

「近水樓台先得月」。我與孟香前後座的位置讓我們有了更多接觸的機會。我不但找機會與她搭話，還時不時回頭看她幾眼，趁機仔細觀看她臉部的細緻輪廓：她眼睛又大又亮，兩個酒窩時隱時現，笑起來嫵媚動人。

她起初很拘謹，看到我回頭望她，便慌忙低下頭去看自己的手指。有時候我頻繁的回頭觀看令她不知所措，急得緊咬上唇求救似地左右環顧，往往同桌女生會過來替她解圍，並朝我小聲喝斥，說我再看小心眼珠子掉出來。

為此還差點鬧出笑話。有一次我如何看她，她便如何看我。我情急之下乾脆睜大雙眼，直直地盯著她看。她不僅沒有退卻，反而針鋒相對如法炮製。

那情形極像武俠小說裡兩位武林高手，比拚內力，彷彿誰稍有鬆懈疏忽，勝負立現。突然，同學哄堂大笑。我不禁一驚，下意識地朝講台看去，只見黑板上寫著五個大字：「元基看什麼？」最後一個問號大得誇張。老師正嚴厲地瞪著我。

我臉上一熱，慌亂中不假思索地謊稱：「孟香頭髮上有隻小蜘蛛。」老師猶豫了一下，叫孟香的同桌起來，問她有沒有這回事。多虧那女生替我圓謊，才僥倖蒙混過關。

當時港影盛行，很多人受到片中人物影響，喜歡戴墨鏡，認為那是一種時尚。我因此得到啟發，每次去上課時都帶一副墨鏡，到了教室後，將墨鏡耳架展開，鏡面朝後，橫放在桌上。這樣既不用回頭，又能明目張膽地觀察孟香的一舉一動。

孟香很快識破了我的「詭計」，經常朝鏡面伸舌頭做鬼臉。一次她正在伸舌頭，我突然回過頭去將她逮個正著。她一驚，臉瞬間變得通紅，慌慌張張地低下頭。我漸漸對她產生了好感。真是一日不見，如隔三秋。

有一次我想她，便叫車到她上班的地方，只為了在她下班的時候能遠遠看上一眼。隔天課間休息時，孟香坐在教室裡翻著三毛的書。我見教室裡人不多，趁機向她搭訕，問她看什麼書？她合上書本掃了周圍一眼，小聲問我昨天是不是去了她上班的地方？我心裡猛地跳一下，臉色通紅，慌亂地搪塞幾句。她「哦」了一聲，說也許看錯了，說完「撲哧」一笑。我問她笑什麼？她笑而不答。不久，只瞧她眼珠子一轉，說我葉公好龍。

我那時剛出社會不久，思想還是很天真。由於我的處事方式過於直接，免不了做出一些傻事。我追孟香的事在補習班傳得沸沸揚揚，很快傳到老師那裡。我害怕老師過問此事，一直忐忑不安。孟香好似看出我的心思，不但在課堂上主動接近我，而且經常到書店找我。每次到書店後不是打掃店面，就是整理書籍，我見她鎮定自若，心裡逐漸踏實起來。孟香與亞華很聊得來，兩個原本不愛說話的人湊到一起便有說有笑，真是應了那句話「物以類聚，人以群分」。

四分之一的身體‧一百分的人生：生命英雄段雲球

第三部分：青年

　　一次孟香問我喜歡看什麼書？亞華說我喜歡《茶花女》。孟香「啊」了一聲，笑我竟然喜歡妓女。我大呼冤枉，一再解釋喜歡這本書的諸多理由。孟香眼珠子一轉，唇齒間只吐出兩個字——「狡辯」。亞華在旁邊嬉笑。

　　還有一次，孟香收拾店裡時，看到抽屜裡放著《青年作家》與幾本外國小說，問我為什麼不看看唐詩宋詞之類的書？我猶豫片刻，只好實情相告，看這些東西需要查字典，耗費精神又看不太懂。她一雙大眼轉來轉去，好似在尋思什麼。過了片刻，她走到我面前說：「詩詞只是看起來難，用心學很容易的。」我趁機請她教我，她躊躇起來。我以為她賣關子，裝作滿不在乎地說：「妳不教我反而是件好事，省得被誤人子弟。」她咯咯怪笑，說我還懂得拐彎抹角用激將法。我開玩笑地說：「教會我妳不會吃虧的。」她問我有什麼好處？我嘿嘿一笑，說可以寫情詩給她。她一愣，眼珠子轉來轉去看著我，語氣乖覺地說：「是寫給別的女孩吧！」我為表明心意，又是許願又是發誓。她伸手捂住我的嘴，不許我胡說八道。

　　孟香講解唐詩宋詞時頭頭是道、如數家珍。寫出來的詩卻意境全無，不堪入目。我有時取笑她，說一肚子的黃金，只能當煤炭用。她反而笑著說，如果煤炭可以將我煉製成一顆璀璨奪目的鑽石，那有什麼不好？我提醒她鑽石不是煉出來的，她大眼一瞪，反駁道：「我說是就是，不是也得是！」這種率真的天性令我如沐春風。她要我背誦的第一首詩是張若虛〈春江花月夜〉。我一連四五天背不下來，她急得手忙腳亂朝我抱怨：「你怎麼那麼笨呢！」

　　有時她指著我說：「縱然生得好皮囊，原來腹內草莽。」現在回想起來，她真是抬舉我，以身體條件而言，「好皮囊」三個字我萬萬不敢領受。孟香及時改變了方法，從一些通俗易懂的現代詩入手，由淺入深，循序漸進。她要我讀的第一本詩集是《七里香》，然後慢慢轉到古典詩詞。時至今日，記憶裡那些詩詞還是當年在她指點下一點一滴儲存下來的。

　　那年夏天，文化局主辦青年詩歌創作、朗讀大賽。老師要我們踴躍報名。同學一個個摩拳擦掌，躍躍欲試，似乎大獎唾手可得。我看到大家熱情如此高漲，心裡難免有些失落。我一直認為詩人需要的是靈感和才情。我在這方

面沒有感覺，所以從來不寫詩，更沒想過參加比賽。我嘴上雖說不參賽，暗地裡卻將心思放在寫詩上。其實我只是想證明給孟香看——我行。我將寫好的詩拿給孟香，她看了直搖頭。於是我立刻決定不參加比賽。她點點頭，笑著寬慰我，說剛接觸詩詞沒必要打腫臉充胖子。我得到她的理解與支持，比得到首獎還高興。

　　一天上課的時候，老師點名問我參賽稿為什麼還沒交上去？我結結巴巴地說不想參加比賽。老師問我原因，我坦言不會寫詩。老師略一尋思，要我趕快寫一份交上去。我還沒來得及表態，孟香已經率先舉手問道：「不是說自願參賽嗎？」

　　她此言一出，所有目光「唰」地轉向她。課堂裡頓時竊竊私語地議論開來。老師敲桌子示意大家安靜，然後面色嚴峻地在黑板上寫課程大綱。放學後老師點名要孟香留下。孟香用腳在桌下輕輕碰了碰我的座位，我心領神會朝後仰頭，她小聲說沒事。

　　下課後，我與萬東泉在補習班附近等了半個小時，孟香才心事重重地走出來。我問她出了什麼事？她諱莫如深地笑了。老師那次找她談話的內容，她始終守口如瓶，雖然我不知道他們談了什麼，但一定與我有關。

　　我們回到書店，隔壁髮廊正在播放流行音樂，孟香一邊替我洗衣服，一邊跟著音樂哼唱著。她忽然問我喜歡什麼歌曲？我想了半天，想起了那時很流行的趙傳〈小小鳥〉。她笑了，說小鳥都有翅膀。我說我也有。她問我在哪裡？我一笑，說是她。

　　她一愣，問我什麼時候學會哄人了？我剛要說話，她打斷我，叫我聽歌。她說接下來那首歌是她最喜歡的。

　　孟香離開後，我跑去隔壁髮廊問那首歌的名字，張大姐說那首歌是伍思凱〈特別的愛給特別的你〉。

　　我在老師的督促下，極不情願地交上了參賽稿。老師看過後放到一邊，然後要我按照他擬好的題目重寫一份。孟香得知此事，開玩笑地說我要一鳴驚人了，我笑著說她是預言家，有未卜先知的本領。她說：「天機不可洩漏。」

四分之一的身體，一百分的人生：生命英雄段雲球

第三部分：青年

結果那次詩歌大賽我真的獲獎了，還是二等獎。我驚喜之餘，不敢相信這是真的。不過當我看到自己獲獎作品時恍然大悟，原來我的獲獎作品並不是原創參賽稿。我懷疑是評委老師弄錯了。我將此事告訴孟香，她淡然一笑，說正常。我從她的表情和語氣裡感覺事有蹊蹺，於是向她請教其中的原因。她說如果沒有猜錯的話，補習班的參賽稿大多有造假。我剛開始不相信，仔細一想又覺得極有可能。儘管如此，我還是懷疑發生這種事情的機率。畢竟這是面向全市的大規模比賽，那麼多青年才俊參加，一旦出現舞弊現象，豈不是冒天下之大不韙？我想從其他獲獎者那證實一下。

孟香一聽，狠狠地捏了我一把，疼得我啊啊怪叫。她鄭重其事地警告我千萬不要問別人，我問她為什麼？她原地跳起來，指著我氣得說不出話來。我喜歡看她生氣的樣子，忍不住笑了起來。「你還笑！」她朝我吼道，「提了這種忌諱的事是要倒大楣的！」我見她生氣了，立刻老實起來，拍著胸脯向她保證不再提這件事。

那次大賽，我們補習班幾乎囊括了所有重要獎項，正如孟香說的那樣，補習班的參賽稿大多有造假。我因此心存芥蒂，悶悶不樂，覺得自己像小偷一樣，拿了別人的東西取得榮譽。孟香勸我想開一點，她說現在很多事情都這樣，她公司評鑑職員，人人背好答案照本宣科回答就行了。

詩歌大賽後，同學間好似換了一個人，雖然同樣的面孔，同樣的笑容，關係卻微妙起來。獲獎的揚眉吐氣，沒獲獎的垂頭喪氣。特等獎得主是一個女孩，她參賽的作品我見過，比我的好不到哪裡去；而另一位女生的參賽作品〈達子香〉給我留下了很深刻的印象，居然連佳作也沒有入選。

我經過細心打探後，方知此事的來龍去脈。特等獎得主是個大老闆的女兒，其中蹊蹺可見一斑。獲獎短暫的高興過後，我沒有一點上學時獲獎的那種興奮、喜悅、愜意與自豪的心情，彷彿硬生生地喝了一瓶醋，唇齒間酸溜溜的，渾身透著一股酸味。由於我心不在焉，頒獎那天居然將老師事先幫我準備好的獲獎感言忘得一乾二淨。情急之下，只好連聲說：「謝謝主辦單位，謝謝老師，謝謝同學。」語畢，向主席台深深一鞠躬。

有一次我開玩笑對特等獎得主、那位大老闆的千金說：「妳都能獲得特等獎，那〈達子香〉就該給個一等獎啊！」沒想到一句玩笑話卻招來了許多是非，孟香首當其衝成為眾矢之的，導致後來上演了一齣「美人醉酒」的好戲。

那個女孩身分特殊又長得漂亮，在補習班裡一呼百應，是很多人急於巴結討好的對象。她對我的反感引起了連鎖反應，很多人開始疏遠我，孟香更成為眾女生嘲諷的對象，流言蜚語蒼蠅似的圍繞她飛來飛去。孟香對此不屑一顧，並且安慰我：「嘴在別人臉上，他們想說什麼儘管去說，我們不必在意。」

三十三

一天補習班辦活動，眾師生到餐廳聚餐。我不會喝酒，也不喜歡這種場合，想提前回家。孟香勸我一定要去，她說這是與同學處理好人際關係的契機，我只好勉強前往。

用餐時三十多人分為兩個大桌。孟香在另一張桌子，目光卻始終在關注我。席間，同學間談笑風生，興趣盎然。那位千金更是一反常態，一舉一動皆魅力，一顰一笑百媚生。有些男生或許早已「寧不知，傾城與傾國，佳人難再得」了。

大家談得正高興，喝得正開心，只見千金斟滿一杯白酒站起來，笑吟吟地對我說：「人人開懷暢飲，把酒言歡，你好像鬱鬱寡歡，為什麼不開心呢？」

我嘿嘿一笑，說開不開心不在臉上。她微微一笑，問為什麼？我知道她有意刁難，於是隱晦地說：「表面上的東西不一定是真實的。」

她冷笑道：「既然如此，你說你不會喝酒，可能也是假的哦！看來，我應該與你乾一杯，人生得意須盡歡嘛！」說完，她笑嘻嘻地看著我，雙手捧起酒杯舉到我面前。

第三部分：青年

　　我笑了笑，說酒是穿腸毒藥，我怕。她大笑不止，肆無忌憚地問我：「如此說來，色可是刮骨鋼刀呀！你怎麼就不怕啊？」隨即大笑，引來一片諂媚附和之聲。

　　我啞口無言，一陣熱浪湧到臉上。女生見我滿臉通紅，用挖苦的語氣說：「為才子佳人乾一杯，以示祝福！」萬東泉要替我喝酒，女生瞥了他一眼，譏諷地說：「做好事要分清楚場合，這酒不是什麼人都擋得了的。」

　　千金笑裡藏刀，氣勢咄咄逼人，幾乎將酒杯舉到我嘴邊。我又急又惱，如坐針氈，一時之間不知如何應對。孟香突然走過來說：「我來代替他總可以吧！」說完，她在我身邊坐下。千金一愣，目光緊盯著孟香，問她憑什麼？孟香微微一笑，坦然說：「明擺著的事，還需要解釋嗎？」她將手搭在我肩上，那一刻我覺得自己是全世界最幸福的人。

　　孟香笑著接過千金的酒杯，問她如何喝法？千金愣了愣，說隨便。喝酒的女子我見過，卻沒有見過如此壯美的！那種巾幗不讓鬚眉的豪氣，那種捨我其誰的氣概，若非親眼目睹，著實讓人難以置信。我不敢相信自己的眼睛：這真的是孟香嗎？彷彿換了個人似的。面對眾人的敬酒戰她似乎胸有成竹，來者不拒。一輪下來，別人喝一杯，她已經喝了大半瓶。儘管如此，還是有人不依不饒，頻頻向她「敬酒」。

　　我看到孟香代我受過，不禁又急又惱，一股豪氣油然而生。我咬牙切齒，心想：「大不了，吐，滿地開花；醉，死去活來。」孟香假裝醉醺醺地伏在我肩上耳鬢廝磨起來，趁機悄聲說她沒事，並狠狠捏了我一把。正當我恍神的時候，她向著我轉了轉眼珠子，然後轉過身去，繼續與眾人嬉笑打招呼。我終於鬆了一口氣，因為她不但沒醉，而且還很清醒。

　　萬東泉與兩位女生好心提醒我，孟香應該有些醉意，要我勸她停下來。我裝作無奈地說：「她喜歡逞強，隨她吧！」孟香頗具表演天分，似醉非醉之間，巧用激將法令所有人上當中計。後來她竟然連著兩輪主動向眾人敬酒，半迫最初敬酒的人喝下三杯白酒。那是我永遠不會忘記的場面，連餐廳服務員都瞠目結舌。餐廳裡開始熱鬧起來，有人嘔吐，有人爭吵，有人說瘋話，有人甚至慢慢倒在地上。沒有喝醉的人則手忙腳亂地開始收拾殘局。孟香緊

緊依偎著我，大眼轉來轉去望著眼前這一切。她一直等到那位千金小姐大口嘔吐起來，嘴角才掠過一絲不易察覺的笑。

孟香在兩位女生的攙扶下走出餐廳。我擔心她上車後出事，懇請那兩位女生作陪。她們欣然應允，一路上更是對孟香大力稱讚。孟香一直靠在我肩上沉默不語。她渾身散發著酒氣，偶爾還笑一笑。

我們回到書店，孟香堅持送走兩位女生與萬東泉後才進屋。她剛進屋便打了一個響亮的嗝，搖搖晃晃走向床邊。我見她步伐凌亂，跟跟蹌蹌，不免緊張起來，提醒她小心點，沒等我話說完，只聽「撲通」一聲，她已栽倒在床上。我心裡一驚，立即挪凳子過去問她有沒有受傷。她呆呆望著我不說話。我將枕頭擺正，要她好好睡一會兒，她一把抓住我的手，要我陪她。我見她說話前言不對後語，笑著說她醉了，先睡一會兒醒醒酒。

她嚷著說她才沒醉。她見我不信，說要背詩給我聽，我不想惹她生氣，只好洗耳恭聽。沒想到她將卓文君的數字詩背誦得一字不差，當聽到「郎呀郎，巴不得下一世你為女來，我為男」的最後一句時，我的雙眼不禁濕潤了。孟香掙扎著依偎在我懷裡，說她好怕。我問她怕什麼？她一字一頓，說男人喜新厭舊、見異思遷，大多數靠不住。我說我是極少數。她笑了，伸手摸了摸我的臉，又捏著我的鼻子，說我雖然不是最好的，卻是獨一無二的。這話乍聽之下很浮誇，細細想來又不無道理。現實生活中像我這樣的人畢竟不多。

我見她眼睛都睜不開了，勸她早點歇息。她掙扎著說沒事，並且文不對題地嚷嚷道：「那些人想看我們的笑話，門都沒有。」說完，握著我的手喃喃囑咐我一定要爭氣，不要被人瞧不起。我嘿嘿一笑。她看著我，張著嘴似乎想說什麼，卻沒有說出來。沒等我做出反應，她猛地撲到床沿，伸手拉出床下的垃圾桶，大口大口嘔吐起來。

我記不清她那天晚上吐了多少次，每次吐過後就大口喘氣，然後掙扎著倒在我身上，表情痛苦不堪。我想著這一切都是因我而起，情不自禁將她摟在懷裡。一次她嘔吐時我來不及取垃圾桶，情急之下便用衣服接住嘔吐物。我好幾次倒水給她漱口，她有氣無力地讓我餵她。

半夜時，孟香發燒了，我用冷水幫她洗臉降溫，將毛巾敷在她的額頭。

醉酒的女孩又淘氣又可愛！她一會兒哭一會兒笑，一會兒打一會兒鬧，還時不時地唱上兩句，並且胡攪蠻纏地要我陪她一塊瘋。無論我如何哄她，依然不肯入睡。

她折騰了整整一夜，令我疲憊不堪。隔壁髮廊和餐廳無一倖免，多次敲牆抗議。天快亮了，她終於醉醺醺地睡去。臨睡前她緊緊握住我的手，怕我跑了似的。我沒看過《貴妃醉酒》，聽說那是京劇裡一齣經典的劇目。不過，孟香那夜的情形比起《貴妃醉酒》一定有過之而無不及。遺憾的是，我沒有創作戲劇的天分與才情，將一齣「美人醉酒」的名段湮沒於歲月的塵埃之中。

她醒來已是傍晚。起床後她開始整理房間。洗衣服的時候，她說頭有點痛。我數落她：「那樣喝酒不頭痛才怪。」

她看著我沒有說話，我自知理虧，笑著讚美了她幾句。她說：「其實我根本不會喝酒，不過我醉了總比你醉了好。」我不服氣，爭辯了幾句。

她一急之下大聲問我：「如果你喝醉了，走路時從凳子上摔下來受傷怎麼辦？」我頓時無語。她一邊搓著衣服一邊漫不經心地說：「到時候還不是人家伺候你？」我深情地望著她，半晌不說話。過了片刻，她見我沒動靜，問我怎麼不反駁了？我說：「怕了妳啊！不敢和妳爭執了。」她嫵媚地瞥了我一眼，問我昨天晚上是不是偷偷做壞事了？我一時沒反應過來，笑著說我什麼都做就是不會做壞事。她眼珠子骨碌一轉，說我是「呆子」。我傻笑。

孟香的妹妹天黑時神色匆匆地來書店叫走了她。

三十四

孟香一連數日都沒去上課，也沒到書店來。我心裡惴惴不安。亞華安慰我不用擔心，她說孟香一定有事情脫不開身。萬東泉見我情緒低落，問我發生什麼事？他得知事情的原委後，建議我去孟香家看看。我何嘗沒想過，一想到自己是身障人士，別說去她家，哪怕只是想一想都緊張得心跳不已，更別提登門拜訪了。我不禁長嘆一聲。

萬東泉理解我的苦衷，出主意說找個藉口謊稱從她家附近路過，順道去她家看看。我覺得這主意不錯，立刻付諸實施。萬東泉背我跨進孟香家門的一剎那，我心跳幾乎達到極限，差點喘不過氣。

說來也巧，那天是孟香母親的生日，我們進屋時，他們一家人正在包餃子。孟香見到我突然出現，稍微遲疑了一下，立刻起身把沙發上的報紙扔到一旁，要東泉將我放到沙發上。她小聲對我說：「沒事。」

孟香的父母看到我顯得很驚訝。孟香一邊沏茶，一邊把我介紹給她父母，兩位老人家客套地跟我寒暄了幾句。

孟香的父親是煤礦工會的領導人，寫得一手好字。我與他談話時非常謹慎，唯恐留下不好的印象。老人家慈眉善目，性格開朗，說起話來抑揚頓挫、恰到好處。他詢問我的生活和學習狀況後，惋惜地說：「年輕人真是可惜了。」孟香的母親在一旁附和道：「年輕人長得多英俊啊！怎麼就出了那場意外呢？上天真是不公平。」

孟香笑著對父母說：「別小看他，人家可是班上的開心果。」

我見孟香父母態度謙和、熱情好客，心情漸漸放鬆下來。孟香見我有些拘謹，建議父親跟我下象棋，老人家欣然應允。我雖然對老人家心存敬畏，不過由於專心下棋，還是連贏了兩局，眼見第三局形勢大好，不由得喜上眉梢。這時孟香突然拿著紙筆走到我面前，說是要問其他同學家的電話號碼。我不解其意，如實回答說不知道。她要我好好想想，並將紙張放到我眼前，問我是不是紙上寫的那個號碼。我抬頭看了一眼，頓時愣住了：紙上寫著一個大大的「輸」字。我恍然大悟，臉一下變得通紅。

孟香的妹妹拎著生日蛋糕回來了，我心裡不禁「怦怦」亂跳。她妹妹一臉驚愕地看著我，似乎想說什麼又猶豫不決。孟香接過蛋糕放在桌上，然後拉著妹妹說：「我們出去買點東西。」看著姐妹倆有說有笑地出門，我深深呼了一口氣。

孟香還有一個哥哥，當時在外地出差，吃飯的時候打電話過來給母親祝壽。

臨行前，我託萬東泉出去買了一束康乃馨，作為生日禮物送給孟香的母親。老人家非常高興，說了好多感謝與勉勵的話。

孟香的妹妹送我們出去的時候，忽然板起面孔說我是小偷，我們都愣了。這時她抓住孟香的手，樣子怪怪地朝我吐著舌頭，說我偷走了她姐姐的心。

三十五

隔天孟香來到書店，一進門便說我是大木頭。我不明就裡地傻看著她。她問我下棋的時候幹嘛不讓著點，我狡辯說後來不是讓了嗎？她說這是在她提醒的情況下，我笑了。「你還笑！」她捏著我的臉，說差點被我氣死了。我們親熱地打鬧了一會兒，我告訴她同學編寫了一齣戲劇叫《酒桌事件》，故事生動感人。孟香嘴一撇，一副不以為然的模樣。

我笑著說同學現在對我又羨慕又嫉妒，她「哼」了一聲，問為什麼？我看著她嘿嘿笑。她頓時明白了，嬌嗔道：「看你臭美的！」

我問她為什麼不去上課？她很乾脆地說不補了。我大吃一驚。她見我一臉困惑，輕輕笑了。我誤以為她受到「酒桌事件」影響，試圖說服她不要放棄。她「哼」了一聲，冷笑著說她才不在乎那件事。

我問她為什麼離開補習班？她說自己既沒有成為作家的天賦，也沒有詩人的才情，繼續耗下去只是白白浪費學費。我說她腦子有問題，她並不介意，大眼轉來轉去看著我，那種眼神很奇特。我瞟了她一眼，要她少用那種眼光看人。

「瞧你那樣！」她撲通坐到我身邊，不悅地別過臉去。我以為她生氣了，立刻賠不是。她不接受，說我小心眼。我大呼冤枉，再三聲明一切都是為了她好。她回過頭來用大眼瞪著我，一字一句地說：「我知道你心裡在想什麼。」

我說：「妳又不是我肚子裡的蛔蟲，怎麼知道我在想什麼？」她瞥了我一眼，問：「你是不是怕我跑了？」我心裡跳了一下，不料她一語道破天機。坦白說，我當時真有這種想法。她似乎看透我了，緊追不捨，問我是不是？我嘿嘿笑了，那種笑有些尷尬。她輕輕地握住我的手，說：「我如果跑了，

是因為你不再需要我了。」說完，她撲倒在我懷裡，一邊撒嬌一邊問我捨得嗎？我說這種事只有她做得出來。

「我？」她笑著說她才沒那麼傻呢！她調皮地捧著我的臉，說我是她從垃圾堆裡好不容易找著的古董，不會輕易讓給別人的。我嘴上不說，心裡卻暖洋洋的。

我問她離開補習班後有什麼打算？她作思考狀，想了想，忽然笑了。她說以後的任務是把我變成東方的海倫·凱勒和乙武洋匡·柯察金。我笑了笑，說她比童話裡的女巫還厲害。這時她摟著我，問我愛不愛她？我笑著說她這個問題很無聊。她將頭伏在我的肩上，要我正面回答，我拖著長音說：「愛！」她又問多久，我問她一生一世夠不夠？

「一生一世！」她小聲念叨一句，接著又問：「我要是死了呢？」我瞪了她一眼，說她傻了。她沒理會，催促我快點回答，我沒好氣地說：「那就終生不娶。」

「終生不娶。」她撲哧笑了，然後說為心愛的人苦守十年已經很偉大，要是一輩子，該用什麼形容啊！我笑著說世人要是都像她一樣腦子有問題，還有什麼想不出來呢？

亞華放學回來後，與孟香湊到一塊閒聊起來。此時，小海與范勇帶著女朋友到書店看我。范勇和以前一樣一見面便喊我老大，孟香與亞華聽了，相視一笑，藉口出去買東西牽手走了。

范勇今非昔比，在江湖上已經小有名氣，是北街「四大金剛」之一。不過每次見了我，依如當初敬重有加。記得有一次，他的同伴無意間叫了我一聲「沒腳的」，他上去一拳打得人家滿臉血，並且朝對方大吼：「對我老大尊敬點！」

我們多日不見，難免互道長短地交談起來。范勇得意地提起在江湖上的一些「英雄」行為：某某人被人砍了，某某人又砍了別人，某某人求他們出頭擺平某某事。他儼然已是江湖大佬。我勸他在江湖上不要太張揚，做事要

有分寸。范勇不以為然，笑著說人在江湖，身不由己。小海在一旁幫腔，說范勇現在如何了得。我知道他們聽不進去，懶得說下去。

孟香與亞華等小海他們離開後才回來。孟香一進屋便嘲笑我，問我什麼時候成了江湖老大，亞華在一旁竊笑。我很無奈，便模仿范勇說：「人在江湖，身不由己啊！」孟香瞪了我一眼，警告我不要再和這些人來往。我要她放心，我心裡有數。

三十六

孟香離開補習班不久，我也離開了，我向老師辭行時，他拍著我的肩膀說，社會上的事遠比我想像的複雜。他勉勵了我幾句，囑咐我不要扔下自己的筆，並且說我們師生一場，希望我一帆風順。

孟香知道我離開補習班時，一個勁地誇我做得對，她說那種破地方不去也罷。

孟香愛唱歌，喜歡的歌曲跟著錄音機學唱幾遍，音準和節奏便可以很好地掌握住。在她的影響與指點下，我一度喜歡上唱歌。不過我的節奏感很差，清唱的時候還說得過去，一旦跟著伴奏唱，不是快半拍便是慢半拍，急得她直跺腳。有一次她氣急敗壞地指著我說，老天給了我一副唱歌劇的好嗓子真是暴殄天物。那段日子兩邊鄰居深受其害。張大姐與餐廳爺爺開玩笑說我們瘋了。陳挺和亞華一聽到我的破鑼嗓子，便笑話我：「還唱！鬼都要被你嚇跑了！」只有孟香不嫌我吵，偶爾陪我一塊瘋。

一次市裡舉辦歌唱大賽，我不知天高地厚地報名參加，孟香笑岔了氣。我問她笑什麼，她說怕評委見了我嚇得尿褲子。初賽當天，陳挺、亞華與張大姐都去捧場。孟香以顧店為由沒有去。當我初賽過關後，孟香高興地跳起來。她事後告訴我之所以沒去看初賽，是怕看到我遭到淘汰心裡會難過。複賽時，孟香特意穿了一襲紅衣裳前來。我唱歌時無意中抬頭看了她一眼，也許是一時緊張，歌聲居然走音了，於是慘遭淘汰。我下來後非常沮喪，孟香安慰我重在參與。其實她比我還難過。後來她懊惱地對亞華說：「我那天不應該去的。」

三十七

亞華即將面臨大學考試。由於長時間處在緊張的學習壓力下，她的情緒變得焦躁不安。孟香知道後，建議亞華放寬心，用準備隨堂測驗的輕鬆態度去面對考試，一定水到渠成，並說自己當年考大學時就是因為太緊張，所以沒有考好。

在大考前一天，孟香特意邀請亞華去看了一場電影，這使得餐廳爺爺對她相當不滿。好在亞華不負眾望，考上了遼寧阜新礦業學院（今遼寧工程技術大學）。餐廳一連幾天高朋滿座，前來賀喜的人踏破了門檻。亞華喜歡安靜，只好躲在書店裡看書。亞華要去遼寧讀大學了，臨走那天，她紅著臉對我說：「好好珍惜孟姐姐，這樣的好女孩越來越少了。」我笑著說八字還沒一撇呢！

三十八

時間過得好快！一夜之間，大地就罩上了一層厚厚的冰雪。彷彿預示著這個冬天將是一個極度陰寒的季節。

一天下午，我剛送走幾位客人，正在櫃台前整理現金，突然闖進一個陌生的年輕人。我熱情地打招呼，問他喜歡看什麼書？

就在這時，我只覺得眼前一閃，孟香已經站到了我面前。我愣了一下，還沒反應過來便聽她喊道：「哥哥！」我大吃一驚，腦子裡「嗡」地一片空白。

孟香兩手交叉在一起搓揉著，怯怯地對她哥哥說：「怎麼回來也不事先通知一聲，我也好去車站接你呀！」她哥哥嚴厲地看著她，冷冷吐出兩個字「回家」。

孟香「嗯」了一聲，她要她哥哥先走。她哥哥上下打量了我一番，漠然地走了出去。孟香一邊穿外套，一邊若無其事地對我說沒事。她在我臉上親暱地摸了一下，從容地離開了。

第三部分：青年

　　那是我們相愛以來分開最久的一次。整整七天。我牽腸掛肚，度日如年，陷入「日不能食，夜不能寐」的境地。好幾次我叫車到孟香家附近轉轉。總是充滿希望而去，負載失望而歸。痴痴等，苦苦盼，望眼欲穿！

　　孟香來了。在第八天的上午十點，在我們分開一百八十六個小時之後，她終於來了。她脫下外套往櫃台上一扔，張開雙臂將我摟在懷裡。她問我好嗎？我說我不好。她摟得更緊了，說她也一樣。我們依偎著，彼此傾訴著心裡的牽掛與思念。我說她瘦了，眼圈泛著紅暈。她微笑著說：「紅暈是一本日記，記載了思念的色彩。眼圈是一卷膠片，留下永恆的紀念。」我說幾天不見，她都快成詩人了，於是又加了兩句：「我願是一個鏡框，留住那淒美的憂傷。我願是一本相冊，將所有的瞬間珍藏。」

　　孟香大眼望著我，忽然撲倒在我懷裡，雙手擂鼓似的敲打著，嘴裡不停地說：「討厭、討厭！」我問她為什麼，她一臉刁蠻地說，我不該加上這幾句，有了這幾句她的詩就不是詩了。我說這還算不上詩，她眼珠子一轉，問我什麼樣的句子才算得上詩？我一時說不清楚，只好敷衍地說詩要有意境，要有美感，要讓別人看了會覺得像在看一幅美麗的畫。她捧起我的臉，肉麻勁又上來了：「愛死你了。」

　　我大叫一聲「停」，她一愣。我要她別動，我說這個時候她就是一首最美的詩。她果真一動不動，臉紅得像秋天的楓葉，她問我讀懂了嗎？我深情地說：「喜歡比讀懂更重要！」

　　孟香臨走時，我握住她的手久久不願放開。她柔情似水地望著我：「兩情若是久長時，又豈在朝朝暮暮。」

　　孟香一走，我丟了魂似的六神無主。這次她半個月沒有來書店，我整日提心吊膽，坐臥不安。

　　一天，孟香在補習班的同桌女孩來到書店，說孟香請她來看我。我從她那裡打聽到孟香的近況：孟香的家人知道了我們的關係，對她嚴加看管。據說她父親為了看住她，上下班的時候與孟香同去同歸。女孩還向我透露：「孟

香的母親正在四處託人替她安排相親。」女生見我處境艱難，問我有什麼應對的辦法？我當時心裡很亂，只是一個勁地搖頭。

那日，我正躺在床上看書，孟香突然出現在我面前。我又驚又喜，立即起身相迎，她卻按住我深情地親吻起來。我幸福陶醉的同時又明顯感覺到她身體在瑟瑟發抖。她問我想不想她？我說想到快瘋了，她笑了笑。我問她出了什麼事？她說一切都好。我望著她憔悴的面容，心疼地說：「還說好！根本就像讓人扒了一層皮！」

她坐起來，梳理了幾下散亂的髮絲。然後到櫃台前對著鏡子照了照，很沮喪地搖搖頭。我笑著說就算她成了醜八怪，我照樣喜歡。「真的啊！」她要我想清楚了，別後悔。說完，她又回到我身邊坐下來，深情地望著我，似乎想說什麼卻欲言又止。片刻後，她乾咳一聲，直直地看著我，好像有什麼心事。我問她怎麼了？她臉一紅，羞怯地低下頭。

那日她第一次對我說：「我們結婚吧！」我當時愣住了。此前我從來沒想過這個問題，天真如我根本不知道愛一個人最後是要結婚的。孟香見我沒反應，問我想什麼呢？我心裡「撲通」亂跳，不知如何作答。她手搭在我的肩上，親暱地說：「我們只要有一間房子就行了，我們可以憑能力創造一切。」

回想當時的情景，我當時的確太年輕了，根本無法體會作為女人的孟香為愛情付出的犧牲與代價有多大。在關乎一生幸福甚至命運的緊要關頭，我竟然說出一生中最最愚蠢的一句話：「不可能！」孟香霎時目瞪口呆！我那時還一副理直氣壯的模樣找歪理解釋：「我們家就一棟房子，現在我爸媽住著，我們要是結婚了，叫我爸媽去哪住啊？」孟香沒料到我會如此回答，一臉驚愕地看著我，眼淚頃刻間傾注而出。她大叫一聲，捂著臉一路狂奔而去。我望著她迅疾消失的背影，呆若木雞。

過了兩天，孟香的父母與妹妹不期而至。我心裡「怦怦」亂跳，料定出事了。兩位老人態度和藹，客套地寒暄了幾句後與我閒話家常，她妹妹則在書架前翻找喜歡的書。我心裡很亂，根本沒心思陪兩位老人家談話。

第三部分：青年

　　孟香的父母沒有直接提及我與孟香之間的事，只是旁敲側擊地暗示我們還年輕，應該把精力和時間放在學習與工作上，不要因為談情說愛而耽誤前程。我只能一直點頭，無精打采地「嗯嗯」敷衍著。他們臨走時才問我孟香這兩天有沒有來過？我搖搖頭說沒有。她父親憂慮地說：「孟香實在太任性了。」她母親急如熱鍋上的螞蟻，要她父親快去派出所報案。我聽罷，不由得心跳加速。

　　她妹妹等父母出去後，朝我吐了吐舌頭，忽然一改先前嘻皮笑臉的語氣，鄭重其事地說：「我姐那麼善良，要是被你害得遭遇不測，我一定殺了你償命！」說完又回復方才的笑臉跑了。我望著她的背影，不禁倒抽一口涼氣，頓時爛泥似的倒在床上。

　　又過了兩天，孟香的哥哥板著臉孔闖進書店，目光冷漠地在屋子裡審視了一番後悻悻離去。我驚魂未定之際，卻見他又氣勢洶洶地回來了。他進屋後不屑地瞟了我一眼，警告我若是孟香出事了，我就是罪魁禍首，要負起全部責任。言罷，揚長而去。

　　孟香家人接二連三地來書店找她，給我造成了極大的心理壓力。很多認識我的人，紛紛上門詢問事情的來龍去脈，弄得我非常尷尬。儘管人家是一番好意，可是我很忌諱甚至反感將這種事告知旁人。每當有人好心地問及此事，我都不耐煩地顧左右而言他。人家在我面前碰了一鼻子灰難免誤解，不利於我的傳聞越來越多，一時間謠言四起，議論紛紛。那陣子我只要看到有人竊竊私語，便下意識地的碎碎念，恨不得找個地方藏起來，免得淪人笑柄、丟人現眼。

　　我當時只有一個念頭：快點找到孟香，然後結束我們之間痛苦的感情。因為人為的壓抑氛圍幾乎將我推到崩潰的邊緣。我那時體會到一個膚淺的道理：「對身障者而言，對與錯，是與非，選擇與放棄，成功與失敗的迴旋餘地很小，很多時候只能違心地決定自己的取向。」現在想來，我那時根本是驚弓之鳥，神經過敏。

　　孟香終於安然無恙地回家了。我聞訊後如釋重負，總算鬆了一口氣，開始重新思量我們之間的關係。

三十九

半個月後的一個晚上，我正在床上發呆，孟香忽然風塵僕僕地推門而入。她進屋後急著要我快點起身穿上皮夾克。說罷，手忙腳亂地開始收拾東西。我見她神色慌張，問她出什麼事了？她答非所問，連聲催促我快點穿上衣服。

我只好依言行事。她一邊收拾東西一邊說：「我們先走，我已經託人過幾天將書店租出去。」我疑惑不解，問她幹嘛把書店租出去？

她「哦」了一聲，略帶歉意地看了我一眼。說由於時間緊迫，來不及與我商量。她已經買好晚上九點的火車票。我渾身一顫，愣在原地。孟香收拾好東西，見我還傻站著，深情地吻了我一下。我下意識地回過神來。她雙手捧著我的臉，溫柔地望著我說：「想死你啦！」也許她承受的痛苦和無奈已經到了臨界點，那一刻她的吻，很熱烈，很瘋狂，好像潰堤的洪水，洶湧氾濫，近乎於肆虐和變態。她嬌喘著問我幸福嗎？我揉著疼痛的嘴唇說：「幸福是幸福，但嘴唇可不是橡膠做的。」她笑了，伏在我懷裡羞澀地說：「人家想你嘛！」

我無言以對。我何嘗不是如此呢？

孟香這時開心地說：「我們終於解脫了，可以像小鳥一樣自由自在地飛翔，我們去一個別人找不到的地方，再也不分開。」

孟香為這次離家出走早已做好精心準備。她說這段時間鬧失蹤又不來書店是為了麻痺家人，讓他們放鬆警惕以便藉機行事。她還告訴我她是用螞蟻搬家的辦法，將衣物和日用品一點點弄出來存放在單格置物櫃。末了，她捏著我的鼻子笑道：「我很聰明吧！」我下意識地「嗯」了一聲。孟香見我言不由衷，問我想什麼呢？我說心煩意亂，她大眼望著我，問我是不是害怕了？我深呼吸了一口氣，極力抑制慌亂的情緒。其實我不是膽小怕事的人，那一刻卻驚慌失措，無所適從。本來我想在見到她之後提出分手，可是話到嘴邊卻說不出口。孟香忽然跳起來，說時間快到了，她先去叫車。我一把抓住她的手，要她聽我說幾句。她掙脫了，要我有話上車再說。

第三部分：青年

　　我問她我們要去哪裡？她一愣，說：「我有個朋友在廈門大學唸書，我們先去她那裡。」我又問她，然後呢？她猶豫了一下，說：「我會找份工作，你只要把精力放在寫作上就行了。」我問她，再然後呢？她大眼望著我，問我什麼意思？我心慌意亂，一邊喘息著一邊告訴自己要冷靜。

　　「想過妳父母的感受嗎？」我終於找到話題的突破口。

　　「我以為是什麼大事呢！」孟香不以為然，「他們再過一段時間就適應了。」隨即推門而去。我垂頭喪氣地坐在那裡，腦子裡一片混亂。

　　孟香很快回來了。她將打包好的東西搬到車上。我怎麼勸阻她都不聽。我焦躁不安，問她這樣做值得嗎？她卻笑著說，這就是愛情的力量。她搬完東西後，走到我面前替我戴上圍巾，我一把扯了下來。她說外面很冷，重新替我戴上，我又扯了下來。她大聲喊道：「段元基你有完沒完！時間快到啦！」

　　我一時間沒了主意。

　　她咯咯笑了，說：「好啦好啦！以後什麼都聽你的，再拖，等等我爸媽找上門來，想走都走不了！」

　　這時計程車司機連連按喇叭，催促我們快點。她大聲對外面說馬上就好。說完，她背對著我半蹲著要我快點。

　　我問她做什麼？她說背我上車。我沒有動靜。她見我沒反應，又催促了一句，我仍然沒有動靜。心隱隱作痛著。

　　孟香見時間緊迫，不由分說地抓住我的手，強行要背我走。我掙扎了幾下，猛地一下推開她，大聲斥責她：「妳鬧夠了沒有！」她臉色陡變，驚愕地瞪著我，眼淚倏地流了出來。

　　我心如刀割，慚愧地低下頭。

　　「沒有你！我更好！」她突然大聲喊道。然後大步走了出去。只聽引擎一陣響動，車子疾馳而去。

　　我頓時頭暈目眩，眼冒金星，身體搖搖欲墜。我挪了一下凳子，緊緊靠在櫃台邊。

不一會兒，車子又掉頭回來了。孟香從車裡跳下來，大聲問我走不走。

我搖頭。

她指著我大聲說：「再給你一次機會！」

我依然搖頭。

「你這個懦夫！」她氣急敗壞，一邊痛哭流涕，一邊步履蹣跚地向我走來。她站在店門口，淚眼婆娑地瞪著我，一字一句道：「最後給你一次機會！」

我不敢看她，痛苦地別過臉。

「好！我們一刀兩斷！」雜亂的腳步聲如鼓槌一下下敲打在我心上。只聽見車門關閉，汽車的引擎聲逐漸遠去。很快消逝在夜色之中。我眼前驟然一黑，轟然倒在櫃台上。

不久後，我大病一場，因肺炎住進醫院。

我的初戀美麗而短暫，溫馨而苦澀，在幸福快樂中開始，在痛苦無奈中結束。這次短暫的感情經歷讓我對愛情有了新的認識和定位，並且下定決心，在沒有把握給予對方幸福之前不再奢望愛情。

前幾年回家探親時，有人說孟香在山東，有人說她去了海南，甚至還有人說她在外面當流鶯。她到底如何，我已不得而知。對我而言，重要的是茫茫人海，滾滾紅塵，曾經有一個人讓我如此牽腸掛肚，朝思暮想。那段難以割捨的熱烈情懷，像一首吟唱風月的長詩，令我長久地感動回味。她幸福嗎？快樂嗎？我懷著感恩的心，默默為她祈禱、祝福。

有一次，我夢見孟香，醒來後寫下了一段話：

「儘管不能攜子之手，攙扶偕老；儘管不能攜手共赴婚姻殿堂，甚至沒有送上一束愛情玫瑰，可是在我心中，妳如燦爛流星，雖不能照亮大地，卻有過瞬間光明，如沙漠泉眼，雖不能灌溉森林，卻滋潤了一小片綠地。」

四十

母親得知我與孟香的事後嗟嘆不已。她懊惱地埋怨我，幹嘛不早點告訴她。母親說她與父親可以到外面租房子住，實在不行，他們還可以回湖南老家。母親說我腦袋進水了：「這麼好的女孩，以後上哪找？」我每次聽她嘮叨便不耐煩地要她閉嘴。母親見我心情不好，無奈地躲到一旁唉聲嘆氣。

小海見我情緒低落，有空便邀人到小屋陪我打麻將、玩撲克牌，好打發時光。每逢週末，陳挺會來家裡看我，偶爾騎腳踏車載我出門散心。

很長一段時間，我就是以這種極不喜歡的方式得過且過。那段時間我害怕黑夜，一閉上眼睛，孟香的音容笑貌便浮現在眼前，我時常在夢中驚醒，醒來後滿臉汗水，心裡怦怦亂跳。

一天夜裡，我再次在睡夢中被驚醒，醒來後躺在床上抽菸。屋子裡煙霧繚繞，很像一朵飄來飄去的雲，我看到孟香漂浮在雲霧間，大眼骨碌碌地瞪著我，再一細看，雲霧漸漸散去，什麼都沒有。

父親半夜起床，見我還沒睡覺，便穿著睡衣進來小屋，坐在我面前。我沒心情理他，要他回去大屋睡覺。父親看著不說話，接著從菸盒裡取出一根香菸，逕自抽了起來。父親很少抽菸，嗆得咳嗽連連。我睨了他一眼，問道：「你有什麼事？沒事我睡覺了。」父親看著我，勉強笑了笑。我看他好似有話要說，便靠在牆上盯著他。

父親說：「你長大了，什麼事都有自己的想法。」我「哼」了一聲，心想這不是廢話嗎？我只是身殘又不是心殘。父親問我：「為什麼不好好珍惜孟香？人家是個好女孩。」我大吼起來：「一個大男人總不能要一個女人養著吧！」

父親還想說什麼，我不耐煩地譏諷他：「有那美國時間管我，倒不如想想當年怎麼辜負阿姨的！」父親氣得說不出話來，起身拂袖離去。我們父子倆的對話，就這樣在不愉快和匆忙間結束了。

四十一

　　那段日子我如行屍走肉，每天靠打麻將、玩撲克牌消磨時光。那天我正在玩牌，小海匆匆進來，告訴我范勇住院了。眾人走後，我問他范勇住院的原因，他說范勇的右腿截肢了。

　　「截肢？」我大吃一驚。事件起因是：范勇領一幫人與另一幫人火拼，結果被獵槍打中膝蓋，手術後被截去右腿。小海說范勇情緒低落，不願配合治療，好幾次想自殺。我「哼」一聲冷笑，然後開始洗臉刮鬍子，對著鏡子有意打扮一番。小海心領神會，立刻出去叫計程車。

　　我不敢相信原來那個生龍活虎、活力十足的青年，此刻臉色蒼白地躺在病床上，沒有一絲生氣。我看到范勇的母親面容憔悴，眼睛佈滿血絲，不由得想起我出車禍時母親的情景：可憐天下父母心啊！

　　我與范勇的家人寒暄了幾句，坐下後與范勇相對無語。我將兩根菸叼在口裡一起點燃，然後將其中一支放到他嘴裡。他猛吸了兩口，眼淚不禁慢慢流了下來。我抹去他的眼淚，笑著說男兒有淚不輕彈。他看著我，忽然緩緩地說道：「老大，以後我倆可以作伴了。」

　　我笑著說那可不行，除非他那條腿也不要了。眾人一驚，覺得這話不合時宜。我笑了笑說：「腿是用來走路的，我沒有雙腿，但你還有一條腿，與我做伴嘛，還比我跑得快，這不公平！」

　　范勇沒答腔，不過表情有了一絲波動。我這時笑著對他母親說：「伯母，我肚子餓了！」范母一聽，立刻帶著身邊的人出去買便當。小海也跟著出去了。

　　范母走後，范勇目露凶光，咬牙切齒地說：「此仇不報非君子，等我好了以後一定要他血債血償！老大，等著瞧，總有一天我會抓住他。」范勇的話透著一股冷冷的殺氣，令人不寒而慄。我笑了，說江湖上的事我不懂，不過打打殺殺對誰都沒有好處。我陪范勇在醫院裡一起吃了午飯。

　　臨走前，我對他說：「風再大也吹不動高山，雨再大也填不滿大海。」後來，我又去醫院探望了范勇幾次，並送給他一本《三國演義》，特別提示

他好好看看書裡第七十七回「玉泉山關公顯聖」那一段。據小海說，我去看過范勇以後，他心情好了許多，還會主動與人開玩笑。我聽了以後甚感欣慰。

四十二

亞華放假時到家裡看我，帶來好幾本世界名著，並一再感謝我當初對她的鼓勵。我笑著說我受到她的幫助才多。亞華留下學校地址，要我有空就寫信給她。她說自己不太會寫作，想請我指點指點。我笑了，心想：「我哪有資格指點一名大學生呢！」亞華走後，我隨手翻了一下她送來的一本書，發現裡面有張紙條，上面寫著：

「元基哥哥：

你真的很了不起！我每次遇到困難時，只要想到你，就有信心克服它。我聽說你與孟姐姐的事。其實你沒錯，當然孟姐姐也沒錯，我覺得她好偉大哦！這樣的女孩子現實生活中真的太少了，失去也挺可惜。聽說你沉溺賭博，這樣不好，既影響健康又耽誤正事，許多事情不是逃避就能解決的。你說呢？好哥哥！說真的，我一直覺得你像一座山，很高很高。即便地陷了，你也是離天最近的那個人。振作起來吧！好哥哥！你是我的一面鏡子，但願它永遠不要破碎。

亞華妹妹留」

我看完紙條，羞愧不已，倚在牆上不停地抽菸。煙灰缸裡堆滿了菸頭。後來覺得頭暈目眩，噁心得想吐。

我以身體不適為由推脫了牌友，把自己關在小屋裡，除了抽菸便是睡覺。母親怕出意外，經常悄悄到門口窺視。偶爾與父親大吵，要他來勸我。父親每次象徵性地看一眼便回去交差。

那段日子我讀了三毛的《萬水千山走遍》，萌發了環遊世界的衝動。我在新聞裡看到國外有一些專門生產身障人士專用機車的公司，非常渴望能擁有一輛這樣的交通工具，夢想有朝一日騎著機車馳騁世界各地，寫一本「環遊世界見聞」。那時真是單純幼稚，天真可愛，經常萌發一些不著邊際的夢

想。雖然免不了唐‧吉訶德式的盲目荒誕，卻增加了生活的情趣，催生了前進的動力。

其實生活中什麼想法都沒有才是最糟糕的。我一直覺得這些不著邊際的夢想是我快樂的元素之一。我之所以快樂，是因為我擁有夢想的翅膀。

四十三

春節過後，有朋友到家裡看我，他叫陳志宏，比我大幾歲，當時是寶泉嶺農場一家餐廳的廚師，正好就是父母曾工作的地方。我們閒聊時聽他說那家餐廳旁邊是農場的旅店。我詢問了旅店的價格，很想去那裡住一段日子。他聽了我的想法後，全力支持，開玩笑說以後下班閒著沒事就可以和我下棋了。

雪剛剛融化的一個星期天，我在陳挺的陪同下，迫不及待地去了寶泉嶺農場。志宏見到我，愣了片刻才笑著說他以為我在開玩笑，沒想到說來就來了。我說很久以前就想來了，他問我為什麼？我告訴他：「我父母是寶泉嶺農場的第一批拓荒者，所以一直很想過來看看。」

寒暄了幾句後，我想在附近四處走走，好好欣賞一下寶泉嶺街道的景色。志宏還沒有下班，便找來一輛腳踏車要陳挺先帶我出去逛逛。

寶泉嶺街市不大，卻相當乾淨整潔。一路上放眼望去，錯落有致，小巧幽靜，是一處修身養性的好地方。我初來乍到就喜歡上了這裡。

回到志宏那裡，他已經在旁邊的旅店幫我安排好住處。那是旅店的單人間。志宏說餐廳老闆和旅店老闆是好朋友，我只要象徵性地付一些住宿費就可以了。後來我才知道，那旅店是糖廠的招待所，只有到了秋天，四面八方的人來糖廠採購白糖時才會忙碌一陣子。平時住宿的人不多，很多客房閒置在那裡無人問津。

陳挺很細心，他問我是否需要打聽孟香的下落？我心裡隱隱作痛，躊躇片刻，讓他以後不要再提此事。隔天一大早，陳挺便搭車回學校了。他臨行前說週末再來看我。

四十四

　　旅店只有四五位女服務員輪流值班。志宏說她們都是糖廠家屬。起初服務員見了我有些害怕，打掃我房間時相互推諉。我笑著向她們要來拖把抹布，自己打掃房間。過了幾日，她們看到我整天笑嘻嘻的，大部分時間都在房裡看書，才漸漸有人主動打掃我的房間。

　　第一個進我房間打掃的女服務員叫夏梅。我開玩笑說梅花開在寒冬臘月，夏天沒有梅花啊？夏梅看了我一眼，說她不是梅花，而是梅花樹。她打掃完後，告訴我有事叫她一聲就行了，我說了聲「謝謝」。

　　志宏下班後，不是到我房間找我下棋，就是用腳踏車載我到街市上逛逛，偶爾在戲院裡看武俠片。此前我們關係很普通，沒想到在寶泉嶺的這段時間，我們卻成為無話不談的好朋友。

　　我這次來寶泉嶺之前，母親委託我去看望一位曾幫助她的同鄉（就是母親去鶴岡成為礦工前，曾讓我們借住的那位同鄉）。陳挺週末來找我的時候，我們按著母親留下的地址去尋找那位同鄉。我們騎著腳踏車晃了一上午，好不容易找到那戶人家，仔細打聽後，對方卻說我們找錯人了。

　　我與陳挺垂頭喪氣地回到旅店，夏梅湊巧送開水來房間。她聽到我們的談話，看了紙上的地址後笑了，說：「那個地址早就作廢了，現在都換上新的地址了。」說來也巧，夏梅不但認識那戶人家，與那戶人家的女兒還是小學同學。有夏梅領著我們，總算找到了要找的人。

　　那家人聽了我的介紹後，高興得不得了，一番寒暄之後，女主人說我小時候十分古靈精怪，又聰明又有長輩緣，大人都喜歡逗我玩。女主人與母親同鄉同姓，算是母親的遠房堂親。當年正是她的撮合，父母親才走到了一起。論輩分我應該稱呼她為堂姨。

　　堂姨看到我的身體狀況，不禁埋怨了母親一頓，後悔當初沒有堅持將我留下來與她的孩子作伴。她問我的近況，我笑著說現在想淘氣也沒那本事了。

　　夏梅與堂姨的女兒（我應該叫她「表妹」）談起她們小學以後的事情。表妹當時五專快畢業了，聽陳挺說我平時會寫點東西，便要我教她寫作。我

委婉謝絕了。我認為在文字面前，沒有人能夠做老師。何況我只讀了四年書，做別人老師豈不是誤人子弟。

盛情難卻，堂姨丈挽留我們吃了一頓豐盛的午餐。辭行時，堂姨多次叮囑我向父母問好，並說有時間就去看看父母。此後逢年過節，母親與堂姨間有了互動。

四十五

旅店裡有一間專供服務員使用的單人浴室。旅店裡的客人只能到較遠的一個大浴池洗澡。夏梅看我行動不便，經常在她值班的時候要我去她們專用的浴室洗澡，並且將她的沐浴用具借給我。志宏非常羨慕地說我：「有女人緣的人到哪都有女人緣！」我開玩笑地說：「你不如也把腳砍了，說不定會有人幫你洗澡呢！」

我養成了晚睡晚起的習慣。夏梅值班時，我睡醒後房間裡一定打掃得乾乾淨淨。有時去廁所盥洗（房間沒有衛浴），夏梅看到後會端來溫水與垃圾桶，要我在房間裡洗漱。等我盥洗完畢，她再將髒水拿出去倒。為此我不知道感謝了她多少次。她只是微微一笑。

有一次，夏梅帶了一盒餃子，我知道那是她的午餐，只好去旁邊的餐廳買了兩盤菜回來，我們第一次單獨在一起共進午餐。她非常開心，我問她為什麼？她矜持地說我是開心果，與我在一起心情特別舒暢。她哪裡知道我只是金玉其外，敗絮其中。孟香的杳無音信令我時常作惡夢。

一天我在浴室洗衣服，夏梅剛好來換班。她看到後對我說：「衣服太多了，先浸泡一會兒才能洗乾淨。」我覺得很有道理，便回房間看書了。我出來時，夏梅早已將衣服洗乾淨，晾到了外面的曬衣竿上。我一時間不知道該說什麼才好，向著她不好意思地笑了。孟香以前經常替我洗衣服，可是我從來不要她洗內褲。我一直認為內褲是很私人的東西，懂事以後，連母親都沒有洗過我的內褲，沒想到夏梅卻破了例。

我在寶泉嶺休養了一個多月，漸漸從孟香離去的陰影中走了出來。陳挺不久就要面臨大學考試，我擔心他經常往返於路途之間會影響課業，準備返

回都市重新找點事做。夏梅聽說我即將離開，問我為什麼不多住幾天？我笑了笑，說：「現在還不是享福的時候，離退休的日子還早著呢！」她又問我以後還來嗎？我躊躇片刻，說有時間一定來。她有些失落地「哦」了一聲。

四十六

　　陳挺來接我的那天，夏梅情緒低落。我與陳挺商議晚上到寶泉嶺唯一的舞廳去看看。我們大失所望，原來那只是農場閒置的員工俱樂部，舞台上只有魔球燈與幾台音響，十分簡陋。門票廉價得買不到一包過濾嘴香菸。不過來舞廳的人絡繹不絕，大多是成雙成對的年輕人。

　　我與陳挺進去後坐在長排椅子上。隨著音樂響起，很多年輕人走進舞池翩翩起舞。我非常羨慕眼前動感灑脫的同齡人，於是催促陳挺參與其中。他笑了笑，有點不好意思地走進舞池。陳挺沒有舞伴，一個人跳起了霹靂舞。我看到他與那些成雙成對的舞者攪和在一塊，顯得不倫不類，不禁笑了。

　　忽然背後有人用雙手遮住我的眼睛，我一恍神，一塊牛奶糖塞到我嘴裡。我回頭一看，夏梅正對著我笑呢！我問她什麼時候來的？她靦腆地說好一會兒了，說我眼裡只有美女才沒看見她。談笑間，夏梅從後座上站起來，越過椅背跳到我旁邊座位上，然後打開一瓶飲料遞給我。她還帶了一些花生和瓜子，顯然是有備而來。我開玩笑地說：「有這麼好的待遇，天天來多好啊！」夏梅矜持地說：「這樣我的薪水就泡湯了。」我們閒聊了一陣，我要她去舞池陪陳挺跳舞。夏梅說她不會跳舞，還是與我聊天就好。我問她為什麼？她想了想，說和我聊天心情好。

　　陳挺看到夏梅也來，不由得睜大了眼睛。兩人交談了幾句，陳挺說夏梅偏心，只買了一瓶飲料給我，夏梅不好意思起來。陳挺聽到慢四步舞曲響起，邀請夏梅跳舞。夏梅委婉拒絕，我笑著說：「機會難得，還是跳一曲吧！」她看了看我，這才慢慢站起來與陳挺走進舞池。

　　夏梅其實跳得挺不錯的。陳挺反而跟不上節拍，幾次踩到夏梅的腳。倆人下來時還在相互笑著埋怨對方。我看到他們認真的模樣，忍不住跟著笑了。舞廳散場時，夏梅騎著腳踏車陪我們一路回到旅店大門口，才掉頭回家。

　　隔天，夏梅上班來得很早，一直在我房間裡幫忙收拾東西。那天有人在餐廳舉辦婚禮擺酒席，志宏沒有時間送我，他與我打了聲招呼後便回去了。陳挺背我上車後，夏梅將東西送到車上便回去了。

　　陳挺拍了拍我的肩膀，示意我往車下看。我順著他指的方向看了一眼，夏梅正朝著旅店快步走去。陳挺小聲告訴我，夏梅哭了。我半信半疑，說怎麼會呢？陳挺埋怨我沒肝沒肺，說「都哭得一把鼻涕一把眼淚了，你還不相信！」我頓時語塞。

　　一路上想到夏梅的悉心關照，不禁感慨萬千，感嘆老天為何如此造化弄人？我後來再也沒有見過夏梅，只聽志宏說她結婚了，丈夫是獄警。那次短暫的經歷給我留下了一段美好的回憶。每每想起，人性的光芒像夜空的星星，不僅讓我看到了美麗與希望，也看清了前方的路。

四十七

　　父母見我回來以後整個人如獲新生，高興得不得了。他們問我未來有什麼打算？我考慮幾天後再告訴他們，自己準備到街頭開一家菸店。

　　當時要想在街頭找個好地方賣菸，不花點錢走後門，幾乎不太可能。我託人找了許多門路都沒有結果。無奈之下，決定親自去環境保護局找局長。我要小勇騎車載我去環保局，他有些猶豫。我知道他膽小怕事，笑著對他說：「大仙好拜，小鬼難纏，見到局長事情就好辦了。」小勇在我煽動下答應去試試看。一位副局長看到我的情況後，親自開車載我到市立醫院住院區的人行道，批准我在那裡設置菸店。有人因此開玩笑說，天下沒有我辦不成的事。其實我很清楚，自己只是占了身體的便宜。

　　母親立刻到銀行提款給我，並且囑咐道：「別賠錢了，這些錢是為你將來娶老婆所準備的。」我笑著說：「奢侈的老婆我也不敢娶。」父親拍著我的肩膀，笑道：「臭小子，行！是男人！」我微微一笑說犬門出虎子。父親嘆道：「世風日下啊！當兒子竟然說起爸爸來了，真是反了、反了！」母親高興地說：「我兒子比你強！」

我賣菸的地方正好在陳挺上學的路上，所以他經常進來坐坐。小勇當時讀高職，也經常順路來看我，偶爾還幫我去菸草公司進貨。

有一天，范勇叫車到菸亭，我看著他拒絕別人幫忙、拄著拐杖從車上下來的模樣，心裡很不是滋味。我們對視片刻，寒暄了幾句。范勇不好意思地告訴我：「我妹和她男友在青島開了一家餐廳，我要跟著去那邊了，那裡有義肢廠，等我有錢了就來接義肢。」我向他祝賀的同時也勸他以後不要再和那些狐群狗黨來往了。他笑著回答就是有那心也沒那本事了。他臨走時開玩笑說：「老大，你身上缺少的零件比我多都不怕，我怕什麼？等我裝上義肢，回來照樣背你，信不信？」我點點頭，笑了。

望著范勇漸漸遠去的背影，不禁感慨「塞翁失馬，焉知非福？」但願這是他的另一種重生。范勇果然走向了正道，有了自己的事業，自己的家，還有一個活潑可愛的兒子。他給兒子取名范中正，對兒子的期望可見一斑。我到北京後，范勇有一次到北京送貨，還特地帶女朋友來看我。由於裝了義肢，他執意要背我一次。結果我倆都摔倒了，卻非常開心。

四十八

不知不覺又是一年。陳挺到北京讀大學了，常寫信來說那裡如何好，建議我也到北京去。我心想自己到底還是年輕氣盛，做事說話欠缺考慮，從沒把他的話放在心上。

我真不是做生意的料。從不拒絕熟悉的人賒帳。人家還錢時我往往不記得了。畢竟貪小便宜的人多，賒出去的東西大多難以收回成本。

夜深人靜的時候，我靜下心來看看書或者寫點東西，偶爾投稿，大多石沉大海。僅有的一次回信是一位好心編輯幾句勉勵的話，有一句我至今還記得：「你的文筆不錯，繼續努力。」就是這句話讓我吃了不少苦頭，把很多時間用在了寫作上。

住院區門口有幾家早餐店。其中一家每天早上從我窗前經過都會買一包香菸，我也順便跟人家買早餐。時間一長，漸漸成了習慣。有時我一邊看書一邊賣菸，找錯錢時有發生，他們一家人笑話我不懂算數。他們家的女兒小

帆，每次都笑著問我：「大哥是做生意呢？還是看書呢？這樣做事還不賠光了？」我開玩笑說：「都怪這該死的鈔票，一張紙，不能吃、不能喝，還得為它勞心勞神。」小帆是個開朗活潑的女孩，每次經過窗口，總是笑著向我揮手打招呼。

我常熬夜寫一些無病呻吟的東西，偶而會在賣東西的時候趴在櫃台上打瞌睡。一次小帆來替父親買菸，見我睡著了，便輕輕敲窗戶。我醒了，遞菸給她，找錢時把五十元鈔票當成十元的給了她。小帆在窗外笑彎了腰，一邊笑一邊說：「大哥我還要一包。」我問她為什麼？她說又白賺幾十塊。我頓時清醒過來，重新找錢給她。她看到我旁邊有一本書，笑著問我看什麼書？我說都是些無聊的書。她說在家裡閒來無事，想借本書看看。我順手從床頭拿了一本遞給她。她謝過後，哼著小曲離開了。

小帆還書那天第一次走進店裡。她見床頭小桌上一堆亂七八糟的稿紙，順手翻開來看，還笑著問是不是我寫的。

我笑著反問：「店裡還有別人嗎？」

她說沒有，旋即又說：「有，我不是人嗎？」說完，嘻嘻笑了。

她看到屋裡布滿灰塵，便主動打掃起來，一邊清掃一邊心不在焉地問我是不是作家。我「嗯」了一聲。她差點跳起來：「真的呀！我就說嘛！每天三更半夜的還寫東西。」我笑了，解釋說每天坐在家裡自然是「坐家」了。她「啊」了一聲。我笑著問她有賣香菸的作家嗎？她遲疑了一下說：「想體驗生活吧！」

我笑著搖搖頭，覺得她天真如白紙。我看她不過十六、七歲，問她為什麼不去學校？她說自己太笨，每次考試都不及格，總是挨老師罵，索性不唸了，幫父母做早餐店的生意。

我們閒聊一會兒，她笑著問我為什麼從沒見過我家人？我嘿嘿一笑，說每個人有每個人的故事。我們家都是管區，各管各的，誰也不越權。她不禁放聲大笑，指著我說：「大哥真幽默啊！」我也笑了。她笑著問我家人為什

麼不照顧我？是不是我不聽話？我點頭，連連誇她聰明。她一看我不認真，說我騙她。我不禁笑了。

一天晚上，小帆又來還書，問我吃飯了嗎？我看了一下時鐘，說再等等。她笑著問我喜不喜歡看魔術？我一頓，繼而問她是不是要變魔術給我看？她問我想看嗎？我叫她變來瞧瞧。她鄭重其事地讓我看她的雙手，然後說：「什麼都沒有吧？」我看她雙手確實沒東西，便點頭。只見她嘴裡唸唸有詞，雙手在空中揮舞幾下，突然合擊一處，說了聲「變」，隨後雙手慢慢鬆開了。我看到她手上沒東西，忍不住笑了，說沒想到她會變空氣。

她也笑了，說這是超級魔術，然後要我往後看。我慢慢回過頭，看到床頭小桌上放著一個便當盒。

她笑咪咪地說：「我的魔術還可以吧？」

我猶豫了起來。她催促我打開看看。我打開便當盒，裡面是熱騰騰的蒸餃。我伸手抓起一個扔進嘴裡，味道很好。她說我吃東西不洗手，我說：「不乾不淨，吃了沒病。」這才找出一雙筷子吃飯。她問我好吃嗎？我連連點頭。她又倒杯開水放到我面前，然後坐在旁邊看著我。

吃過晚飯，我連聲道謝，要付錢給她。她笑著說：「大哥你怎麼這麼有趣？自己家裡包的，還會跟你收錢不成？」

四十九

端午節一早，我開門出去，一股濃郁的艾蒿氣味撲鼻而來。我不經意看了一眼，屋子周圍零零散散地掛著艾蒿，門楣上還掛著幾隻彩紙編織的小燈籠，煞是好看。我不禁笑了。

我一邊與過路熟人打招呼一邊卸下窗戶護板，只見小帆哼著小曲走了過來。她來到我面前，一臉驚訝地說：「啊！大哥，怎麼來了這麼多艾蒿呢？你上山採來的？」我嘿嘿一笑，說也許花仙子經過這裡，看到家家戶戶都掛了艾蒿，怕我忌妒，於是隨手撒下一些掛在菸店上。

　　小帆笑嘻嘻地說：「我要去賣早餐了。」然後一溜煙朝住院區門口跑去。她父親很快推著早餐推車從後面過來了。和往常一樣，她父親買菸，我要一碗餛飩。不一會兒，小帆端來熱氣騰騰的餛飩，並且帶了幾粒粽子與雞蛋。她放下東西便走，我朝她大喊：「我還沒付錢呢！」她說：「下次再算吧！」

　　一連半個月，小帆都送來餛飩與油條便走，每次同樣一句話：「下次一起算吧！」一日她父親來菸店與我閒聊，臨走時，我將這半個月早餐的費用遞給他。她父親一臉茫然地看著我，問我是不是弄錯了？我說：「不是一起算嗎？已經半個多月了。」她父親遲疑地收下早餐錢，出門時嘴裡嘀咕了幾句。

　　晚飯時，小帆來到店裡，「撲通」坐到床上，很不高興地看著我。我問她怎麼了？她嘟著嘴說我出賣她。我一愣，問她此話從何說起？她看著我，說我明知故問。我恍然大悟，笑著說：「妳的好意我心領了，不過時間長了，妳爸媽發現帳目不對，不罵妳才怪呢！」小帆一聲冷笑，說：「收錢的事都歸我管，我不說，誰也不會知道。」我開玩笑說：「真是家賊難防呀！」小帆埋怨了我幾句，說多虧她聰明，否則差點露餡。

　　我說：「買東西付錢天經地義。」

　　小帆卻說：「收你的錢，我心裡特別不高興。」

　　我說：「妳真是個善良的小女孩。」

　　她立刻反駁：「我都十八歲了，才不是什麼小女孩！」並且嘟著嘴，說我瞧不起人。我嘿嘿笑了。小帆問我笑什麼，我說沒什麼，想笑就笑。她忽然湊到我面前，要與我訂君子協議，然後伸出小指頭跟我打勾勾。我問她什麼叫君子協議？她說先打勾勾再告訴我。我笑了，說女孩子只能算淑女不能算君子，這個協議沒法訂。

　　她喊道：「媽呀，都什麼年代了！你怎麼還這麼重男輕女呢？」隨即一臉嚴肅地問我要不要打勾勾？我看她認真乖巧的模樣，實在無法說「不」字，只好伸出小指頭和她的手指勾在一起。她笑著說：「打勾勾了就不能反悔。」

我說：「總不能要我的命我也給吧？」她臉一下子紅了，說她才沒那麼傻，要我的命，警察還不把她抓走？我笑了，問她君子協議是做什麼的？

她「嗯」了一聲，很無辜地看著我，說以後早餐費不能給她家人，只能給她。我問她為什麼？她想了一下，說這樣她每個月可以多攢下一筆私房錢。我愣了，沒想到這個看似單純的女孩卻如此精明。我問她要私房錢幹嘛？若是做壞事，我豈不成了幫兇？她笑著說我倆已經打勾勾了，我不能反悔。我嘿嘿一笑，說她每天暗藏一些多省事，何必那麼複雜？她說存在我這裡她放心，放在家裡萬一被發現，家人說不定再也不讓她管錢了。我又問她要那些私房錢做什麼？她說想買個小錄音機聽歌。我差點沒笑死，沒想到她為了這點小事如此用心良苦。又想想當時的確不是每戶人家都能隨意買收音機給孩子，於是答應她了。我心想：「用我吃早餐的幾個錢攢一台小錄音機至少要三五個月，鄉下孩子真不容易啊！」

五十

小勇從菸草公司進貨回來，剛好看到小帆在屋裡掃地，他朝我神祕地笑了笑。小帆瞪了他一眼，問他有什麼好笑的？小勇一愣，連忙答道：「我對元基哥笑笑不行啊？」

小帆說小勇不懷好意，小勇狡辯說和我一直都這樣，她要是不信可以問我。小帆嘟著嘴嚷道：「你和他認識那麼久了，他當然向著你啦！」

我笑著說：「你們一個是好弟弟，一個是好妹妹，可不能起內鬨啊！」倆人不說話了。小勇是做生意的料。他看到路邊有人賣香瓜，建議我也拉車香瓜放在門口賣。小帆覺得主意不錯，附和說現在正是賣香瓜的好時候。我笑著說：「我連秤重都不會，還賣香瓜呢！不賠得血本無歸才怪。」小勇說他們高職上不上課都一樣，他可以過來幫忙。小帆表現更積極，說她白天正好有事可做。那時菸店的收支差不多打平，若是賣香瓜能掙點錢總不是壞事。我看到他們一唱一和，不免有些動心了。倆人見我態度轉變，馬上開始計劃賣瓜的事情。

　　我想了想，提議我們合夥做，賺錢大家分。他們一聽高興地跳了起來，好像天上掉了一塊餡餅。小勇打鐵趁熱，立刻騎車出去打探進瓜管道與價格。他打探到的消息卻嚇我一跳。原來進一車香瓜需要兩千多元。將我能夠動用的資金都拿出來還不到一半。小帆說她有辦法，說完後跑回家將一本存摺拿過來。我看到存摺上面有一千多塊存款，問她哪來這麼多錢？她低著頭，支支吾吾地說：「家裡的錢一直是我在保管。」我搖搖頭說：「不行，妳爸媽要是發現，麻煩可就大了。」她說父母平時不用錢，用錢時都是讓她去銀行領，只要我們周轉快，不會有事的。我不想惹麻煩，婉言謝絕她的一片好意。她生氣了，嘟著嘴說我算哪門子大男人，一點魄力也沒有。我哭笑不得，心想：「小小年紀，膽子倒是挺大的。」

　　小帆不悅地看著我，一臉不高興。我見事已至此，只好硬著頭皮說：「好啦！賠了算我的。」他們一聽，頓時笑逐顏開。

　　接下來一段日子，我飽受顛簸之苦。每天凌晨早早起來，坐三輪曳引機去幾十公里外的郊區拉香瓜。曳引機加足馬力跑起來又晃又吵。尤其到了鄉下泥巴路，更是搖晃得厲害。五臟六腑好似在肚子裡跳舞，折騰得我嘔吐了好幾次。

　　進入瓜地，蚊子「嗡嗡」在面前飛來飛去，叮上一口立刻隆起一個大包。後來我們去拉香瓜時，都會先在身上塗抹一些防蚊液。

　　剛開始沒有經驗，拉一車瓜回來總有許多瓜受到不同程度的破損，最後只剩下爛香瓜，根本賣不出去。到後來裝車前會先在車裡鋪上一層厚厚的蒿草，可以達到減震效果，這樣拉回來的瓜不會受到損壞。我每次去拉瓜回來，渾身散架似的難受，回到屋裡倒頭便睡。小勇真是年輕力壯，忙來忙去不知疲倦。小帆每天結束早餐店生意後也會過來幫忙。

　　一天晌午，我醒來後看到小勇倚靠著楊樹打瞌睡，小帆則孤零零地坐在樹下望著過往行人，時不時吆喝一聲。我不由得嘆息一聲，然後叫小勇進屋睡一會兒。他見晌午沒什麼人，便無精打采地進屋休息了。小帆見我出來，精神為之一振。她笑著說回家看看，剎那間不見蹤影。為避免家人懷疑，小帆每隔一兩個小時就會先回家一趟，再伺機偷偷跑過來，忙得不亦樂乎。有

時我坐在那裡賣瓜，買瓜的人看到小勇不在場，便自己動手，秤好了瓜自己裝進袋裡，然後將錢遞到我手上，打招呼笑著離去。

我們沒有賣瓜經驗，忙了一個月不僅沒賺錢，還賠了一些錢。我笑著安慰他們：「還好，總算沒賠得血本無歸。」儘管如此，我還是給他們每人一些薪水。小勇離開後，小帆將薪水還給我。她說：「有錢三人賺，那賠錢也該三個人平均分攤才對。」我笑著說：「誰叫我是你們的大哥呢？」小帆咯咯笑，扔下錢蹦蹦跳跳地回家了。

五十一

一天，母親匆匆而至令我頗感意外。我離開家時曾多次要求父母盡量少來打擾我。說是打擾，其實是我不想讓他們看到我在外面的生活條件與生活狀態。更不願意看到母親流淚或強顏歡笑的情形。因此父母極少來我這裡。即便有時做些好吃的東西，都是託人順路捎來。我在外面很少回家，逢年過節也只回去住上一兩天。並不是我特立獨行或想證明什麼，而是漸漸養成了習慣，喜歡那種無拘無束的生活。

母親先是一陣忙碌，擦擦這裡，掃掃那裡。免不了重複那幾句：「兒子，幹嘛要出來找罪受？不如別做了，待在家裡好嗎？」我也總是那一句：「媽，妳就不能說點別的嗎？老是煩我。」

母親收拾完屋子。我們閒談了幾句。她這時看了看我，似乎想說什麼卻欲言又止。我笑了，問她有什麼命令請指示。母親吞吞吐吐，說父親前幾天突然暈倒了。我心跳漏了一拍，急忙問去醫院檢查了嗎？母親說檢查了，父親昨天從醫院回來說沒事。我心裡踏實了一些，父親健康狀況一直不錯，七十幾歲的人，看上去比五十幾歲的人還年輕。

這時小帆哼著小曲推門進來。她一看到母親，不禁愣住了，不知所措。我替兩人相互作介紹，母親聽到「小帆」二字，似乎被帶刺的東西咬了一下，顯得很不自在。直到小帆喊「伯母好」，母親才下意識地應了一聲，隨即似笑非笑地上下打量著小帆。我頓時反應過來：定是小勇在父母面前胡說八道了。

　　母親與小帆客套幾句，找藉口匆匆離開了。小帆疑惑不解，問我她是不是說錯話了，惹得母親不高興。

　　我故作深思，不說話。小帆又問了一遍，我才鄭重其事地說：「我媽把妳當成未過門的媳婦了。」小帆一愣，隨手抓起桌上的書本朝我打來，然後用力將我按到床上。我掙扎幾下，小帆力氣大得驚人，令我動彈不得。我故作驚嚇般大聲喊：「非禮啊！救命啊！」

　　小帆大笑不止，緊緊捂住我的嘴，要我大聲喊，並說：「看誰來救你。」我實在沒轍，只好求饒。小帆放開我，笑得前俯後仰。我舒展了一下筋骨，沮喪地看著她。這才意識到自己有多麼不堪一擊，女孩子可以輕而易舉地將我制服，我不禁自問，我還是男人嗎？

　　小帆似乎瞧出一些端倪，過來笑著替我捶背，然後問我：「你怎麼什麼都敢說啊？」我笑了笑，說我不過講了句實話，誰知道在她面前說實話會是如此下場。「你也不能亂說呀！」小帆朝我嘟起嘴。我點點頭，意識到與女孩子開這種玩笑的確過於唐突。

　　其實，小帆在我心裡一直是個善良單純、活潑機靈的小妹妹。有她在身邊轉來轉去，整個人便充滿了活力與快樂。也許正是如此，與她在一起時我覺得無拘無束，無憂無慮，甚至忘記她已經不是小女孩了。這種感覺與孟香完全不同。或許我愛的情結與空間早已被孟香申請了專利，一時間很難有實質性改變。所以當我意識到小帆不是小妹妹了，反而少了許多樂趣，多了些許惆悵。

　　小帆見我忽然變得沉默起來，以為我生氣了，於是想方設法哄我開心，我只好被動敷衍了事。心想：「以後再也不能這樣口無遮攔了。」小勇放學時，我要他今晚幫我顧店，他有點害怕，我說回家看看馬上回來，他不情願地答應了。臨走前我吩咐他早點關門，晚上陌生人買東西不要開門。小勇請我通知他父親一聲，免得家裡人擔心。我覺得自己十七歲的時候遠不及小勇懂事，不禁自責起來：「都二十四歲的人了，卻沒有想過為父母做點什麼，真是枉為人子。」

五十二

　　我看到父親與以往沒什麼太大變化，心裡彷彿吃了一顆定心丸。吃過晚飯，父親要我在家裡住一晚，說完他去收拾我的那間小屋。我挪著凳子到隔壁王叔叔家，告訴他小勇替我顧店的事情。王叔叔二話不說，要我陪他打麻將，我推脫不掉，只好答應下來。王阿姨過世後，王叔叔一直維持單身，閒來無事便養成了打麻將的嗜好，我每次回家無一倖免被牽扯進去。我逢賭必輸，而且輸得很慘。因此別人背地裡給我取了「送先生」的綽號。我若是偶爾贏一次，別人便開玩笑說誰過年不吃頓餃子。

　　我玩到很晚才回到小屋，卻看到父親躺在被窩裡。父親見我回來了，立即坐起來。我問他怎麼還不睡？實際上是暗示父親他可以回大屋了。因為我早已習慣獨居，與人同住，總覺得不自在。父親沒有離開的意思，他向我要了一根菸。我問他有事嗎？父親抽著菸，反問我：「沒事父子倆就不能坐在一起聊天嗎？」我笑了，覺得父親的話不慍不火，卻包含點到為止的責備之意。

　　父親靠在牆上一直看著我，目光像一潭深水，有種難以描述的深邃。我有點心虛，揣摩著他在想什麼。良久，父親笑了，笑得很勉強，然後用讚許的口吻說：「兒子，你真的長大了。」父親當著我的面總是用「臭小子」稱呼我，突然改用「兒子」二字，聽來還有點不習慣。我不自然地笑了。

　　父親說我能夠自食其力非常難得，這是母親的功勞。父親說這話時似有歉疚之意。我寬慰他：「你功勞也不小，沒有你哪來今天的我？」其實我心裡很清楚，是父親教會我如何做人，並提供我上學的機會。沒有父親含辛茹苦的四年付出，我的生活也許是另一種艱難狀態。父親說：「那是我應該做的，可惜我沒有能力讓你繼續上學。」我說：「我已經很滿足了，不是每個爸爸都可以做到這一點的，我一直認為，你給我這些學習的機會等於給了我第二次生命。」父親聽了我的話，眼眶逐漸泛紅，或許他不想在我面前流露出脆弱的一面，立即笑了笑掩飾過去。我知道父親此刻心裡感到十分欣慰。

　　父親又點燃一根菸，寓意深遠地說：「我們好像從來沒有好好在一起交談過。」我笑了，說談不談都一樣，掛在嘴上不如放在心裡。父親點頭表示認同。那天晚上父親與我聊了很久，也談了很多自己的往事。父親一生很不容易，一直生活在許多陰影之中。提到大媽時，父親更是一臉愧疚，他說大媽是個好女人，這一輩子欠她的太多了。他說：「父債子還，希望你任何時候都不要忘記大媽。」我開玩笑地說：「這種事只能靠你自己，我幫不了你，因為你欠阿姨的不是債，而是情，我代替不了。」父親頓時無語。我又笑著說：「既然是晚輩，我當然會在能力允許範圍之內盡點孝心，何況阿姨還救過我的命。」父親說這樣很好，做人不要忘了根本。父親又絮絮叨叨了很長時間，看出我有些不耐煩了，才穿上拖鞋回大屋去。他臨走時又笑著看了我幾眼。父親一離開，我鎖上門，鑽進被窩倒頭便睡。

　　隔天我要離開時，父親忽然說：「兒子，沒記錯的話，你好像從來沒有叫過我爸爸。」母親在一旁笑道：「元基最聽我的話，要不要叫爸爸，我說了算。」我看到父親眼神裡充滿了期待，心裡不禁一陣酸楚：「是啊！從小到大他為我付出那麼多，我卻從來沒有喊過他一聲『爸爸』，這不僅有悖常理，甚至不近人情。」於是我有點內疚地說：「其實叫不叫都一樣，放在心裡不是更好嗎？」父親沒說什麼，漸漸皺起眉頭。我不想讓他失望，漲紅臉說：「爸爸，其實你一直是最好的。」父親笑了。那一刻他笑得非常開心、慈祥，甚至帶著極大的滿足。他向我揮揮手，說：「去吧！還有那麼多事等著你呢！路上小心。」

　　我當下沒把父親的言行舉止放在心上。可當我坐到計程車裡時，不知道為什麼，一股不祥的預感油然而生。

　　小勇向我傾訴一肚子委屈，說菸店裡如何難以入睡，我告訴他習慣就好了。窗櫺上掛著一串風鈴，隨風抖動，發出悅耳動聽的聲音。我不禁誇了小勇幾句，說他很有情調。小勇告訴我風鈴是小帆掛上的。接著他一臉壞笑地看著我，羨慕地說：「元基哥又犯桃花運啦！」我嘆息一聲，說：「世風日下，現在的學生都在學校裡學了些什麼呀！」小勇嬉笑，居然大言不慚地宣稱他

們學校是婚姻介紹所。我問他有沒有喜歡的女孩，他只是笑笑說有了一定帶來讓我瞧瞧。

小勇離開時，我特別提醒他：「有空多去我家看看，有什麼情況馬上過來告訴我。」他應允一聲，騎車匆匆去了學校。

五十三

小帆每天送一束鮮花放在我鼻子面前問我香不香，然後插到她送來的花瓶裡。人越來越會打扮，常抹胭脂水粉，問我好不好看，我除了點頭讚許還能說什麼呢？她經常待在菸店不回家，等到家人出來四處尋找，才戀戀不捨地離去。我婉言相勸，沒事的時候多幫父母的忙。她每次都說，就是幫完忙才出來的。

小帆真的是好女孩，我有意冷落她、疏遠她，她不但不介意，反而更加關心我，幾乎到了無微不至的地步。有一回我患上了熱傷風，晚上九點多，她騎車去藥局買藥回來，親手餵我吃藥。我既感動又無奈，一時無所適從。

小帆每天都很晚回家，不管我做什麼，她總喜歡在一旁靜靜觀望，那種目光飽含深情。好幾次夜深了，家人急著四處找她。她聽到家人的聲音，立即躲在門後。等家人走遠了，她再悄悄溜出去，一路小跑步回家。有一次小帆的家人出來找她，從窗前經過時，問我有沒有看到她。我指著反方向違心說：「她好像去了那邊。」家人一走，小帆朝我哈哈大笑，然後跑回家去。

我很納悶：「小帆為什麼如此看重我？」思來想去，始終沒有答案。我不禁對著鏡子，仔細觀察自己，看不到有任何吸引人的地方——沒有雙腿，沒有右手。我不由得暗自嘀咕：「真奇怪，她竟然喜歡我這種又醜又窮的男人。」轉念一想，也許人家只是可憐我，不要把好心當成愛情。想到此處，情不自禁地想到孟香，頓時一陣淒涼。於是告訴自己，不能重蹈覆轍，免得悲劇重演。

楊柳飛絮的季節最是相思。看滿天飛絮，尤為纏綿悱惻，徒增幾分美麗傷感。那情景、那人似曾相識。長髮飄飄的女子從雲煙縹緲中姍姍而來，姍姍而去，看似孟香，不見孟香，不禁心如飛絮，紛紛向遠處飄去。此情此景，

我心囈語：「若是有一絲飛絮落在你的眉梢，不要抹去它，那是想你的人在輕輕吻你。那可是一顆心啊！載滿思念和憂傷落在你身上，在某個相思角落陪著你，一同喜悅，一同流淚，如煙、如霧、如雲。」小帆衣袂翩翩，迎著飛絮走來。斜陽下微笑燦爛，步履輕盈，輕風拂來，長髮飄逸，神情灑脫，宛若霓裳麗人。正在我恍惚之際，猶如一道彩虹倏忽來到眼前。

她笑吟吟看著我，問裙子好不好看。我讚許地點點頭。我第一次見到她穿這麼低胸的連身裙，顏色紅得鮮豔，越發襯托裸露的部位誘人，胸前敏感之處，隱隱約約，令人想入非非。小帆沒有避諱我的目光，反而大方地坐到我身邊，一股淡淡的香味撲鼻而來，我不禁怦然心動，血流加速。我借抽菸點火的機會，別過臉去不敢看她。

小帆說本來想染髮，知道我不喜歡，便將頭髮拉直了。說完，將髮絲拂到我臉上，問我頭髮拉直了好看還是老樣子好看？我心裡一慌，緊張得說話都結結巴巴，說她喜歡怎樣就怎樣吧！她臉紅了，像玫瑰，說她喜歡我喜歡的樣子。

這天是小帆的生日：十九歲。

我慌亂中難免落入俗套，祝福她生日快樂。她對我嘟起了小嘴，說她不快樂。我說等等買禮物送她。

她直視我，說她不是那個意思。我愈加心慌意亂，問她喜歡什麼？她想了想，直言不諱地問我：「你怎麼都不看我？是不是因為我很煩？」我一愣，靈機一動，問她：「這話誰說的？看我打掉那人的大牙。」

她矜持地望著我，勉強笑了。

湊巧有人來買菸，她過去賣菸。我趁機說累了，想睡一會兒。要她走的時候叫醒我。她「嗯」了一聲，坐回椅子上。

我閉上眼睛佯裝睡覺的樣子，心裡卻像開水翻滾，很不好受。我極力抑制慌亂的情緒，調整心理狀態，將心思放在孟香身上。

我腦子裡亂得一塌糊塗，用數羊的方式催眠自己慢慢睡著。我醒來時眼前雪白一片，不禁一驚。小帆見我忽然醒了，驚嚇地挪開身子，雙臂下意識合到一處擋住胸口，臉瞬間變得通紅。我剛開口，小帆便打斷了我，她說我睡著時喊著一個女人的名字。我無言以對，不自在地笑了笑。是的，我夢見了孟香。

小帆清點了一遍賣菸的鈔票，遞到我面前，然後說時候不早了，她該回家了。我點點頭。

小帆走到門口，喃喃道：「我走啦……」說完，她回頭望著我，我沒有動彈。

我理解她此刻的心情，卻無法化解這種情結。我甚至感覺到，只要我向她伸出手，她就會毫不猶豫地撲到我懷裡，至少那一刻是。可是我不能這麼做，因為我不配。小帆依然望著我，羞赧地說：「沒其他事，我真的走啦？」

我心慌意亂，咬緊牙關朝她點點頭。小帆終於輕輕推開門，悄無聲息地走了出去。

我茫然躺在床上，一直望著頭上的燈泡，逐漸感到眼前一片空白。

我好煩，我好亂，我好想跳到冰河裡洗澡。

次日，小帆一如既往地將餛飩與油條放在窗口。我看到她眼眶紅紅的，心裡很不是滋味。她放下東西匆匆離去。

一連數日，小帆從窗前經過時明顯加快了步伐。

五十四

那天我吃過早飯轉身去洗餐盒時，櫃台上的餐盒蓋好似被一陣風吹過，掉落地面，只聽見響亮的「噹」一聲，驚得我內心猛地跳了一下。我感到很奇怪：「陽光明媚，室內無風，餐盒蓋怎麼會無緣無故掉到地上？」我不是迷信的人，但那一刻心裡特別亂，總有一種不祥的預感。

十點左右，小勇騎車飛馳而至，進屋便大喊：「元基哥，出事了，快回家！」

我心裡怦怦直跳，問他出什麼事了。他急急地告訴我：「伯父他……伯母要你趕快回去。」沒等我說話，小勇開始匆匆準備關店。我連忙收拾了一下，坐上小勇的腳踏車一路狂奔。

家裡聚集了很多人。小勇背著我進屋時，母親正悲慟欲絕地伏在父親身上痛哭，姪子宇鋒也跪在旁邊哭成了淚人兒。

我目瞪口呆！

我不敢相信眼前的一切，下意識地將母親輕輕扶起。母親看到我，伏在我肩上嚎啕大哭。我一時亂了分寸，不知該如何應對。

王叔叔提醒我快點準備辦理父親後事，我慌亂地點點頭。我一邊勸慰母親，一邊極力穩定慌亂的情緒。小海帶來了幾個好兄弟，他安慰了我幾句，小聲催促我快點想辦法料理後事。屋裡人多口雜，這個說先買壽衣，那個說去買冥紙，吵得我沒了主意。我先讓母親冷靜下來，然後對她說天塌不下來。母親看著我，聲音果然小了許多。我沉思片刻，請小海幫忙買幾包香菸回來招呼屋裡客人，隨後吩咐小勇和宇鋒一起去買壽衣。母親此時也清醒了許多，她從懷裡取出一封信，說是父親留給我的。我看到信封上寫著：「我兒元基親啟。」

我懇請鄰居幾位阿姨扶母親到王叔叔家歇息一會兒，看到母親痛哭流涕地離開後，我挪著凳子回到小屋，將父親的信打開。

「元基我兒：

莫悲切！優勝劣汰，自然法則。生老病死，自然規律。人力不可為也。兒不必悲慟，應冷靜思量，從容相對。為父已癌變終期，扁鵲重世，華佗再生，亦未可醫。順法而去，表為不雅，實則甚利。以我兒之資質不難參悟。流言蜚語，兒不必計較。為父一生，憾事甚多，累及妻兒子孫，此絕非父之本意，實乃諸多因素所致，究其曲衷，不外三弊：身在多事之時，為所不精之事，擇所無為之行。故一生碌碌無為，無果而終。兒勿重蹈覆轍，以慰父願。

第三部分：青年

　　我兒性格剛毅，決斷果敢，實託母血之福。然不可過剛過直，物極必反，易受其累，切記遇事要冷靜思量，操之得度，方為上策。我兒性情溫和，人氣極佳，交友甚多，難免魚目混珠，良莠不齊。切記輕聞其言，重觀其行。與人交往，明理誠信尤重，小事不計較，大事莫糊塗。我兒苦命，來到世間，四處飄零。兩歲離父，八歲離母，諸多苦難集於一身，飽嘗流離顛簸之苦。不幸中萬幸，我兒常有貴人相援，逢凶化吉，實屬奇事。我兒切記受人之惠，以心待之，以恩報之。不可受之用之，無所為之。我兒命憐，上無祖業繼，中無父業承，下無兄弟助，諸多難事，唯己自持，殊為不易。然事無捷徑，業精於勤，望我兒自勉自勵，勿生不當之念。我兒身逢國運隆昌之時，所為得當，必有發揮之處。為父知你心境甚高，切不可好高騖遠，擇所無為之行，一切應以務實為基。謹記，先謀生計，後謀業績。其它諸事，以我兒智質，足以應之，不一一細囑。唯有一事相託，孫兒尚小，易入歧途，其父自顧不易，恐難垂恩，望我兒念及一脈骨血，量力助之。我兒喜愛文字，為父有一素材匿存箱底布包之中久矣，將來或可用之，閱後連同此信一併焚之。為父後事一切從簡，骨灰就地安置。若我兒日後資盈，望送歸故土為安，切拂父意。天若有靈，佑我兒一路走好！最後送我兒一句話：是非分明真君子，大智若愚好做人。

　　父親絕筆」

　　我小心翼翼將信收進口袋，點燃一根煙，大口大口吸起來。我知道走出小屋，很多事情等我決斷。此時我無暇顧及其他，腦子裡只有三個字：怎麼辦？我甚至忘記流淚，忘記痛苦，忘記身為人子披麻戴孝的義務。

　　小海在門外催促兩次，我沒有理會。我在屋子裡想了足足一刻鐘，才振作精神走出去。

　　父親熟睡般躺在那裡，我過去摸了摸他的臉。父親的臉有點涼，略顯蒼白，不過依然很安詳，很親切。好像以前睡午覺的樣子。我看了眾人一眼，很鎮定地說：「馬上出殯。」

　　眾人訝異地看著我，似乎沒聽清或是以為聽錯了，不禁面面相覷。

我只好加重語氣重複道：「今天就出殯！」隨後我要小海打電話聯繫殯儀館車輛，接下來安排出殯前要做的一些事情。

父親生前愛乾淨。我請人端盆水來，親手替他擦了臉，然後在別人的幫助下替父親穿上壽衣。母親得到消息後立刻跑回來，進門痛哭大喊：「兒子，不能啊！」我請人將母親攙扶到小屋去，母親奮力掙扎，不肯離開。有人提醒我應該先發電報給二哥和姐姐，通知他們回來，母親當時也有此意，二嫂更是吵著說要等二哥回來。我沒有理會這些合理的人之常情，堅持出殯。

母親哭得死去活來，我怎麼勸她，她都堅持要再放兩天。我實在沒辦法，只好狠下心告訴她放一天都不行。母親哭著問我為什麼？我要母親先冷靜一下，然後附在她耳邊告訴她：「在這種天氣下放一天，爸的身體一下子就腐壞了。」母親雖然不大情願，可是在我再三堅持與勸導下，最終還是同意了。也許她覺得這樣做太委屈父親，伏在父親身上又一陣慟哭。

隨著吩咐外出辦事的人紛紛回來，出殯的東西湊得差不多了。上靈車前，宇鋒披麻戴孝，完成了二哥應該完成的義務「摔盆子」。那天我的任務其實很簡單，就是簽字，交錢。只是在父親的骨灰處理上遇到一點難題。若不是存放在殯儀館，就要選址下葬。最後我決定了後者。由於天色已晚，來不及選址下葬，只好帶著骨灰罈回家。返家途中，我忽然想到母親見到骨灰罈，不免又要傷心一番，臨時決定將骨灰罈送到菸店去。

我與小海到店裡時，天色漸暗了。我看到店內空間太小，要小海將骨灰罈裝到一個大紙箱裡，然後塞進床下。此後一段時間，我與父親僅隔著一層床板，近在咫尺卻陰陽兩隔。我每天睡在父親身上，好似又回到上學時趴在他背上的情形，他應該不會介意吧？直到我決定去北京的時候，才選址安葬了父親的骨灰。好久沒回去了，不知道老人家怎麼樣了？一定會怪我為什麼還沒有將他送歸故土吧？爸，向您說聲對不起了。兒子不爭氣，暫時還不能送您回去。先委屈一下吧！那一天，不會太久了。

五十五

父親走後，我在家裡住了幾天。宇鋒在二哥去外地後，便已常居我家。那時家裡只有三個人，卻是老少三代。母親度過了幾天情緒波動期，心裡漸漸平靜下來。她總是埋怨我處理父親後事太過草率倉促。我沒有爭辯，事已至此，解釋沒有任何意義。只要母親心情能好起來，愛說什麼隨她去吧！

母親一直想不通，父親為什麼突然上吊自盡。她問了我好多次：「兒子，是不是媽媽太刻薄了，對你爸爸不夠好，他才想不開？」我笑著安慰母親，是她太好了，父親不想拖累她。「你這孩子，少騙我了！」母親提到此事，忍不住傷心落淚。

我理解母親短時間很難體會父親的用心，只好將事情原委一點點說給她聽，母親更是泣不成聲，責怪我事先不告訴她父親患了絕症。我沒有辯解，因為父親得此絕症，我竟然沒有看出一點破綻，心裡非常內疚。更不能原諒的是，父親那天晚上在小屋與我交談的時候，我居然沒有意識到他是在向我交待後事，反而嫌他囉嗦，還屢屢想把他趕回大屋睡覺。如果我當時細心一點，如果我當時再仔細一點，興許會悟出個所以然來。可是現實生活中沒有如果，只有結果。

父親用一種極端方式結束了人生苦旅，對他來說也許是一種長痛不如短痛的抉擇。他的選擇不失為一種理性的結果，不過這種結果帶來的負面影響顯而易見。畢竟這是有悖常理的一種極端方式，是對人倫道德觀念的衝擊與叛逆。正是基於這樣的結果，大家產生了很多疑問，令一家人處於尷尬境地。

自尊心極強的母親一直抬不起頭來，有一次被人問急了，氣得大喊：「我怎麼知道，你去問那個死老頭吧！」宇鋒難免受到牽連，放學回來後經常不高興地問：「爺爺為什麼要上吊啊？同學都在議論我！」我只好教他：「有人再問你，你就說爺爺喜歡，說爺爺勇敢不怕死。」並煽情地說，「別人的爺爺想死都沒有那個勇氣。」說來也怪，沒有人問過我父親的死因。也許是我處理父親後事的方式令人覺得不可理喻，人家根本不屑一問。很多事情就是這樣：即使它是正確的、理性的，也不一定能得到旁人的理解與認同。

　　我忽然明白了一個道理，要向別人證明什麼，首先要想辦法得到大家的理解與認同，這樣才能事半功倍，水到渠成。我終於讀懂了父親，理解了父親，更加尊敬他、想念他。「男人」二字他當之無愧，我為有這樣的父親而感到自豪。太陽照常升起，生活還要繼續。

五十六

　　連日折騰與精神壓抑令我心力交瘁，疲憊不堪。回到飯店倒頭便睡。我必須休息幾天，因為還有很重要的事情要去辦：回老家報喪。

　　我一覺醒來，小帆正在洗衣服。她見我醒了，靦腆地說：「衣服髒了也不洗一下，邋遢死了！」我沒說話，躺在那裡看著她洗衣服。也許是太疲倦的緣故，看著看著又睡著了。

　　再醒來時天已黑了，小帆正坐在旁邊看書。我打著哈欠、伸著懶腰坐起來，小帆立即端來清水要我洗臉，她說我頭髮又亂又髒，要好好洗洗。我心不在焉地「嗯」道。在鏡子前一照，不禁一愣，這是我嗎？面容憔悴，頭髮亂如鳥窩。鬍子亂七八糟，像一堆雜草。我打著哈欠，懶洋洋地對小帆說：「好看吧？像不像李逵？」她望著我嬌嗔地說：「還好意思說呢！難看死了！」」

　　我開始洗臉刮鬍子，之後再照鏡子，面貌煥然一新。小帆要我趴在床上，說要幫我洗頭。我猶豫了一下，趴在床上。小帆換一盆水，很輕柔地在我頭上搓揉起來，那種感覺真好！

　　洗完頭後，小帆要我照鏡子。我對著鏡子一看，果然有精神了許多。小帆拿著梳子輕輕幫我梳頭，動作輕柔而舒緩，生怕弄傷了頭皮似的。

　　忽然，一滴眼淚掉在我臉上，溫暖而纏綿地慢慢滑落下去。我心裡頓時酸楚起來。想安慰她幾句，又不知道說什麼才好。我感覺到她的身體瑟瑟發抖。她倏忽嗚咽起來。我朝她笑了笑，若無其事地問她怎麼了？她竟然「哇」地哭了，一邊哭一邊埋怨我，家裡出事了也不告訴她。我說：「又不是什麼好事，何必告訴妳，害妳作噩夢？」小帆「撲通」坐到床上，說我不當她是朋友。我不由得感嘆：「遇到這樣的好女孩，真是上天的恩賜。」小帆緊盯著我，問我為什麼不告訴她？「這個……」我一時語塞，撒謊說太忙了，腦

子一片空白，沒時間想這麼多。這不是客套話，我當時真沒想到她，即便想到也不會告訴她。這種晦氣事沒人喜歡，知道的人越少越好。

小帆見我言不由衷，瞥了我一眼。然後收拾一下，匆匆走了。看著她遠去的背影，我不禁長嘆一聲。

五十七

休息幾日，我與母親商議後，決定回老家報喪。小勇主動要求陪同前往。王叔叔覺得兒子從未出過遠門，出去見識一下是件好事，便同意了。臨行前，母親特意買了一些要送給大媽的衣服和禮物。我們踏上了返鄉之路。

回邵陽的列車十分擁擠，途經株州車站時，上車的幾個女孩找不到座位，只好倚靠在我們座位的靠背旁。我看到她們站得有些累了，將自己的凳子從座位下方取出來給她們坐。她們非常高興，多次表示感謝。她們看到我是身障人士，感到很好奇，一路上東問西問。小勇一直沒閒著，巧舌如簧，滔滔不絕，將我吹噓得雲山霧罩。當她們向我求證時，我只是笑笑，偶爾搭訕幾句。

我們在邵陽車站下車時，一個叫何琪的女孩邀請我們到附近一家米粉店吃米粉。我看她一番誠意，欣然接受了邀請。從米粉店出來後，何琪又叫了輛計程車將我們送到客運站。她一路將我們送到車上，還買了一大串香蕉送給我們。臨別時，何琪與小勇留下了彼此的通訊地址。何琪還走到我面前說：「很高興認識你，希望你們回去時知會我一聲，我一定到車站送行。」說完，她將家裡電話寫下來留給我。我笑了笑，說了聲謝謝。

五十八

姐姐、姐夫見到我突然而至，又驚又喜，忙著做美食招待我與小勇。

看著姐姐、姐夫高興的樣子，我實在不忍心把父親已過世的消息說出來，便低頭不語。

姐姐彷彿覺察到什麼，忙問我：「出了什麼事？」我支吾著不知如何是好。

　　小勇看了看我，結結巴巴地說：「伯父……伯父心臟病發作走了。」這是我事先囑咐他的。姐姐愣愣地站在原地，突然大叫一聲：「爸！」隨即失聲痛哭。姐夫也抽泣不止。外甥女小思思受到驚嚇，「哇」地一聲哭了。我將她抱在懷裡，笑著要她別怕，舅舅在呢！

　　同事聽到姐姐的哭聲，紛紛過來探望。他們得知情況後，一起安慰姐姐。

　　姐姐從小與父親住在一起，父女倆感情深厚，聞此噩耗猶如晴天霹靂，任誰勸也沒用。她哭得撕心裂肺，在場的人無不為之感動。我看到姐姐如此傷心，忍不住一陣心酸。同時我又想起了大媽，如果大媽……我不敢往下想。姐姐畢竟年輕，哭過、痛過，傷心一陣子就過去了。而大媽七十多歲了，雖然與父親離婚了幾十年，但心中一直飽含著對父親的深情與眷戀。

　　我挪著凳子走到姐姐面前安慰了幾句，她痛哭流涕，根本聽不進去。我一路風塵僕僕，本來有些倦意，與姐夫打了聲招呼，找地方休息去了。晚上姐夫叫醒我和小勇起來吃飯，姐姐還在那裡嗚咽不止。我看到她眼圈又紅又腫，笑著問姐夫他們什麼買了隻熊貓？姐夫四處張望，不明白我的意思。我朝姐姐笑了笑，告訴她再哭下去就真的變成熊貓了。

　　也許是因為血緣關係，小思思見了我，一點也不怕生，吃飯時張開雙臂要我抱她，姐夫見她妨礙我吃飯，便過來抱她，小丫頭不同意。我見到活潑可愛的外甥女，很是喜歡，將她抱在懷裡。小丫頭居然還知道夾菜給我。

　　後來我才知道小丫頭是受了父母的影響，姐姐常要她看我的照片，所以一見到我就認出了是舅舅。吃飯時，我和姐夫商量著如何回去報喪的事情。最後決定由我和姐夫一同前去。姐姐聽了，吵著要一塊去。

　　我笑著說她也去了，家裡豈非亂成一鍋粥，姐姐堅持要去。我不耐煩地說：「妳過去一哭，阿姨不垮了才怪呢！」姐夫附合我，姐姐瞪了他一眼，他立即閉上嘴巴。我笑著說姐夫做男人做到這份上實在有夠可憐，他憨憨地一笑。姐姐用手帕擦著眼淚，說非去不可。我蠻橫地說：「妳絕對不能去，到時候阿姨被妳影響心情，哭死了怎麼辦？」姐姐看著我，說我自以為是。她問我：「阿姨傷心起來，你勸得住嗎？」我嘿嘿笑了，狡辯道總比被她影

響好。姐夫適時插嘴：「現在阿姨與你姐姐的關係非常好，她當你姐姐是親生女兒，你姐姐也把大哥家當成娘家，彼此間常有往來。」我故作凝重地說：「那更不能去了，免得倆人在一起哭得死去活來，更折磨旁人了。」姐姐說只有她能夠勸住大媽，我不屑地瞅了她一眼：「就憑妳？」然後一聲冷笑，「算了吧！妳還是老實待在家裡照顧小思思吧！」

姐姐好說歹說，我一直搖頭不允。直到她做出保證，發誓到時候一定不哭，我才勉強同意。其實我很清楚，我阻止不了姐姐。我只是先替她打上預防針，希望她在大媽面前能形成關鍵的作用。

五十九

第二天臨行前，姐姐將早已縫製好的「孝」字黑紗遞給我，要我戴上，我說戴那東西沒用，她罵我沒心沒肺。我解釋道：「戴那東西進村，人家一看就知道是什麼事了，而阿姨一點準備也沒有，到時候出事了怎麼辦？」姐姐覺得有理，便將東西收起來，說到時候再戴。我看到姐姐眼圈大熊貓似的，要她化妝遮掩一下，她才胡亂化了一通，接著我們坐上姐夫早準備好的貨車出發了。

這次回家不比從前，一路上異常壓抑。尤其姐姐時不時擦幾下眼淚。我偶爾開幾句玩笑緩解氣氛，他們只是機械般敷衍了事。我問姐姐：「阿姨若真的發生意外該怎麼辦？」她說，就好好勸吧！我說這樣不行，她問我有什麼辦法？我想了想，想不到好方法。經過鄉村時，很多熟人見到我與姐姐要回村裡，免不了打幾聲招呼。

到村口時，我提醒姐姐高興一點，別一副哭喪臉。她擦了一下臉上的淚痕，長長呼了一口氣。我看著她的樣子，忽然想到一個笨辦法。我要她在大媽出現異常情況的時候，就大聲哭喊，越傷心越好，最好裝得死去活來。我強調說，能昏過去更好。

姐姐說我神經病，一會兒要她那樣一會兒要她這樣，到底要她怎樣？我說這樣可以分散大媽的注意力，她一旦看到姐姐出事了，一定會急著先照顧姐姐，這樣沒空想其他事了。眾人聽了我的解釋都沒有說話，我要姐姐到時

候看我眼色行事。姐姐哭喪著臉說我一肚子壞主意，好人都得折騰死。我笑了，說非常時期只能非常對待。她不屑地瞥了我一眼，慍色道：「都這個時候了，虧你還笑得出來。」我嘴上不說什麼，心裡想：「女人就是頭髮長、見識短，什麼事是哭出來的？」

那情景像一幅定格的畫面，永遠留在了我的記憶中。大媽一見到我們，頓時目瞪口呆。姐姐笑著叫她，上前熱情擁抱，可是她反應遲緩、木訥，與平常判若兩人。大哥、大嫂熱情招呼我們。大嫂笑著告訴我們，大媽說這段時間眼皮總是跳不停，還作噩夢。她笑嘻嘻地對大媽說：「媽，我早說過啦！沒事，妳看，弟弟妹妹都回來了！」

姐姐攙扶大媽坐到椅子上，她禮貌性地與我們寒暄了幾句。我發現她臉上掠過一絲陰霾。大媽一副心事重重的樣子，好半天才問我：「元基，你媽媽好嗎？」

「好！」我笑得如同陽光燦爛，回答得乾脆俐落。

大媽喃喃道：「好就好。」

大媽見到我們以後，不但沒有昔日的熱情，反而多了幾分凝重與惆悵，令我深感不安。我想營造一種輕鬆隨意的氛圍，於是挪到大媽面前開玩笑說：「阿姨您看，我快變成小老頭了，而您一點也不顯老。」大媽僵硬地笑了笑，握著我的手輕輕揉捏起來，心不在焉地問道：「你爸爸呢？他還好嗎？」

我心臟猛地跳了一下，隨即向大媽撒嬌：「阿姨！」我笑嘻嘻看著她，故作輕鬆地說道：「提他幹嘛？他呀！好著呢！」大媽臉色劇變，我感覺她的手在微微顫抖。她慢慢鬆開了我的手，一字一句地問：「你說的是真話嗎？」

「我？」我頓時啞口無言。大媽直勾勾地看著我，臉色突然凝固了，然後像木樁一樣，緩緩向後倒去，頓時昏厥。屋子裡一陣騷亂，姐姐「撲通」跪到大媽面前，一邊大聲叫喊一邊痛哭起來。

大哥和大嫂急忙過來用力掐大媽人中。眾人忙了好一陣，大媽才漸漸甦醒。她迷茫地望著眾人，嘴裡似乎在說些什麼。姐姐趴在大媽腿上，嚶嚀慟

哭。大媽撫摸著姐姐的頭髮，喃喃道：「好孩子，別哭。」話剛出口又昏厥過去。

大哥大嫂一邊忙碌，一邊哭了起來。姐夫與小勇也慌了手腳，都眼巴巴地望著我。我雖然慌張，卻不斷提醒自己要冷靜。我下意識地朝眾人喊道：「先扶阿姨到床上去！」眾人手忙腳亂地將大媽抬到床上。我心裡怦怦亂跳，挪凳子進屋時差點摔倒。眾人好不容易將大媽叫醒了，姐姐抱著大媽不停喊她。大媽兩眼發直，一動也不動地躺在床上。我叫了她好幾次，她終於大夢初醒般有了一些反應，嘴裡不停唸著：「誰要你先走了？誰要你先走了？」語畢，顫抖地伸出手，在我臉上撫摸起來，摸著摸著，眼淚奪眶而出。

我再也控制不住自己，淚水潸潸而下。大媽淚如雨下，卻一直哭不出聲來。她突然伸手勾住我的脖子，我將臉貼在她的臉上。她夢囈般地細語：「元基，我的好元基。」

過了許久，大媽掙扎著坐起來。眾人總算安靜下來。大媽這時對眾人說：「沒事了，你們都出去吧！我和元基有話要說。」

我回頭示意眾人，大家紛紛退了出去。「阿姨……」我說不出話來。她說：「元基，別說，我都知道。」我只好閉嘴，伸手拭去她的眼淚。大媽思忖良久，才問我父親得了什麼病，問我為什麼不寫信告訴老家的人。我撒謊說是突發性心臟病，人還沒到醫院就走了。大媽聽了眼淚又流了下來，她將我摟在懷裡，渾身顫抖不止，嗚咽起來。

我安慰大媽：「爸爸走得很安詳，一點都沒有受苦。」大媽哽咽著對我說：「我夢見你爸穿著一身白衣，對我說他要去你爺爺奶奶那裡了，要我多保重。話剛說完，他一下子就不見了。」我很驚訝，聯想到父親去世那天，餐盒蓋無緣無故掉到地上的事，頓時感到不可思議。我不相信神鬼之說，可是我真的不敢相信世上竟有如此巧合的事情。或許冥冥之中，真的有第六感應或者第六感覺。難怪大媽看到我回來，竟然一反常態，原來她早已預感父親出事了。所以一見到我突然而至，可能是條件反射，頓時緊張起來。

當天晚上，大哥在堂屋神龕上燒香祭祀父親，全家人都戴上黑紗。隔天早飯後，大媽情緒似乎穩定了許多。她要姐姐、姐夫先回去上班，不要耽誤工作。姐姐想留下來陪大媽，大媽說她沒事，要姐姐放心回去。說完，她若無其事地去餵豬了。姐姐、姐夫叮囑我一番，便回鎮上了。

六十

村人得到父親去世的消息後，紛紛上門探望，尤其親戚更為關注。大嫂成了招待員、解說員。很多人問我什麼時候送父親回來，我只能敷衍搪塞過去。我知道，若按老家習俗送父親回來，將需要一筆很大的開銷。

大媽看上去與往常無異，家務一刻也不耽擱，還悉心照料兩個孫子。我卻發現大媽一下子蒼老了許多，常常一個人發愣。我使出渾身解數哄她開心，她只是象徵性地應付了事，並且時不時提醒我帶小勇四處走走。

小勇第一次到我老家，對一切充滿好奇，我倆幾乎踏遍了家鄉的美麗山水，好幾次去小島上游玩。小勇遺憾地說：「要有照相機就好了，可以留下很多美好的回憶。」有一次我們在河邊閒聊，我回憶起剛學游泳時，挪著凳子從河堤走下水的往事。小勇回頭望了河堤一眼，看到一路上斜坡陡峭，不敢相信我竟能挪著凳子行走在如此陡峭的路上。出於好奇，他笑著要我挪著凳子走一遍看看。

我一眼望去，頓時猶豫起來，忽然覺得這條傾斜狹窄的小路是如此陡峭，不免生出幾分怯懦，懷疑自己是否還有能力行走在這條路上。短短幾年時間，歲月給我理智的同時，也消磨了許多昔日的豪情。小勇見我望著路面沉默不語，笑著說自己若挑一擔水也不一定能走上去。我回頭看了他一眼，笑了笑。心想：「話說出來若是不能兌現，豈不是讓人笑話？」於是硬著頭皮，挪著凳子慢慢向河堤走去。小勇看到我來真的，害怕出事，想阻止我。我向他擺擺手，拒絕了他的一番好意。

憑著以往的經驗，我小心翼翼地挪動凳子，一點一點向上挪著。雖然表面上處之泰然，心臟卻怦怦狂跳。小勇一直跟在後面，做好隨時幫忙的準備。

當我戰戰兢兢走到河堤上後，不禁長嘆一口氣，這才發覺自己已出了一身冷汗。小勇佩服得豎起了大拇指。

我在大媽家裡住到第四天時，與大哥商議去姑姑家。因為是報喪，大哥一同前去。我們到了姑姑家，又經歷了一次淚飛如雨的場面。臨走時，姑姑拉著我的手依依不捨。小軍已經結婚有了孩子，邀請我去家裡住幾日。我說下次吧！還要趕回去處理父親「五七」的事宜。小軍打電話通知小紅姐，小紅姐說會準時到邵陽車站送我。

六十一

我們從姑姑家回來，大媽留我再住兩日，我答應了。隔天，我與小勇在小島上閒逛，他忽然指著對岸要我快看。

大媽孤零零佇立於河邊，白髮隨風擺動。初秋時節，岸上落葉紛紛飄飛，翻捲著，又了無聲息地落入水中。大媽一直表情木訥地站在那裡，似在尋思，又似在望著潺潺而去的流水。我感嘆道：「好一位痴情女子！」也許她的心，好似一片片落水而去的葉子，帶著她的思戀與悲哀，流向遠方……我看太陽快下山了，催促堂哥撐船回去。我們的突然出現似乎驚擾了大媽。她愣了一下，對著我笑了。我們上岸後，堂哥說他先走了。

我說：「阿姨，我們回去吧！」她看著我，猶豫了一下。她要我先回去，她過一會兒再回去。她目送小勇背著回到河堤上，又轉過身孤零零地站在河邊，望著河水發呆。

我要小勇放下我，示意他先回去。然後站在河堤上，居高臨下地看著大媽。

大媽靜靜地站在那裡，去河邊洗東西的人與她打招呼，她朝人家木訥地笑笑。大媽這幾天常來河邊，至於為什麼，我不得而知。也許她希望河水能載著她的思念，流向她想去的地方吧！我不禁想起馬致遠那首蒼涼、淒婉的〈天淨沙〉：「枯藤老樹昏鴉，小橋流水人家，古道西風瘦馬。夕陽西下，斷腸人在天涯。」或許大媽的人生，歷經了無數次這樣的時刻，又或許大媽寶貴的青春年華一直是這樣度過的。只不過她想的是那段最美好的記憶，如

同現在這樣，在別人看來有些淒涼傷感，她卻喜歡這種悲愴的美麗。正是這種極短暫的美麗，一點一點串成了她生命的弧線，使她在一次次失望後看到一次次希望。

花開花落，流水依舊，還是這山，這水，這草，這木，只是沒有了那人。傳說中孟姜女哭倒長城，那是怎樣的景象已經無據可考。大媽能望斷河水嗎？至少她的淚水滴落河中，可以帶著她的寄託與祝福緩緩流向前方……終於，大媽雙手合十，喃喃自語。然後邁著沉重的步子，朝我的方向走來。其間，還不時回眸眺望。大媽看到我在樹下等她，窘迫地笑了。

她問我：「怎麼不回去？」我笑了，飽含理解與欣賞，感動與感激。大媽指著河邊一塊突兀的石板說：「當年你爸爸離開時，就是在那塊石板上，跳上一艘小船去了遠方，那時候這裡沒有橋，去對岸還需要搭船。他離開以後，我在這裡等他回來，一年又一年，等了好多年。戰爭結束後，我以為你爸爸快回來了，天天來這裡等他，洗衣服時都忘不了四處眺望，可是他依舊杳無音信。就這樣等啊等，等了整整三十二年。」說到此處，大媽聲音不禁沙啞起來。

她擦著眼角說：「我這輩子從沒恨你爸爸，看到他平安歸來，我總算放心了，你知道嗎？當年跟你爸爸一起出去的那批人，沒有一個活著回來。」大媽告訴我，當她看到父親帶著我母親與哥哥姐姐回來時，心裡既難過又欣慰，父親總算活著回來了。

「我知道自己一個人帶你大哥長大不容易，但我知道你爸爸一人征戰沙場更加辛苦。」我們邊聊邊往家裡走去。

大媽從一個很舊的木箱裡翻出一身黑絨衣服，輕輕地打開，那是一身中山裝。她說這是我父親學生時代穿過的衣裳，父親當兵走了以後，她一直保留著。

「天啊！」我不禁驚嘆，這可是保存了半個多世紀啊！大媽沉浸在往事的追憶中。她說：「當年你爸爸來我家迎親的時候，就是穿這身中山裝。」她將帽子戴到我頭上，一邊仔細端詳著，一邊感動地說：「你和他真的很像，

只是沒有他那時年輕。」我笑著說父親當年才十七歲，我現在比他那時候大七歲呢！大媽長嘆一聲說：「選個好日子，將這些東西還給你父親。」她說這些話時，眼裡噙滿了淚水。我沒有說話，覺得用心去體會，才是對大媽最好的安慰。

因為要趕在燒「五七」之前回到母親那，我依依不捨地離開了老家。臨走時，大媽流著眼淚問我：「元基，你還回來嗎？」我深情地望著她，笑著說：「這是我的家，我當然要回來！」

「阿姨還能看見你嗎？」大媽凝視著我。

我心裡不禁黯然神傷：「是啊！大媽快八十歲了。」我安慰她：「能，一定能！」我開玩笑說祖母活到了九十七歲，她一定可以活到一百歲，不但能看到我，還能看見未來的兒媳婦與孫子女。大媽笑了，笑得很開心。

六十二

我離開了親人，離開了家鄉，踏上北上之旅。到達邵陽時，小勇突然想起了何琪，順便打電話道別。沒想到小紅姐與何琪不約而同地來到車站為我們送行。我向小紅姐介紹何琪時愣住了，因為自己除了她的名字，其他情況一概不知。何琪見我不知所措的模樣，便主動向小紅姐自我介紹。我們在車站裡小聚片刻，相互祝福一番，匆匆告別。小紅姐與何琪在站台上不停地對我揮手，漸漸地濃縮成兩個小點，消失得無影無蹤。我耳畔還迴響著小紅姐剛才說的話：「男人三十而立，以後只能靠你自己了。」

我不禁笑了：「三十而立？以後？我？罷了，過一天算一天吧！」三十而立對我來說還要等上好幾年呢！以後？以後是什麼樣子，這是一個大大的問號，無人能解答。

命運與我開了玩笑。我想哭的時候，它蒸發掉我所有的水分；我想笑的時候，它偏偏在我臉上抹上凝固的膠水；我想不哭不笑的時候，它又抓癢似地在我心頭直撓。我除了無奈，似乎別無選擇。我急著回家，北京卻要留我過夜。我與小勇在北京轉車的時候，人家笑咪咪地說列車時刻表剛更動，當天沒有直達佳木斯的班次。

　　我無奈地對小勇說：「人在倒楣的時候，種葫蘆也長絲瓜，認命吧！」小勇一句話引起了我的興趣，他說人人都想來北京，我們既然到了這裡，不去看看豈不是白來了？我立即想到了陳挺，小勇興奮得不得了。

　　我們叫了計程車，司機問我們去哪裡，我們說要去中國科技大學。司機又問中國科技大學在哪？我納悶了：「開計程車的竟然不知道中國科技大學在什麼地方？」司機似乎比我更納悶，他說北京的大學太多了，誰知道中國科技大學是哪間？我把陳挺的學校地址告訴他，司機「咳」了一聲，埋怨我不早說，他操著一口北京腔說那是三義廟，在蘇州橋附近，比鄰北京電視台。

　　我們到校門口一看，不禁感到有些失望。那不過是一幢很普通的大樓，卻掛了一塊誘人的招牌。牌匾上寫的是「中國科技經營管理大學」。司機一語道出玄機，他說這種私立大學到處都有。

　　陳挺看到我不約而至，高興地小跑而來，見面就說：「你總算來了。」我笑著說陰差陽錯，想不來看看都不行。小勇告訴陳挺列車突然更改時間表的事情，陳挺戲言道：「你知道嗎？這就是機緣巧合。」

　　陳挺借了兩輛腳踏車，騎車載著我漫無目的地四處遊覽，小勇騎車跟在後面。我們逛了很久才到一間餐廳吃飯，陳挺聽到我父親去世的消息，眼淚嘩嘩地流了下來。他去過我家多次，每次都是父親下廚招待他。他一直很尊敬我父親。我安慰了他幾句，要他像個男人，男兒有淚不輕彈。

　　我不記得那天到底去了幾個地方，屁股坐在腳踏車上，他們輪流載著我四處逛。

　　陳挺與小勇騎得滿頭大汗。儘管如此，陳挺說我們還沒走出一個區呢！我這時才感覺自己居住的都市和北京相比，簡直是小巫見大巫，充其量只是一座小鎮。

　　十里長街，燈火通明，金碧輝煌。一路走來，各種花花綠綠的招牌目不暇接，煞是好看。陳挺一路上不停地介紹，並不時地問我北京怎麼樣？我只有一個字：大。北京給我的感覺是壯麗而莊嚴，令人心神嚮往。

六十三

　　我趕在父親燒「五七」的前一天回到家裡。母親將父親生前衣物與生活用品全部整理出來，要我第二天燒掉。我回到小屋，忽然想起父親留給我的那封信。我又仔仔細細看了幾遍，想到父親信中所說的布包。

　　我取出布包後再度回到小屋，打開布包一看，裡面是一個日記本。我隨手翻了幾下，日記本裡有幾張父親年輕時的戎裝照片，相當英俊威武。其中一張照片引起了我的注意：一位美麗的女孩身穿日本和服，擺出常在電視裡看到的那種日本民族舞蹈的動作。她笑得很開心。我頓時疑惑叢生，認真地翻看那本舊得發黃的日記。

　　「……

　　九月七日晉升中尉，幾湘中好友甚喜，吾邀眾人酒館助興。吾不勝酒力，席散，乘騎歸隊，途經馬料場，墜馬傷之右臂，順途至一診所包紮，未料護士乃倭女。倭女穿吾族服飾，國語尚可，甚是嬌美。吾與之言談，其名川口紀子。

　　九月十九日去團部軍院換藥甚遠，遂時顧診所。與川口紀子數面之後，覺其甚是乖巧可人。

　　十月十日川口紀子約吾馬料場夜聚。吾至，其早已候之，言談甚歡，覺其學識見識皆不俗也。人亦賢淑溫順，甚合吾心。

　　十月十五日頻會紀子，耽誤早操，長官責吾貪睡，大加喝斥，吾甚愧意。然心繫紀子，仍頻顧相依。

　　……

　　四月九日紀子告之，欲隨遣民回國，問吾如何打算。吾尋思良久，莫有良策。其兄突至，痛斥紀子，揪其髮絲而去，吾心痛之。

　　四月十二日長官訓令，戰事已不可免，嚴令隊伍加緊操練，勿懈武備，完善戰事之科目。

四月十八日紀子附吾耳言之，有喜矣。吾深懼之，其與吾商議離隊私去，另謀生路。懾於軍規，吾難決斷，尋思良久，勸其寬限數日，再行商議。

四月二十三日紀子攜包赴約，告之不宜再等，否則後日隨家人啟程回國。遂議吾離隊私去之事。吾躊躇難斷，婉言釋之，時下局勢紛亂，吾為軍人，生死未卜，離隊一旦事敗，按逃兵罪論處。紀子痛哭涕零，悲憤欲絕，遂揮淚棄物而去。揚言，恨吾一世。吾心痛之，不禁流涕。

五月二十三日

初夏如深秋，心涼皆因愁。域中無相知，隻身故地遊。有意話心事，恰聞雙燕啾。燕歌有回應，人語無相酬。望斷蒼天路，燕去不回頭。細雨霏霏落，淚水潺潺流。

……」

我讀完父親年輕時的日記，輾轉難眠。我想起大媽，想起母親。她們對父親一往情深，矢志不渝。可是父親呢？也許，他的心、他的愛，早在那個離鄉背井、戰火紛飛的年代，寄託給了那位異國女子。

父親是否愛母親我不得而知。不過我相信，他做為丈夫與男人，絕對是傾盡全力的。我無權對父親的感情生活妄加評論，不過在我內心深處仍為大媽與母親鳴不平，僅僅如此而已。倘若父親沒有離開大媽，沒有父母的婚姻，我不會來到這個世界。

隔天晚上燒「五七」的時候，我幾乎燒掉了父親所有生前遺物。可是當我舉起那本發黃的日記時，心裡卻感覺沉甸甸的。猶豫了好久，還是捨不得把它扔到火堆裡。我並非有意違背父親的遺願，只是還想再看看它。宇鋒見我拿著日記本走來走去，問我那是什麼東西？我說這不是東西，這是感情的河流。宇鋒不懂，又問我：「燒不燒？」我躊躇片刻，對著火堆說：「老爸，既然你要我看它，就允許我再多看幾回吧！」說完，我將日記本放回袋子裡。一直到我要去北京安置父親骨灰的時候，才按照父親遺願物歸原主了。父親若在天有靈，一定不會怪我。他早就知道我這個兒子不會那麼聽話。如果要怪，只能怪他太縱容這個不聽話的兒子了。

其實，在現實生活中，許多父母喜歡的大多是那些不聽話的孩子。尤其是那些對孩子寄予厚望的父母。

六十四

在北京轉了一圈後回到鶴岡，我一如既往在菸店裡忙碌著，心卻丟在當日意外的北京之旅，怎麼也收不回來了。小帆的痴情更加劇了我離開鶴岡的念頭。

我不清楚是什麼原因，與小帆在一起除了偶爾有些生理反應以外，沒有與孟香在一起的那種感覺。我自問過好幾次：小帆哪裡不好？答案是否定的。我也曾對自己說：「有這麼好的女孩子不嫌棄你，你還想怎麼樣？現實一點吧！有這樣的好女孩看得起你，這是前世修來的福氣。在這個現實的社會，有幾個身心健全的好女孩會喜歡一個缺手斷腳的人？你憑什麼這麼對待人家？你甚至連說『不』字的資格都沒有，真是不知好歹！」

那是一段苦惱又矛盾的日子，夜裡常常在噩夢中醒來。孟香，小帆；小帆，孟香，兩人像特寫鏡頭一樣，反覆交替在夢裡出現。那種情形很折磨人。我因此想到父親，想到大媽，想到母親，再想到孟香，想到小帆，霎時豁然醒悟。當斷不斷，必留後患。既然沒有愛的想法與資本，又何必誤人誤己呢？

終於有一天，我堅定地對自己說：「放棄，離開，也許是一件好事。」於是我下定決心去北京。

「父母在，不遠行。」何況父親剛去，我一想到母親又躊躇起來。母親還沒有完全從傷感中解脫。我若是離開，家裡就只有母親和宇鋒，她會同意我離開嗎？想到此處，我又陷入難以抉擇的境地。

小勇順道帶來了一封信，說是母親要他轉交給我的。信是何琪寫來的，問我是否已經順利到家，近況可好之類的客套話。我出於禮貌寫了回信。過了不久，她又寄來一張很精美的明信片，上面寫著很誠摯的祝福。我那時一直很鬱悶，心情低落，只是象徵性地回信寫了幾句感謝的話。

重陽節那天我回家陪母親過節。吃飯時，我探母親口風，提醒她十幾年沒回老家了，有時間應該回去看看，家鄉變化很大。

我提到家鄉時，母親眼睛一亮，她問了我好多家鄉的情況，回家的願望溢於言表。母親說早就想回去看看，只是顧及我和宇鋒，才打消了這個念頭。我看時機已到，立刻將去北京的計畫告訴母親。她沒有表態，坐在那裡一邊抽菸，一邊沉思不語。我只好說，自己已經決定了，希望能得到她的理解與支持。母親要我讓她考慮幾天。

看到我鬱鬱寡歡，母親考慮幾天後，終於同意我去北京。我喜出望外，建議母親回老家去。那裡有姐姐照顧，有親人陪伴，我可以無牽無掛了。母親要我先走，她等到宇鋒放假再決定去留。她說至少要幫宇鋒轉學回老家唸書才放心。我拗不過她，於是著手準備，自己先走。

朋友聽說我要去北京，表現出不同程度的疑惑。有人說北京是藏龍臥虎之地，一般人在那裡都不好生存，何況我還是身障人士。我理解他們的好意，可還是決心要去試一試。朋友見我決心已定，不好再說什麼，都祝福我一路順風。

我將菸店低價抵押，然後帶著一套行李、一張凳子和幾本書匆匆踏上了通往北京的列車。記得我與朋友臨別時說過一句話：「我會在北京站穩腳跟，否則就跳河！」我如此狂言，是因為我游泳技巧比一般人好。即便真的跳河，也是為了洗去身上的晦氣。

我沒有向小帆辭行，更不想讓她知道我去了哪裡，也許這樣很不近人情，可是我不想看到她流淚。女人的眼淚易讓男人心碎，女人的眼淚也易讓男人遲疑。我不想心碎和遲疑，只希望她能成為我今生一段美好的回憶，只希望她能遇到比我更好的人！

第四部分：漂在北京

▌男兒心如海 衝浪需潮湧

　　若是弄潮兒，來北京吧！這裡是競爭激烈的大舞台，轉瞬之間脫穎而出，成為時代寵兒。若是弄潮兒，來北京吧！這裡是殘酷搏殺的角鬥場，轉順之間頹然倒地，成為時代棄兒。北京好似高速運轉的機器篩子，優勝劣汰法則演繹得淋漓盡致。在這個篩子裡滾來滾去的人，像一粒沙子，根本無法預知明天如何？不過人人都知道結果大同小異：稍有懈怠，即被淘汰出局。

六十五

　　初到北京，滿腦子的憧憬與幻想。興奮、喜悅的心情好似到了遍地鈔票的夢想天堂，想不發財都難。我甚至經常打電話，約陳挺騎車載我出去晃晃。我一路上特別留意路面，唯恐一不小心，錯過撿錢包的機會。

　　我很失望，只揀到一枚硬幣。陳挺開玩笑說，要是金幣就好了，至少可以買一支呼叫器（俗稱 BB. Call）。我終於知道寸土寸金的北京，撿鈔票遠比掙鈔票困難。初來乍到的狂熱漸漸冷卻之後，我意識到苦日子越來越近了。

　　我那時住在蘇州橋旁邊一家旅店，準確地說是廉價地下室。儘管如此，價格依然不菲。住宿費加上生活所需開銷，我的錢包裡很快只剩下身分證了。我這才捫心自問，來到北京這麼久都做了什麼？

　　我約陳挺到地下室商量該怎麼辦，他一臉輕鬆地說沒事。他說有些公司需要有人代抄信封，為難地問我願不願意做。我差點跳起來，埋怨他不識時務，什麼時候了還這麼多顧慮。他卻振振有辭，說我做這種事情是大材小用。我哭笑不得，說還是先度過眼前的難關吧！

　　回想當初的情形，我來北京的確過於盲目樂觀。臨行前甚至沒想過到北京能做什麼，靠什麼維持生計？完全是一時興起，才糊里糊塗地來到北京。如果時光可以倒流，我一定不會如此倉促。即便來，恐怕也要攢足了盤纏，權衡利弊得失之後再做出決定。而現實生活中沒有如果。如果時光真的可以

倒流，我的生活又會怎樣？至少這本書的內容要大改了，也或許根本不會寫書。因為不來北京，我不知道世界有多大？個體有多小？生活有多難？機會有多好？充其量，我過著的只是一種井底之蛙、夜郎自大的生活。如此看來，偶爾盲目樂觀，不一定是壞事，極有可能歪打正著地改變了生活軌道，也改變了自己的命運。我很幸運，雖然走了不少冤枉路，好在一直沒有偏離航道。謝天、謝地、謝人。

我滿懷希望地等著陳挺取信封回來，他卻告訴我，公司說有空缺的時候會再聯繫他。陳挺勸我別著急，他來想想辦法。可是等我打電話找他時，寢室的同學說他已經好幾天沒在學校上課了。我一聽，頓時慌了起來。當時地下室有很多房間被學生合租為宿舍。只有一小部分空房是留給那些經濟相對拮据的旅客——類似我這樣的人。經濟條件相對較好的旅客都住在上面，沒有人願意住在暗無天日的地下室。像我這樣一住就是一個多月的旅客，用服務員的話說——極少見。像我這樣身體重度殘障的旅客，更是僅此一例。

六十六

隔壁住著幾位女學生，有個貴州女孩叫陳丹。她在我最困難的時候給了我極大的幫助。正是她的及時相助，我才得以度過來到北京以後最艱難的幾天。

我們相識純屬巧合。陳丹男友從老家來看她，湊巧與我同居一室。我們閒來無事時下幾盤象棋，陳丹觀局時喜歡指點男友。我開玩笑說：「他們兩個乾脆一起上吧！」陳丹不好意思起來，責怪男友棋藝太差，丟人現眼。

她男友走後，她有時會到我屋裡借書，偶爾主動與我下盤棋。其實與常到我屋裡走動的其他人並無不同，我們僅僅認識，見面打個招呼而已。我身無分文，與陳挺一時又失去聯絡，生活一下子陷入尷尬的處境。

旅店每三天交一次住宿費，我撒謊說過兩天家裡就會寄錢過來。而我壓根沒臉向家裡要錢。兩天後，人家又來催收住宿費，我只好再請他們寬限幾日。收費的人臉色頓時垮下來。讓我更難受的是，肚子已經挨餓了兩天，卻

還得裝作若無其事的樣子與來玩的人談笑風生。等人家一走，像一灘爛泥似地倒在床上，望著天花板發呆。

母親笑著端來香腸炒辣椒和香噴噴的白米飯，小帆笑吟吟地端來油條和豆花。我睜眼一看，又是黃粱美夢。頓時想到家裡的好處來，於是在眼冒金星中又閉上眼睛。眼裡不時浮現出安徒生筆下的〈賣火柴的小女孩〉。那時候我以為與賣火柴的小女孩一樣，我可能在熟睡中慢慢睡去，不再醒來。

其實我那時只要開口求助，一定會有人慷慨解囊，至少短時間內不會餓肚子。可是我咬緊牙關，始終不向任何人求助。並不是不想，而是羞於啟齒。畢竟大家都是來自五湖四海的陌生人，求助意味著丟人現眼。我居然還抱著「君子不食嗟來之食」的傳統觀念聊以自慰，當然，我並不是在批評這些傳統觀念，而是怪自己對傳統文化的曲解，不懂變通與靈活運用。所以餓得眼冒金星，卻還抱持著阿Q似的精神勝利法麻痺自己。那時候萌生出在熟睡中不再醒來的想法，如今想來真是迂腐到可悲可嘆！

恍惚間依稀聽到有人在敲門，於是強打起精神，挪著凳子去開門。只覺得眼前一陣頭暈目眩，差點從凳子上摔下去。我咬著下嘴唇刺激麻木的身體，搖搖欲墜地打開門。

原來是陳丹來還書，客套幾句要與我下盤棋。我有氣無力地說累了想睡覺。她看著我，愣了一下，告辭離去。我已經沒有力氣再從床上爬起來去鎖門了，乾脆閉上眼睛。不知道過了多久，隱隱約約好似聽到有人叫我。我吃力地睜開眼睛，眼前模糊一片，漸漸看清是陳丹站在我面前。我掙扎著坐起來。陳丹將一袋東西放在桌上。我精神為之一振，意識一下子清醒了。我望著她不知道該說什麼。她朝我笑了笑，說聲「拜拜」便出去了，順手關上了門。

我迫不及待地從袋子裡取出便當，大口大口吃起來。我顧不了那麼多了。我記得很清楚，飯是白花花的稻米飯，菜是宮保雞丁。那是我吃得最香的一次宮保雞丁，從沒吃過那麼香的飯菜。這頓飯我一輩子不會忘記，是伴隨著眼淚嚥下去的。此後幾天，陳丹每次從學校回來，都會多帶上一份飯菜，而且還有一瓶優酪乳和一包香菸。

如果沒有新旅客住進房間，服務員看到房間裡燈光長時間不滅，都會時不時過來敲門提醒我節約用電，那種聲音特別刺耳。

六十七

陳挺終於來了，看上去風塵僕僕，一臉倦意。他帶回很多信封，說抄完後可以得到五百元。總共有一萬個信封，一個星期必須抄完。我別無選擇，整整一個星期幾乎是夜以繼日地工作。餓了，啃幾口廉價麵包；困了，趴在桌上休息一會兒，睜開眼睛後又投入到抄寫中，累得手臂幾乎抬不起來了。即便如此，陳丹與陳挺還抽出時間幫忙抄寫了一部分，總算按時完成任務。

當陳挺拿著五張嶄新的鈔票放到我面前時，我不知道是喜悅還是辛酸？那種滋味很難用言語表達。旅店服務員隨後而至，小本本上一劃，不多不少正好半個月，住宿費占去抄寫費的一半多。我從不心疼錢，不知道為什麼，那一刻我特別心疼。猶如被人剜去心頭的一塊肉。服務員一走，陳挺不禁發牢騷，說人家勢利，態度不好。我要他少發牢騷，並且讓他把眼光放長遠些。說完，我收拾了一下，想要和陳挺到附近餐廳吃飯。

當我對著鏡子刮鬍子時不禁愣住了，這是我嗎？好像剛從集中營裡出來的戰俘，既邋遢又難看。盥洗後，換上一身洗過的衣服，要陳挺陪我出去吃飯。陳挺不想去，要我錢省著花。我執意要去，還說北京這樣的地方，靠省錢過日子是不行的。

吃飯時我問陳挺有沒有更便宜的旅店，他告訴我目前住的旅店已經最便宜了。我又問他還有信封沒有，他說對方到時候會主動通知。很久以後我才知道，陳挺那幾天之所以聯繫不上，是為了替我聯繫抄信封的事情。當他得知有一家公司往全國各地發信函的消息後，天天去那家公司等候，一直等到將那些信封拿回來。

也許是受到此事影響，陳挺還沒畢業就開始尋找工作。現在想起來，主要原因是他當初沾染了競爭的社會風氣，可是客觀原因也是我的到來在無形中給他增添了心理包袱，促使他肄業去工作，嚴格說起來是我拖累了他。雖然我們對生活的理解、認識、感悟和態度不盡相同，有時甚至會在一些事情

上產生激烈衝突，可是我們之間的友誼從不受任何因素影響，一直保持到現在。我相信這份手足情深的友誼會永遠持續下去。

吃完飯後，我們回到地下室商議下一步怎麼辦。剩下的錢在地下室裡意味著什麼，我很清楚：那種感覺跟等待宣判死亡差不多。我不想重蹈覆轍，再次發生餓肚子事件。我們思來想去，始終受到一個問題的困擾，我好像困在籠子裡的動物，有力也使不上。剛好陳丹放學回來，她聽到我們的談話後，說他們班有些同學和另一半同居後，都會搬到附近的地方租房子住。真是旁觀者清，當局者迷。陳丹的一句話令陳挺茅塞頓開，他猛地一拍腦門，連連說他就怎麼沒想到呢？陳挺說明天就去附近找房子，租房子比住旅店便宜多了。我差點咆哮起來，板著臉數落他少放馬後砲。

終於離開住了四十多天的地下室。在那間陰暗、潮溼、暗無天日的地下室裡留下一段辛酸的回憶。也許這是我來北京應該付出的代價，是北京給了我一個下馬威，要我重新認識它、審視它，要我看到它富麗堂皇、繁華似錦後面的崢嶸。

當我們走出旅店大門的時候，我一再要求陳挺騎車慢一點、再慢一點。他埋怨道：「那種破地方有什麼好留戀的，是不是嫌苦吃得不夠多？」其實他哪裡知道，我是希望看到陳丹放學回來，當面向她說聲謝謝。當時我能做的僅僅如此而已。可是直到我們走出巷口，陳丹都沒有出現，我只能帶著遺憾離開了。

再次見到陳丹已經是一年後了，她與陳挺類似，還沒畢業就開始工作了。但她不再是以前那個陳丹了。這就是北京！它本身就是一所學校，我喜歡用「新觀念速成班」來形容它對大眾精神世界的影響。

六十八

我在北京租房子的第一個落腳處是長春橋一座不大的村子，與北京電視台隔著幾塊稻田和一條不寬的公路。村子雖然不大，但由於許多私立學校學生的湧入，人口遠遠超出了它的負荷。因此很多人家為了增加額外收入見縫插針，巴掌大的地方也蓋起小房以供需求。

第四部分：漂在北京

　　我抄信封剩下的錢剛好能支付一個月的房租。陳挺在囊中羞澀的情況下掏出一百元給我作生活費。他臨走時，我再三叮囑他想辦法找一些我能做的事情。

　　房東是一對上了年紀的夫妻。房東先生姓桑，患有腦血栓，走路不太方便，經常在老伴的攙扶下到門口坐坐，曬曬太陽透透氣。老夫妻心地善良，態度和藹。房東太太對我更是關照。

　　住家的對面是一間雜貨店。我經常挪著凳子去雜貨店買菸、打電話。店長是本地人，大家都叫他老五，外貌很英俊，由於我們年齡相仿，話語投機，很快便成了朋友。

　　一次我去買菸，老五不在店裡，只有一位中年婦女在店裡忙碌著。我一進去，她便笑嘻嘻地說：「是小段啊！要買什麼呢？」我笑著說買包桂花菸。我出門時很客套地對她說：「伯母，再見。」

　　她聽了大笑起來。我們便閒聊了幾句，我這才知道她是老五的二姐呢！人很隨和，說話做事很爽快。她丈夫常年患病，行動不便，據說是瘀青留下的後遺症。二姐為了能好好照顧丈夫，辭職回來幫忙雜貨店生意。

　　他們的女兒當時念小學，二姐一邊照顧丈夫，一邊操持家務，同時還要顧及雜貨店，一個人實在忙不過來，就請弟弟過來幫忙看店。隨著外地人不斷湧入村裡，小店的生意越來越好。二姐一家人是我近距離接觸的第一批北京人。我剛搬到村裡那段艱難的日子，二姐一家人給了我極大的幫助與便利。二姐更是對我關照有加，使我想起了自己的姐姐。後來母親到北京住院時，還是她幫忙辦理住院手續，並且墊付了住院押金。毫不誇張地說，若不是二姐一家人的熱情關照，也許我真的要跳河了。

　　我大部分時間都在屋子裡寫東西，寫完後四處投稿，想以此養活自己。不過我那時寫的東西一文不值，想憑藉寫作謀生簡直是做白日夢。二姐夫行動不便，天氣好時便坐在雜貨店旁邊的椅子上晒太陽。他喜歡與我聊天，經常要我出去陪他。我常苦著臉說：「二哥啊！我在寫東西啊！」他問我寫得

如何了？我不好意思地說沒人要，這時他們夫妻倆總是安慰我：「別急，慢慢來。」

天氣晴朗、陽光明媚的時候，二姐常在外面喊我：「小段！快出來晒晒太陽，你二哥在等你呢！」二姐夫患有高血壓，行動不便，性子又急，遇事便急躁得不行。二姐時不時笑著勸他：「你啊！看人家小段，整天笑嘻嘻的，沒事哼幾首曲子，多棒啊！」二姐夫立即化憂為喜，說：「這小段啊比不了，別說我，我看就連那些好手好腳的也不及他！」

聊天時，他們常問我怎麼會想一個人來北京。我笑著說一時衝動，結果現在騎虎難下。二姐勸我好幾次，真沒辦法就回去。我苦著一張臉，說既然來了，夾著尾巴逃跑多丟臉啊！有時二姐夫笑著說：「好啊！小子，我看你熬多久！」我開玩笑地說：「過一天算一天吧！要是過不下去了，旁邊不是還有一條萬泉河嗎？到時『撲通』往下一跳，完事。」夫妻倆哈哈大笑。

抄信封的工作時有時無，所以我的生活一直處於困窘境地。每當經濟有困難時，雜貨店就成了臨時的接濟點。我賒東西時二姐從不記帳，他們說我自己記住就行了。我一接到抄信封的工作，一賺到錢就馬上去雜貨店結算。二姐、老五總是說：「不急，你現在困難，等有的時候再還也行啊！」我笑著說有借有還，再借不難。

我搬到長春橋後，或多或少還是引起了村人的關注與興趣，每次我挪著凳子出去，總有一些人好奇地看著我，竊竊私語。偶爾有人向二姐一家人打探我的情況，他們不免將我吹噓一番。於是很多人對我刮目相看，可是他們哪裡知道我的苦處呢？我那時候生活條件很差，幾乎餐餐吃泡麵。被泡麵纏住了很長一段時間，彷彿一條繩子捆在身上，掙脫不了。生活條件稍好之後，我很少吃麵食，甚至一看到麵食便反胃。

有時我欠雜貨店的錢太多，而那個月一點收入也沒有。二姐一家人知道我不好意思再開口賒帳，主動對我說：「缺什麼儘管拿！」如果說北京是我非常喜歡的一個地方，那麼在這個地方的二姐一家人，則是我心中最尊敬、最感恩的。我愛他們如愛我的家人與朋友，一提到他們，就有一種莫名的溫暖和幸福湧上心頭。

六十九

放寒假時，母親帶宇鋒回老家，途經北京，我與陳挺商議後，決定暫時不要讓母親來我的住處，我們去車站見母親。

母親問我在北京好嗎？我高興地說很好。陳挺按照事先計劃行事，趁我和母親熱切交談的時候去購買下午回老家的車票。母親與我談話時，從行李取出一疊信件交給我。這些信是何琪寫的，我塞進了口袋裡。陳挺買車票回來時，我裝模作樣地埋怨了幾句，然後遺憾地對母親說：「本來想留您在北京玩幾天，既然車票已經買了，那就下次吧！」我們在車站附近一家餐廳吃了點東西，剛好到了發車時間。

母親上車前，忽然將一張千元大鈔硬塞進我口袋，說：「兒子，我知道你一個人在外面不容易，有什麼事，記得寫信跟我說。」我喉嚨一緊，說不出話來。少許，我強作笑臉對母親說，不用惦記我，要好好保重身體。母親囑咐我幾句，帶著宇鋒流淚踏上了南下的列車。母親剛轉身離開，我心裡刀割似的疼痛。我極力抑制上湧的淚水，將它封鎖在眼簾之中。

我回到住處後，把何琪的信件看了一遍，不禁一聲長嘆。她不知道我在北京，信裡多次問我為什麼不回信。我當天晚上寫了一封長信，將事情的前因後果都告訴她。不久，何琪來信了，一再道歉說錯怪我了。此後我們每個月聯繫一次，大多是互相問候。偶爾談談各自的生活瑣事。

春節時，陳挺回家了。我看到家家戶戶高朋滿座，喜氣洋洋，心裡不禁悵然若失。房東太太包了餃子給我，二姐非要我去她家吃涮羊肉。老五還借了輛箱型車帶我回他們家放鞭炮。每當想起這些事情，感激之情便油然而生。遇到這樣的好人真是我的幸運！

七十

轉眼又到了春暖花開的季節，我的生活依舊停滯不前。這時我感覺靠寫作養活自己的願望暫時不可能實現了，於是想起父親遺言裡那句「先謀生計，再謀業績」的話來。我想了很久，始終想不出謀生的辦法。

　　一天與二姐閒聊時，她說我要是能走出去就好了，老五開玩笑說我能騎機車就更好了。說者無心，聽者有意。我突然產生了一個念頭，如果學會駕駛三輪機車，許多生活難題不就迎刃而解了嗎？既然如此何不試試呢！當時村裡有些行動不便的人經常駕駛機車從路上往返經過，有一次我問人家這種車我能用嗎？人家見我只有一隻手，搖著頭說不能。我仔細詢問了身障人士專用機車的性能和駕駛技術後，覺得這種機車稍作改動，或許可以利用。

　　我深思熟慮了幾天，寫了一封長信給姐姐，希望得到她的支持。姐姐打電話來仔細詢問情況後，說她家正在裝潢，要我先等幾天，讓她與姐夫商量一下。有一天，我正在屋裡看書，老五過來叫我，說有人打電話找我。電話是姐姐與姐夫打來的。我們在電話裡交談了十幾分鐘，他們告訴我，買機車的錢已經按照我留下的地址寄來了。我一聽，激動不已，連連向他們表示感謝。我從沒對他們如此禮遇過，明顯感覺到他們在電話那頭有種受寵若驚的愜意。

　　老五親自陪我到北京的身障機車專賣店買車。我們又到修車行的地方把油門挪到左邊車把上。剛開始練習機車的那段日子，我吃足了苦頭，記不清多少次整個人像沙袋似地從車上滑下來，手臂多次被地面擦傷。不到半個月，機車上兩塊擋風板被摔得粉碎，車表面多處刮痕。儘管已經如此勤練，我手與腦子的協調還是很差，無法同時運作。特別是手指，總是比腦子的反應慢半拍。

　　記得有一次我從車上摔下來，頭部差一點撞在一棵樹幹上，事後想起來，仍然心有餘悸。還有一次，我在回家的路上看到一輛白色轎車迎面而來。由於一時緊張，把油門當成了煞車，機車正面衝過去。幸虧轎車閃得快，我幾乎是貼著車身一掠而過，車把在轎車上留下了一公尺長的刮痕。車主下車後立即對我咆哮：「怎麼騎車的？不要命啦！」我連忙向人家賠不是，車主一看那條清晰的刮痕，又驚又怒，向我索討一筆烤漆費。村人紛紛過來說情，替我賠了這筆錢。車主走後，我才發現自己早已嚇出一身冷汗。過後細想，頓時不寒而慄，若不是那輛車子閃得快，賠人家一台車不說，我可能當場一命嗚呼了！我一想到騎機車的危險性，不禁膽顫心驚，一度產生了放棄的想

法。可是轉念一想，不能以車代步，生活便沒有希望，只好硬著頭皮，提心吊膽地練習去了。

隨著手指的日趨靈活與漸漸累積起來的經驗，我總算可以慢慢上路了。又經過一段時間的訓練與磨合，我終於達到了人車合一、隨心所欲的境界。我是在形勢的逼迫之下，為了生存和自由才做到了在別人看來很難做到的事情。僅憑這一點，村人都對我豎起了大拇指。尤其是二姐，常對二姐夫說：「你看看人家小段，什麼都不怕，哪像你，遇到一點小事就大驚小怪，抱怨個沒完。」二姐夫與其他人聊天時也常說：「這小段真有點本事，不服氣還真不行！」

我剛學會騎機車那陣子，幾乎每天都繞著三環路來回跑。到了晚上更是漫無目的地到處跑。我到北京這麼久，一直沒有機會出來好好看看這座繁華的大都市，有近距離接觸的機會豈能錯過。那種感覺真是暢快淋漓。有一次我騎車去天安門看夜景。當時不懂交通規則，在車道上一路狂奔，快到天安門廣場時被交警攔住了。他看到我的身體狀況後，驚愕地睜大雙眼望著我，遲疑地將我引導在非機動車道（身障機車不屬於機動車，不能騎在一般車道）裡行駛，然後自言自語地說了句：「天下真是什麼人都有。」

偶爾二姐的雜貨店忙不過來的時候，我便主動要求去藍靛廠幫他們批貨。他們對我非常信任，把貨款交給我，回來時從不對帳。有時候我也帶著二姐夫在村子周圍四處轉轉。他逢人便誇我有本事，有能耐。

我有了車等於有了腿，想去哪裡，凳子往車子後座一放，來去方便快速，生活因此上了一層台階。

七十一

我為了讓車輛方便進入，換了一家房東。

我在長春橋第一批接觸的朋友是酒吧歌手，他們經常帶我去酒吧聽他們唱歌。經過接觸後，我才知道當酒吧歌手很不容易，無緣無故被炒魷魚是家常便飯。我問他們為什麼不自己寫歌，他們聽了都笑了。我看出來他們是在笑我幼稚。現在想來也的確如此，他們當中有些人甚至連譜都看不懂，只有

用吉他伴音時才能找到音準和節拍，能在酒吧當歌手已實屬難得了。他們當中有人曾嘗試寫歌，不過成效很不理想。真是應了那句話「工欲善其事，必先利其器」。看來不論做什麼事，只有愛好和熱情是遠遠不夠的，必須具備堅實的基礎，當然還要有一點天分和運氣。

我住的院子裡有位女歌手。她的名字很好聽，譚琴。她的搭檔是個很英俊的男人，叫潘軍，新疆人。潘軍很有演唱天賦，他唱什麼歌我都覺得很好聽，粵語歌曲更是唱得維妙維肖，與原唱者不相上下。他偶爾也寫歌，聽說我經常寫東西，便要我試著寫幾首歌詞。我委婉推辭了。我當時晚上還要去擺攤賣東西以維持生計，根本沒有寫東西的想法。潘軍非要我試試，他說有很多想法想用音樂表達出來，卻沒有好歌詞實在太可惜了。我見他一片誠心，只好答應試試。於是我暫時放下手邊的小買賣，晚上和他們去酒吧玩樂。美其名曰體驗生活，還不如說是去免費聽歌看美女。

我一連去了半個月酒吧，幾乎深陷其中無法自拔。眼裡、心裡都只有美女、咖啡、夜光杯。譚琴笑我，說我一進酒吧，眼神立刻變得色瞇瞇的。潘軍笑著為我找藉口：「男人嘛！到這種地方還沒有想法就不是男人了。」他時常把一句自創的經典名言掛在嘴邊，至今我還記得：「男人血管裡流著淫蕩的血。」

去了那麼多次酒吧，不寫點東西面子上過不去，只好勉為其難地寫了一首歌詞〈北方男孩〉：

不要瞪著你的眼／不要傻看我的臉／好像我這個外地人／與你隔著九重天／這個時代變化快／是否感到太無奈／我和你一樣的困惑／不知是好還是壞／我是北方男孩／透明得像玻璃一塊／喜歡簡單的生活／卻有那麼多無奈／於是將理想的翅膀掩埋／不再夢想草原和大海／只希望站在沙漠的邊沿／不要沾染一身塵埃／我是北方男孩／透明得像玻璃一塊／只盼望沙塵飛揚的地方／還有一片美麗雲彩。

潘軍看了我寫的東西，非常高興，說一定為它作曲。

第四部分：漂在北京

　　我一度沉溺於酒吧的聲色霓彩之中。到了酒吧，我才知道什麼叫有錢，什麼叫一擲千金。酒吧裡尋歡作樂的人形形色色。小姐一個個花枝招展，嫵媚動人。很多小姐與歌手形成一種默契，只要客人來消費，小姐便小鳥依人般地依偎在客人懷裡，頻頻點歌，事後與歌手分攤點歌時的小費，可謂生財有道。

　　偶爾有客人直奔譚琴，譚琴也給足對方面子，陪客人喝酒聊天，賺些唱歌以外的額外收入。一些有錢的貴婦對潘軍感興趣，潘軍只對漂亮的女人彬彬有禮，卻委婉拒絕那些他沒興趣的女人。有道是近朱者赤，近墨者黑。人處在這種聲色犬馬的環境之下，難免喜新厭舊、見異思遷，然後神魂顛倒、魂不守舍了。

　　一日歌手休息時，我與潘軍、譚琴正在閒聊，忽覺眼前一亮，只見一位妙齡女子長髮飄飄，衣袂翩翩地來到酒吧。她穿著醒目的紅裙子，步伐輕盈，神態妖嬈，言行舉止間從容灑脫，婀娜多姿；真是一笑百媚生，舉止益風流。我來過酒吧無數次，如此魅力四射的女子還是頭一回見到，不禁想起了〈李延年歌〉那句：「寧不知傾城與傾國，佳人難再得。」她笑吟吟地與酒吧服務員打招呼，然後徑直朝我們走來。譚琴立刻站起來笑著和她親暱擁抱，然後倆人坐在一起，熱情寒暄起來。潘軍朝她嘻嘻一笑，她瞟了潘軍一眼，從包裡取出一包玉溪牌香菸扔給他：「拿去吧！」這時她才看見我，上下打量了一會兒，故作矜持地問：「這位先生是？」

　　譚琴向她介紹我，她不經意「哦」了一聲，然後和譚琴談起了女人間的時尚話題。

　　她叫曲薇，是中國人民大學的學生。用潘軍的話說，她也是酒吧裡的花魁。我很納悶，大學生也來酒吧當小姐嗎？潘軍笑我少見多怪。他說有很多女大學生在當酒吧小姐，像曲薇這樣，只陪酒聊天不賣身的已經很難得了。他戲謔地說，很多女子為了錢，除了自己的生命，其他什麼都可以不要。

　　從曲薇與譚琴的言行舉止中看得出來，她是一個活潑開朗、聰明伶俐的女孩。兩人開心地交談了一會兒，曲薇說好久沒唱歌了，想唱幾首過過癮。

譚琴只好陪她上台，坐在一旁彈吉他伴奏，曲薇不但人長得漂亮，歌唱得也不賴。一首齊豫〈橄欖樹〉，悠揚在心間。

酒吧下班時，譚琴順路搭我的車回家，曲薇笑著說：「譚琴還有專車接送啊！」譚琴笑了，說我們只是剛好順路。曲薇在門口招了輛計程車回去了。潘軍騎車與我們分道揚鑣時，得意洋洋地宣稱：「還有美人在等我呢！」

週末，陳挺到我住處，準備幫我去天意市場批貨。他一見屋子裡的畫沒有賣出去，問我怎麼回事。我撒謊說生意不好，稽查又嚴，自然賣不出去了。陳挺笑著說：「我下班後有去過幾次你平時擺攤的地方，但都沒有看見你呢！」我心虛地說也許是人多的緣故，陳挺見我支支吾吾，便沒有繼續問下去。

七十二

我的錢包又見底了，心裡不禁有點著急。只好暫時斷了去酒吧的念頭，靜下心來做自己的小生意。

那天我正在賣畫，有人要買一幅山水畫。我抬頭一看不禁愣了：還是那身紅裙子，還是一肩長髮，只是頸項間多了一條淡藍色的圍巾，若不是戴著彩色眼鏡，很像曲薇。她背著一把吉他，此時慢慢摘下眼鏡，果然是曲薇。

她朝我淡然一笑：「嗨！」

我臉一下子紅了，問她要哪張畫？她蹲下身子，將所有的山水畫翻了一遍，然後挑了一張「灕江山水」，問我多少錢？我客套地說：「喜歡的話拿去吧！」

她笑了起來，說：「你真大方啊！如果我天天來，你會天天送嗎？」

「天天送？」我一頓，繼而笑著說，「可以啊！不過妳要是天天來，我只能喝西北風了。」曲薇笑了，遞給我一張十元鈔票。我剛要找錢給她，她捲起畫紙，說：「不用找了，算是小費吧！」便笑著轉身而去。那一瞬間，在路燈的映襯下，曲薇如同彩虹一般飄然而去。

望著她漸遠的背影，我不禁浮想聯翩，回到家裡連夜寫下了〈彩虹美人〉：

第四部分：漂在北京

　　一簾長髮／一把吉他／眸子像露珠在月光下／紅色衣裙／淡藍圍巾／臉兒像朝霞點綴的雲／也許是夢裡／又不像夢裡／彷彿雲裡霧裡／曾見過你／有一點彷彿／又有一點依稀／好像南柯一夢／見到了你／彩虹美人／神態盈盈的美人／那雙幽深的眼睛／好似夜空的星星／亮晶晶／卻無法靠近／不知天上人間是否有你牽掛的人／彩虹美人／衣袂翩翩的美人／嫣然一笑的眼神／好似黑夜的黎明／靜悄悄已透過窗櫺／喚醒夢中人／那個痴痴的追夢人。

　　我將歌詞給了潘軍，他與譚琴看了後笑得前俯後仰，說我寫的是曲薇，我辯解道：「寫誰不重要！重要的是我的任務完成了，我要回去賣畫了，天天去酒吧是要餓肚子的。」潘軍拍著胸脯說：「我一定好好替這首歌詞作曲。」

　　潘軍作好曲子後，一邊彈吉他一邊唱給我聽，我一臉沮喪地對他說「暴殄天物」。譚琴哈哈大笑，對潘軍說：「怎麼樣呀？我就說了，你的曲子和歌詞不匹配吧？人家小段寫的是飄飄欲仙的感覺，你那曲子算什麼呀？」聽說潘軍後來還是堅持在酒吧演唱了〈彩虹美人〉，結果卻糟糕透頂。從那以後他再也沒有向我要歌詞，我也沒有寫歌詞的念頭。

　　我「三天捕魚，兩天晒網」地去賣畫，雖然收入微薄，不過勉強可以維持生計。陳挺偶爾接到一批信封回來，我還是不厭其煩地按時完成任務。日子就這樣一天天過去，既平淡又無聊，那時我常常安慰自己：「也許這就是生活。」

　　那天，我剛在地上攤開畫卷，就聽見有人大喊：「警察來了！」頓時一陣騷動，大家瘋了似地慌忙收拾東西四處亂竄。我也急忙捲起畫卷，可是慌亂之中畫卷亂成一團，這時有人走過來，快速地將畫卷收拾整齊遞給我。我一看是曲薇，太意外了。她笑著問道：「警察不會抄你的東西吧？」我說：「不怕一萬，只怕萬一嘛！」她笑了，將畫卷放到我車子後座，我說了聲謝謝，迅速騎車離開。

　　當時的路邊小販都是這樣，警察來了四散逃去，警察走了又蜂擁而來。很多人稱這種方法為打游擊。曲薇經常帶同學來買我的畫，時間久了，偶爾閒聊幾句。她問我為什麼來北京？我笑著反問她。她笑了，說北京好。我也笑了，說北京好玩。

有一天老五打電話給我，說二姐夫生病了。我立刻趕去雜貨店。老五說他和二姐晚上要去醫院照顧二姐夫，請我幫忙看店。

隔天，老五回來說二姐夫沒事，觀察幾天就回來。我聽了以後鬆了一口氣。

七十三

譚琴說：「我有個朋友過生日，你騎車送我去藍靛廠吧！」我開玩笑地說「給錢」，她說沒問題。原來當天是曲薇的生日。潘軍與一些人早已聚集在那裡。他們要我進去，我心想人家過生日並沒有邀請我，便推辭了。我剛發動引擎，卻見曲薇出來了。

她笑吟吟地說：「賞個光吧！」

我猶豫了一下，說：「沒有生日禮物也可以嗎？」

曲薇笑了笑，說：「指望你的生日禮物，太不人道了吧！」我嘿嘿一笑，催下油門疾馳而去。潘軍跑出來朝我大聲喊，我心裡極不痛快，所以沒聽清楚他喊了什麼。

譚琴回來後，問我是不是生氣了？我笑著說：「我和她不在一條水平線上，何必湊熱鬧呢？」

沒想到過了幾天，曲薇特意來到賣畫的地方，對我解釋她那天不是故意的。我嘿嘿一笑，說：「故不故意無所謂，那麼多陌生人我也不習慣。」曲薇似乎自我解嘲般地笑道：「都是江湖兒女，幹嘛那麼計較呢？」我重複道：「只是不習慣而已。」並強調，「每個人都有自己的生活習慣，我尊重別人的生活習慣，也希望別人能尊重我的生活習慣。」曲薇困窘地笑了，說她以後一定注意。

譚琴與一位鼓手關係密切，偶爾同居卻沒有戀人卿卿我我的那種甜蜜。我感到很奇怪，私下問潘軍，他笑得很詭異，然後告訴我：「譚琴是人妻，她丈夫過幾天就要來了。」我「啊」了一聲，忍不住氣憤地說怎麼可以這樣？潘軍拍了拍我的肩膀，笑我太老實了，連這麼簡單的道理也不明白。他用一

第四部分：漂在北京

種玩世不恭的口氣說道：「生理需求，懂？」我似懂非懂地點點頭。其實這種事很普遍，沒有我想得那麼複雜。

過了幾天，譚琴的丈夫果然來了，小倆口卿卿我我，非常恩愛，絲毫沒有不和諧的跡象。看來我是杞人憂天了。

有天晚上我賣完東西回家時，路過小南莊時看到曲薇步行回家，我不經意地問她為什麼不叫車？她說省錢。

「省錢？」我忍不住笑了。印象中曲薇向來花錢如流水，出門車來車去的，根本不是節省的人。她問我：「最近怎麼沒去酒吧？」我說那是有錢人去的地方，我暫時沒資格。她又笑著說：「如果有錢呢？」我告訴她沒有如果，只有結果，說完催下油門疾馳而去。

剛離開幾十公尺，忽然又停了下來。等曲薇過來後，我笑著說：「如果妳願意，我可以順道載妳一程。」她猶豫了一下，笑著說多謝了，然後輕提裙子坐到後座。我將她一路送到住處門口，她客套了幾句，請我到屋裡坐坐，我謝過後掉頭回家了。

夏天到了，萬泉河裡成了天然的浴場。譚琴的丈夫很怕熱，四處找人陪他去河裡游泳，我毛遂自薦陪他去，眾人以為我在開玩笑，有人戲謔道：「如果你能在河裡游泳，我也能用手掌煎雞蛋了！」我故意說了幾句刺激他的話，對方果然中招與我擊掌打賭：要是我游過萬泉河，他就要請眾人去小南莊一家四川火鍋店吃飯。

我們來到河邊，潘軍背著我走下河時，很多游泳的人不約而同地朝我投來詫異的目光。我視若無睹，用冷水在身上各處拍了拍，並開玩笑說現在毀約還來得及。眾人哈哈大笑，說我是害怕了。我「噗哧」一聲笑，說：「你們準備吃火鍋吧！」語畢，深吸一口氣，一頭栽進水裡，潛水游向對岸。不知游了多遠，感覺快窒息時才浮出水面。我看到離岸邊只剩幾公尺遠，不免有些遺憾。心想：「早知如此，再加把勁就直接到岸了。」我游上岸，坐在岸邊觀望另一頭，譚琴手舞足蹈，在對面大聲喝彩。我稍歇片刻，跳入水中游回對岸。我發現很多游泳的人像見了怪物似地看著我，有人甚至游回岸上

居高臨下地觀看。我看到圍觀者多是欣賞、羨慕的目光，不禁暗自得意，游得更加起勁了。

我變換著不同的泳姿，輕車熟路地游回岸上。與我打賭的人輸得心服口服，外加佩服。我免不了吹噓地說：「我老家的河比這條寬多了。」此時一位女子全副武裝地從對岸游了過來，一上岸便說：「小段真厲害啊！」說完，摘下了潛水鏡。

用光彩照人形容曲薇真是再恰當不過。當她濕漉漉地站在岸邊，立即吸引了許多異性的目光。原來曲薇一直在河裡，由於全副武裝，我們都沒有認出來。

譚琴告訴她有人請客吃火鍋，曲薇說有這種好事哪能不去，不吃白不吃。她要眾人稍等一會兒，說完一躍而起，潛入水中。看她入水的姿勢，好像受過有專業訓練。曲薇上岸後，向我們招手，大聲說她回去換衣服，要譚琴騎車去接她。譚琴說外頭好熱，建議我去接曲薇。我將機車的鑰匙扔給了別人，接美女的好事自然會有人挺身而出。

我不會喝酒，吃完飯後便告辭回家了。歌手的話題永遠離不開娛樂圈，我對這樣的話題不感興趣。

譚琴與丈夫經常吵架，每次爭吵後，她丈夫都會到我屋裡找我下棋。入秋時，譚琴終於同意了丈夫回家的決定，用她的話說：「與其在北京沒有希望地耗下去，還不如回家做點別的。」我看著夫妻倆背著行李匆匆離去的背影，不禁想到自己的處境。或許有一天我也會像他們一樣，在失望中匆匆逃離這座繁華的城市。

北京是一個夢想開始的地方，更是一個夢想破碎的地方。每天不知道有多少人尋夢而來，棄夢而去。

七十四

時間過得真快，轉眼又一年過去了。

四分之一的身體，一百分的人生：生命英雄段雲球

第四部分：漂在北京

　　我的生活像迪克牛仔〈有多少愛可以重來〉裡唱的那樣，「這些年過得不好不壞」。依舊三天捕魚，兩天曬網地穿梭於市集，接觸的人形形色色，三教九流。

　　颱風下雨不出去擺攤的空閒時間，我便和幾個年輕人聚在一塊打麻將。我逢賭必輸，輸贏雖不大，那時候卻看得很重。大家的情況都差不多，收入微薄，有人因輸錢，日子過得更加拮据，甚至連房租都付不起。後來發生了一件事，深深震撼了我，一個年輕人因為竊取公司的財物被送進了派出所。好在及時找人關說才沒有釀成大禍。從那以後我極少「賭博」了。

　　當時一個來自河南的年輕男子在北京郊區當兵，退伍後和女友來到北京。他住在隔壁院子裡，常到我們院子裡玩牌，我們都稱他「大款」。他的收入相對比我們高出許多，至於他的工作是什麼，誰也不知道。不過我經常看到他與女友等人在集市上賣東西。他很少下廚，經常與一幫人在餐廳把酒言歡，煞羨旁人。

　　一次我和他在餐廳裡巧遇，他非要請我吃飯，我推脫不掉只好答應。吃飯時他提出要和我合夥做生意。我不好意思地告訴他，我沒有做生意的本錢。他說不用我出一分錢，保證每月收入三千元以上。我嘴上不說，心裡卻想：「世上有這種好事？」他悄悄告訴我自己每個月都能夠淨賺五千元以上。我不免有些動心了，問他做什麼？他笑著說沒人的時候與我好好聊聊。

　　後來，他說自己是在賣色情光碟的。我嚇了一跳，當下委婉拒絕了。我不是傻子，知道賣那種東西，要是讓警察抓住就慘了。更何況，警察來了，別人跑得飛快，我行動不便就成了砧板上的魚肉，任人宰割。他見我膽小怕事，想了一個折中的辦法，每天給我五十元跑腿費，中午再包一餐飯。條件是我每天騎車到胡同裡帶光碟給他，他們賣完了再叫我，我是所謂的流動倉庫，只要送光碟過去就好。我心想天上哪有不勞而獲的事，於是笑著說：「你們每人多帶一些多省事，幹嘛非要用我？」他這才道出了實情：「帶多了，萬一被抓住可不好，但你是身障人士，別人不會懷疑，被警察抓住也不會怎麼樣。」我覺得主意不錯，既有利可圖又沒有什麼大風險，便故作低頭沉思地說我考慮考慮，其實只是做做樣子而已。

隔天我就帶著一大箱光碟去找他們，突然呼叫器響了。我一看不是賣光碟那些人留下的號碼，立即找公用電話回撥。原來是曲薇，她說她快不行了，催促我馬上過去。我沒工夫理她，剛要掛電話，她在電話那頭哭了起來。我猶豫片刻，只好打了通電話給賣光碟的人，將東西還給他們，說自己突然有重要的事要辦，便匆匆離去。

七十五

曲薇住在長春橋是為了方便上學，我到了她住的地方後，挪著凳子走進屋裡。曲薇躺在床上，面容憔悴，一副無精打采的模樣。我問她怎麼了？她說沒什麼大事，我氣得差點問候她母親。心想：「沒事幹嘛打擾我！」她要我坐，說桌子上有香菸自己拿。我不習慣曲薇的香菸牌子，說了聲謝謝。

曲薇似乎有話要說卻又猶豫不決，沉思片刻後，她問我覺得她「乾爹」怎麼樣？那個人身材圓胖，四十幾歲，是一家國企公司的老闆。曲薇名義上稱呼他為「乾爹」，實則關係曖昧。曲薇見我悶不吭聲，自言自語了一句：「我『乾爹』很不錯。」我心裡想：「的確不錯，有錢有車又能說會道，每次見我總是小段長小段短的叫個不停，有時會塞一些好菸給我，只是說話官腔了點，課套話多了點。」聽說他妻子在外商公司工作，常年在國外。

曲薇說：「我懷孕了，怎麼辦？」我愣了一下，覺得這種事與我無關，問我這樣的問題未免太強人所難，於是不自然地笑了笑。曲薇看了我一眼，說她一直很佩服我。我心想這跟懷孕有什麼關係？她又說自己已經想了好幾天，想聽聽我的看法。

「天啊！」我心裡想，「我怎麼就遇上一個大麻煩了！我們才認識多久？不過一起吃了幾頓飯而已。什麼好事想不到我，晦氣的事卻找上我？」

曲薇似乎看出了我的心思，強調說不必忌諱，我想說什麼就說什麼。我思索了一會兒，問孩子是不是她「乾爹」的？她點頭。我問她「乾爹」知道嗎？她說暫時不想告訴他，因為這樣好像在威脅他。沒想到曲薇還是性情中人，都這種時候了還替別人著想，不禁對她起了了幾分敬意。我問她喜歡「乾爹」

167

第四部分：漂在北京

嗎？她沉默不語。少頃，她說不知道是否喜歡，只覺得對方人不錯，對她特別照顧，供她上學讀書，還常常買昂貴的禮物送她。

我說：「這種事別人決定不了，更替代不了，妳自己看著辦吧！」語畢，我起身告辭。曲薇卻要我多坐一會兒，並從床上起身泡杯咖啡給我。我不喜歡喝咖啡，象徵性地品嘗一口。也許是心情使然，那味道像橄欖。曲薇又回到床上，目光停留在天花板上。她尋思少許，一臉凝重地問我是不是看不起她？

「我？」我尷尬地笑了。想到剛才還在賣色情光碟，有什麼資格看不起別人呢？我說：「北京這個地方充滿誘惑，每個人都有選擇如何生活的權利，我沒有資格看不起別人，更沒有資格對別人說三道四。」曲薇淡淡一笑，說她明白我的意思。她還說到北京這麼久，沒有一個好朋友，她覺得我是個非常可靠的朋友。接著她漠然一笑，說：「我錯了，在你眼裡，我不過就是一個酒吧小姐。」她點燃一根香菸，抽了幾口，眼淚隨即一點一點地流下來，「每次看到你，心裡總會不由自主地做比較，你可以養活自己，我為什麼不能？我什麼都不差，憑什麼要當別人的玩具？」

我表示理解，說：「這種事情很普遍，你情我願，各取所需，沒什麼不好。」曲薇瞥了我一眼，將菸蒂狠狠捻滅在煙灰缸裡。她板起面孔說我嘲笑人不帶髒字。我嘿嘿一笑，換上一副善意的表情，說：「現實如此，不能睜眼說瞎話。」曲薇沒有答腔，似乎認同我的坦率直言。我們之間話不投機，只好岔開話題閒談了幾句。我覺得沒有待下去的必要，客套一番後起身告辭。

臨走前，我問曲薇願不願意聽我一句真話？她深深地望著我，認真地說請我來就是想聽真話。我很坦白地告訴她：「一個女人不應該把自己的命運與生活寄託男人的慾望上，依賴別人不是長遠之計。」我挪著凳子出去的時候，曲薇一路送到大門口。

沒想到這個平時活潑開朗、聰明伶俐的女孩，令人羨慕的背後竟然有那麼多的無奈與苦澀。也許，我看到的僅僅是冰山一角而已。

又過了幾天，曲薇再次請我過去，她說：「你好像經常在外面閒晃，可不可以幫我找間私人診所或醫生？」我以為她身體不舒服，建議她去正規醫院看看。她嘆息一聲，顯得有點無奈：「我想拿掉這個孩子。」我一愣，要她再考慮一下，她堅定地說早就想好了。其實她住的地方就有私人診所，曲薇不會不知道，她大概是不想被認識的人看到，才請我在別處找。

後來我在四季青找到一間小診所，將詳細地址告訴她。曲薇當天晚上便叫車去診所做了人流。細細想來，她也是可憐，才二十歲的女兒家，卻遇到這種事。不過她很堅強，意識到自己錯了，便沒有繼續下去。

七十六

週末，我和陳挺去天意市場批貨回來，二姐大老遠地招手示意我過去。陳挺抱著一疊畫卷跳下車。我騎車進入雜貨店。二姐夫見了我，坐在椅子上用拐杖指著我，說：「小段真不夠意思，有女朋友了也不告訴我。」我嘿嘿笑了，說我哪有資格交女朋友，別尋我開心了。他笑著對二姐說：「你看，他的嘴巴真嚴實啊！」二姐笑了，說我哪像他，芝麻點大的小事都弄得過午似的。

我看沒什麼事，客套幾句想離開，二姐笑嘻嘻地說：「慢走啊！小段，何琪的事，明天有時間再跟我們說吧！」何琪？我心裡不禁一顫。

夫妻倆笑了，問我為什麼不走？二姐夫笑我邁不開步了。我這才緩過神來，問：「你們說何琪怎麼啦？」二姐笑著說：「你真有本事，人家女孩子都追到北京來了。」我心裡七上八下，急忙問二姐怎麼回事？二姐從櫃台取出一張紙條，說何琪明天下午兩點會到北京，要我去西站接她。

「我的天啊！」我大吃一驚。

夫妻倆大笑起來，說我定是樂昏頭了，連天都喊了出來。我苦著臉說：「還樂呢！哭都沒有眼淚了。」二姐夫埋怨我不夠意思，有好事不告訴他們。他再三叮囑我帶何琪過來讓他們看看。我沒心思聽二姐夫嘮叨，腦子裡轉來轉去地想著怎麼辦。離開時，二姐提醒道：「接女朋友時別忘了買束鮮花。」

四分之一的身體，一百分的人生：生命英雄段雲球

第四部分：漂在北京

　　我回到住地，陳挺正在替畫分類。我要他停下來，快去租間房子。他看我慌慌張張的，問我發生什麼事了？我心亂如麻，來不及細說，只是強調他快點，務必當天租下來，明天就用。陳挺問我到底怎麼了？我敷衍道：「租到房子再說吧！」陳挺狐疑地看著我，放下手裡的工作。他剛走到門口，我又說：「租房子的地方離我遠一點，最好是在藍靛廠。」他詫異地問為什麼，我說晚點再告訴他。說完，我將車鑰匙扔了過去，要他騎我的車去。

　　我將畫卷分類好後，躺在床上尋思起來：「何琪怎麼突然就來了？為什麼不事先打聲招呼呢？」一連串的問號宛若烤肉用的鐵鉤，一點一點地勾心。我一再告訴自己冷靜下來，不要亂了分寸。

　　吃晚飯時，我才將事情的原委告訴陳挺，他非常高興，要我不要再錯過了，重蹈孟香的覆轍。「唉！」我無奈地一聲長嘆，說何琪來得不是時候。陳挺反駁我，說我身在福中不知福。我無話可說，緘默不語是最好的選擇。

　　我們分開後，我去了一趟曲薇家。曲薇經歷了人流事件之後，好似一下子長大許多，也把心思放在學校課業上。聽說她「乾爹」知道此事後，給了她一筆補償費。曲薇住的是獨門獨院，那時已經將其他兩間房間租給別人，儼然成了一位包租婆。

　　她一邊沏茶，一邊說我一定有事。我說沒事就不能來嗎？她笑了，說我無事不登三寶殿。我說明來意後，她不禁睜大了雙眼，嘖嘖稱奇道：「你真行，小段，真看不出來呀！」她年紀明明比我小，卻一直叫我小段。我懶得和她計較。曲薇忽然眉頭一皺，若有所思地說這種事我應該親自去。我嘿嘿一笑，說我又不能騎車進入車站，這才來麻煩她。曲薇聰明得很，直接說這不是理由。我笑著說：「哪來那麼多的理由！」她想了想，爽快地說：「小女子願意效勞！」

　　臨走時，我要她回來時叫車到長春橋，我在橋上等她們。曲薇不解地看著我，問我為什麼不進村裡非去長春橋，是不是想製造一點浪漫。我說何琪的住處在藍靛廠。曲薇以為聽錯了，確定沒聽錯時不禁搖搖頭，我聽到她在背後說我腦子短路。

七十七

我收到曲薇傳來的訊息，覺得時間差不多了，便開車到長春橋上等著何琪的到來。我想了很多見面時的開場白，覺得俗的太俗，雅的太雅，都不怎麼樣。乾脆心一橫，一切順其自然吧！

等待的時間彷彿停滯了，一分鐘比一小時還長。我眼看著一輛輛計程車從橋上疾馳而過，卻不見何琪與曲薇的影子，不免有些焦灼不安。終於一輛夏利車來到橋上，何琪與曲薇正在車裡看著我。她們剛要開門下車就被我制止了，我吩咐司機繼續開車跟我走。

我在前面引路，來到何琪的住處。陳挺早已收拾好屋子等在那裡。我們進屋後，我開始一一介紹大家。何琪很拘謹，臉紅得像熟透的西瓜。

相互寒暄一陣後，陳挺、曲薇藉口先走了。我與何琪單獨在一起，居然不知說什麼才好。她見我不說話，矜持地看著我，也說不出話來。

「一路上還好吧？」我總算找到了一句話打破沉默。她點點頭，笑著說一切都好。停頓片刻，我又想起了一句，問她家裡還好吧？她依舊點點頭說好。

我語無倫次地說，這樣就好、這樣就好。說完，自己乾笑了起來。一定比哭還難看。我說：「妳來得真是突然，我一點心理準備都沒有。」話一出口，就覺得不妥，馬上補充了一句，「妳嚇了我一跳。」

何琪兩眼不時打量我，猶豫了一下，才怯怯地說：「我想給妳一個驚喜。」我做作地笑了。

她臉紅紅地說：「今天是你的生日。」

「是嗎？」我一愣，到北京後早已忘記什麼叫生日了。何琪高興地從包裡取出一件包裝精美的衣服，遞到我面前，說是送給我的生日禮物。

我又驚又喜，又苦惱又無奈，心裡酸酸溜溜的。那是一件李寧牌的紅色T恤。她將衣服在我身上比試了一下，要我穿上試試合身與否。我只好脫下上衣穿上T恤。她馬上從包裡取出化妝盒，打開後我照一下鏡子。我對著

四分之一的身體，一百分的人生：生命英雄段雲球

第四部分：漂在北京

鏡子一看，衣服不但合身，還顯得很有精神。我知道此刻只能穿著它，一旦脫下來，何琪會不高興的。

我要她先好好睡一覺，晚點再帶她出去吃東西。她說一點都不累。我笑著說剛到北京的人都這樣，興奮過頭了感覺不到疲勞。她笑著說，真的不覺得累。

「好！」我爽朗地說馬上帶她出去轉轉。她高興地跳了起來。

北京的夜色真美，新的街，新的巷，新的酒吧，新的酒店，新的高樓大廈，櫛比鱗次，金碧輝煌。沿著新的柏油路徐徐而上，頓時來到盤根錯節、四通八達的交流道，極目遠眺，霓虹燈如兩條串在一起的夜明珠一路延伸而去，望不到邊際，彷彿綴滿繁星的天堂，拖著燈光的車輛呼嘯而過，好似夜空的流星一掠而過，一切恍如夢境，分不清哪裡是天堂，哪裡是人間。

何琪初來北京，與我當初一樣，感覺一切都那麼美麗，那麼陌生，那麼好奇。她不時發出興奮的驚叫，又不時目瞪口呆，曾多次要我臨時停車，站在她認為美麗的地方歡呼雀躍，流連忘返。看著她快樂的樣子，我想起自己初到北京時的情景。雖然我沒有她這麼近距離的瀏覽北京夜景，心情依然相當歡快。

這就是北京！看得見，摸得著，實實在在呈現出它的美麗，它的輝煌，它的繁華，甚至它無以倫比的尊貴。可是它就像蒙著面紗的聖潔少女，沒有人可以真正看清它，讀懂它，更不用說擁抱它了。

我不知道騎了多遠，只覺得控制油門的手指已經有點麻木了。我好幾次想掉頭回去，但一看到何琪高興的臉，又猶豫起來。畢竟她是第一次到北京，我不想讓她留下遺憾。

天安門在任何時候都有熙熙攘攘、紛至沓來的人群。何琪孩子似的在人群裡鑽來鑽去。她一會兒看看這個，一會兒摸摸那個，似乎不這麼做，就會少了許多到此一遊的愜意。何琪好似服了興奮劑，在坐了二十幾個小時的火車後，居然還有如此旺盛的精力。我實在感到有些累，只好提醒她該回去了。

何琪彷彿被人澆了一頭冷水。她眼巴巴地望著我，戀戀不捨地說她想再多待一會兒。

我笑著對她說：「改天一定會再帶妳來這裡。」

回程途中，我催下油門一路狂奔。何琪說自己辦了留職停薪，是瞞著父母來北京的。我心臟猛跳一下，立刻急煞停在路邊。也許是沒有心理準備，只聽見何琪驚叫一聲，差點從車上甩出去。

「妳家人不知道妳出來？」「我有留信給他們。」「天啊！」我禁不住感嘆道。何琪看著我，似乎想說什麼，欲言又止，隨即又慢慢低下頭。我點燃一根香菸吸了幾口，思忖少許，要她先向家人報平安，免得他們擔心。

我們回到藍靛廠後，敲了很長時間的大門，房東才老大不情願地開門，開門後一臉不悅地說以後別那麼晚回來。

我連連說好話賠不是。房東進屋後，我要何琪把凳子拿來。她答應一聲後飛快地跑回屋裡把凳子搬了過來，我接過後放到後車座上。她問我要做什麼，我說回家。何琪睜大雙眼瞪著我：「你不住這裡？」

我嘿嘿一笑，說那是特地租給她的房子。她「哦」了一聲，然後失望地看著我。我對她說很多女孩子和她一樣，都是一個人租房子住的。說完，我朝她揮揮手，然後發動了引擎。機車「突突突」地轟鳴起來。

「元基！」何琪忽然喊道。我笑望著她，問還有什麼事？她嘴角蠕動著，遲疑了一會兒，說：「我一個人會害怕。」她的聲音細如蚊叫。我說：「這裡還有其他住戶，大門一關，連隻老鼠也鑽不進來。」並安慰她習慣就好了。語畢，我順勢加大油門疾馳而去。

我沒有回頭看何琪，因為我沒有勇氣，一路上幾乎是慌不擇路。

隔天我睡到中午才醒。呼叫器的螢幕上，同一個號碼已經顯示了無數遍。我匆忙盥洗，湊巧剛搬過來的年輕人正在洗衣服，我們在洗手台前寒暄了幾句。他的名字有點奇怪，叫江波向。他是湖北人，大學畢業後覺得在當地沒

什麼前途，便到北京來了。他住在譚琴以前住過的屋子。我們搭訕了幾句，我匆匆去了藍靛廠。

何琪見到我，眼淚一下子流了出來。我看到她眼圈通紅，心裡很難過，連忙解釋我睡死了，才沒聽到呼叫器的聲音。我進屋子一看，何琪的床上到處都是用紙折的小船。她紅著臉說沒什麼事，折好玩的。我們聊了一些不重要的話，便到附近的餐廳吃飯。

我問她打電話給父母了嗎？她支支吾吾地還沒。於是我帶她到公用電話前，打電話給她父母。那頭接電話的是她母親，何琪顯得很緊張，不時咬著嘴唇。

母女倆談了很久，有些話我聽不太懂。也許是因為我在旁邊，何琪覺得不太方便，說話時總是小心翼翼的，有時候話到嘴邊又嚥了回去。

何琪突然將電話遞給我，說她母親有話對我說。我忐忑不安地接過電話，先禮貌地向對方問好，客套了幾句後，我很肯定地說：「伯母，請您放心，我保證會好好保護何琪，讓她毫髮無傷地回到您身邊。」為了讓她母親放心，我鄭重地發誓：「絕不食言。」然後將電話還給何琪，自己挪著凳子回到車上等她。何琪又跟母親交談了一會兒，至於說了些什麼，我就不得而知了。

七十八

接下來的日子，我天天騎車載何琪去北京各大景點遊玩。何琪很開心，笑得陽光燦爛。不過我看得出來她是在偽裝自己。

有一天晚上我正在街市上賣畫，曲薇領著何琪走到我面前。我瞪了曲薇一眼，示意她不該帶何琪來，她一臉無奈地對我笑。何琪看出了破綻，對我說是她強迫曲薇帶她來的。我嘿嘿一笑，說：「既然來了就幫我賣東西吧！」她倆還真配合，一唱一和地幫我賣畫。恰好賣色情光碟的河南男子從我身邊經過，一見我便大肆炫耀自己最近賺了多少錢，似乎有意氣我。

晚上我送何琪回住處時，她居然將我的凳子放在外頭，然後矜持地看著我。我心裡有點亂，不敢看她，顧左右而言他。我一再告訴自己要冷靜，不要衝動，心臟卻怦怦亂跳。

何琪準備了一盆水過來要我洗臉，我只好照辦。何琪洗漱完畢，從身後輕輕摟住了我。我握住她的手，吻了一下，笑著說我該走了。她將臉貼在我的背上，說不讓我走。我沒動彈也沒說話，木訥地坐在那裡。何琪見我沒反應，終於慢慢鬆開了。

我回望著她，淚水已從她眼角流下來。我輕輕擦去她臉上的淚水，微笑著說：「妳是世上最好的女孩，只有最好的男人才配得上妳。」我這麼說絕對不是恭維，更不是安慰，而是發自內心的。我沒有資格、更沒有能力接受這份厚重的感情。一個生活沒有保障的人，拿什麼去愛別人呢？

「元基，我懂。」何琪一字一句地說道，說完便回頭到門外，將凳子搬進來放到我面前。我朝她讚賞地點點頭。

回家的路上，淚水不禁奪眶而出。也許這一生再也不會遇到如此善良、單純又痴情的女孩了。怪只怪我還沒有成家立業的能力和資本。愛情與婚姻對我而言是一個沉重的包袱，我沒有能力承受它、經營它、維護它。或許等我具備了這些條件之後，愛情已離我漸遠。這就是我必須面對的現實，痛苦地接受，或者痛苦地放棄。現實和理想總是背道而馳，我陷入其中左右為難，卻又不得不做出選擇。但任何選擇對我而言都極其矛盾又痛苦。

何琪想留下來找工作，可是找了很久，一直沒有找到合適的工作。她無奈之下在一家餐廳當服務員，沒想到上班時遇上一位醉鬼對她毛手毛腳，她當下就和客人吵了起來。老闆一見何琪得罪客人，馬上讓她收拾包袱走人。

此後幾天，何琪要我陪她在北京各處觀光，我盡可能滿足她的要求。去長城時，因為路程太遠，我沒有親自陪她去，那大曲微抽出一大時間陪她遊覽了長城。

　　何琪從長城回來後問我：「我該留下來還是回去？」我笑著說她自己決定就好了。她深情地望著我，說：「一切都聽你的，你要我走我就回家，你要我留我就留下來。」

　　我苦澀地笑了，說：「每個人的命運都掌握在自己手中，任何人取代不了。」何琪淡淡一笑，點了點頭。她思忖片刻，委婉地說：「元基，你太深奧了，總是讓人摸不透。」我吞著苦水說她將來會明白的。

　　何琪走了。曲薇與陳挺送她去車站。而那天我沒有去送她，一個人在萬泉河裡游泳，一直游到筋疲力盡。曲薇告訴我，何琪很堅強、很坦然、很從容，是笑著離開的。她說何琪那一刻好像突然變得現實、超脫了。我希望這一切是真的，默默地祝福她一路平安！二姐和二姐夫說我傻，陳挺則氣急敗壞地說我不單身一輩子就是老天瞎了眼。曲薇相對理性一些，她說我太現實了，這樣活著很累。我對此一直保持沉默。其實，我當時的心情翻江倒海，「問君能有幾多愁，恰似一江春水向東流」。

七十九

　　賣色情光碟的年輕人又來找我賣光碟。我那陣子情緒低落，要他過幾天再說。也許是我運氣好，也許是上天庇佑，等我準備回去賣光碟的時候，那人卻被警察抓住了。警察在他家裡搜出一大箱色情光碟，他當下就被羈押審查了。後來聽說被判刑四年。我暗自慶幸，多虧那段時間心情不好，否則在劫難逃。那人進去不久，他女友便和別的男人同居，依然做著色情光碟的勾當。看來金錢的誘惑非同凡響，即便看到有人為此付出巨大的代價，還是有很多人願意鋌而走險。好在我不是個貪財的人，所以也少了這些風險和煩惱，當然，應該賺的錢我絕不含糊。

　　日復一日，我的生活用「苟延殘喘地掙扎著」來形容再適合不過。儘管如此，我依然忙得不亦樂乎，像童安格〈把根留住〉裡唱的那樣：「為了生活，人們四處奔波，他們在追尋什麼？」是啊！我也常常這樣問自己，可是答案卻如同宇宙的黑洞，永遠望不到盡頭。

　　潘軍到我住處辭行，說他要去廣州了，我沒有問為什麼。這種事情在北京司空見慣，今天還是志同道合的好朋友，也許明天便各奔東西、形同陌路了。在這裡，朋友之間沒有生離死別的那種厚重情感，只有祝福和再見。潘軍說他還會回來，他會在廣州闖出點名氣來。我與他擊掌相約，祝他早日風光歸來。那天我們邊吃邊聊，為了替他餞行，我破例喝了一杯啤酒。

　　從酒吧出來時，夜已經深了，我回到家門口吐了一地。江波向出來上廁所，見我吐得厲害，還以為我喝醉了，非要將我背回屋裡。我見他一番好意，不好拒絕。他將我送回屋裡後，又替我將機車牽進院子裡。

　　江波向在說話做事、待人接物方面彬彬有禮，甚得人心。尤其討女人喜歡。他知道我平時會寫作，偶爾與我談一些文字上的東西。他的記性很好，過目不忘。記得有一次，他看到我將賣不出去的山水畫墊在床板上，笑著說我「暴『診』（ㄓㄣˇ）天物」，我立即糾正是「暴殄（ㄊㄧㄢˇ）天物」，他笑了。原來他有意試探我。他事後告訴我，這個詞很少有人會糾正，我笑著說人家都知道謙虛，不像我這樣不知好歹。也許是惺惺相惜的緣故，我們透過這件事，很快成了好朋友。

　　江波向是個很有趣的人。一次我們在小南莊附近吃火鍋回來，平時從未聽過他唱歌，那天卻一路高歌。我受到他的影響，跟著他一起放聲大唱，路上行人只當我們是兩個精神病。他說好久沒有這麼痛快了，我又何嘗不是呢？他說：「和我一起出來很爽快，可以無話不談，不像在公司裡，說話做事都要小心翼翼，特別是我這樣的新人。」我開玩笑說：「慢慢熬吧！媳婦總會熬成婆。」他直言不諱地表示：「我兩年內要成為公司的主要幹部！」這小子說到做到，如今不僅是公司的主要幹部，還娶了一位北京女孩。

八十

　　二姐匆匆來我住處說，鶴崗的朋友打電話找我。她將對方號碼給我。我打電話過去，那是一家雜貨店。寒暄了幾句，店主原來是家裡的鄰居，他說小勇有事找我。小勇接電話後告訴我，說房子要私有化了，要我準備錢回家辦理產權轉讓手續，逾期不辦者按自動放棄處理。我當時沒有那麼多錢，陳

挺的薪水勉強維持生計，江波向一聽，二話不說就將當月薪水的一大半都借給我，二姐則將剩餘款項補上。

　　我籌到錢，匆匆回到鶴崗。辦妥房子的事情後，自然抽空與當地的朋友聚一聚。小海的兒子已經會走路了。小勇也開始工作了，正在做小生意。他們與我一樣，都在為了生活而忙碌。他們問我北京如何？我用一言難盡來形容。朋友說一個人在外面太辛苦了，勸我回鶴崗，我笑著說：「開弓沒有回頭箭啊！」

　　小帆結婚了，丈夫是一位廚師。她得知我回家的消息後，便與丈夫到家裡看我，邀請我去他們的餐廳吃飯。她還關切地問我有沒有女朋友，我嘿嘿一笑，說要等第三次世界大戰以後。夫妻倆面面相覷，轉而問我「為什麼？」我說到時候男人被消滅得差不多了，就輪到我啦！他們不禁笑了。

　　小帆似玩笑又不失認真地說，她知道我眼光高，看不上太普通的女人。我無奈地笑了，一語雙關地辯稱很多事情自己是身不由己。我們分開的時候，小帆以妹妹的口吻叮囑我別太挑剔了，我已經老大不小，該是成家的年齡了。我又何嘗不想呢？她哪裡曉得我的苦衷，讓自己的另一半喝涼水度日，我於心不忍啊！在家裡折騰了二十多天，臨走時特意到父親的墳地上燒了一些紙錢，然後匆匆返回北京。

八十一

　　我特意帶了些土產給二姐一家：木耳、蘑菇和松子。我到雜貨店一看，不禁愣住了，雜貨店裡是一對從沒見過的夫婦。他們沒等我說話便站了起來，女人笑著說：「你是小段吧？」我點點頭。她接著說自己是二姐的大姐，我遲疑一下才回過神來，很禮貌地喊了聲大姐，隨即笑著對男人說：「這位一定是大姐夫了。」大姐夫睞著眼對我說：「怎麼，不像嗎？」我戲言道哪能不像呢？後腦杓都貼著標籤呢！夫妻倆都笑了。

　　大姐說二姐常誇我人見人愛，沒想到我還這麼幽默。我們閒聊了一會兒，大姐告訴我二姐正在家裡煮飯。我立即回到車上，騎車直奔二姐家。二姐看

到我回來了，出門迎我進屋。我進屋後大吃一驚：二姐夫的照片鑲嵌在鏡框裡，上面掛著黑紗，下面的桌子擺著一些祭祀用品。

我訝異不已，很快反應過來，隨即輕輕走到桌前，恭恭敬敬地點燃一柱香，並且三度深鞠躬。我不知道該說什麼，二姐將飯菜端到桌上，笑著說：「來得早不如來得巧，既然來了就一起吃吧！吃飽了再拿給我大姐他們。」

吃飯時，二姐告訴我二姐夫臨終前還在掛念小段來了沒有，她說我回家辦事了。二姐夫喘著氣說：「小段不容易啊！能幫他的就多幫幫他。」聽到此處，眼淚不禁流了出來，二姐遞給我手帕，安慰道：「小段啊！別哭，他癱瘓那多年，這也是一種解脫。」我對二姐說，我不是因為二姐夫的離去而傷心，而是因為他對我的關愛之情。我何德何能？又沒有特別幫助過人家什麼，他臨終前卻還惦記著我。

二姐感嘆地說二姐夫生前與村人往來不多，沒什麼交心的朋友，卻對我特別有好感，他聽到誰說我的不是，就會替我跟對方分辯幾句。我解釋道：「也許是因為我們都行動不便、同病相憐吧！」二姐說二姐夫多多少少還是佩服我的，他一直說我是男子漢。二姐亦有同感的表示：「我認同。」

得到二姐的認同，我感到受寵若驚、忐忑不安。我很坦白地對她說，我什麼都不是，我做的一切都只是為了生活。

二姐夫是在我離開北京三天後舊病復發而去世的，享年四十歲。

半年後，長春橋村拆遷了，二姐用拆遷補償金在閔莊買了一棟新房子。我去過幾次，二姐的新家佈置得美麗別緻又不失莊重。

八十二

江波向覺得我文筆還說得過去，希望我將精力用在文字上。他為了提供安靜舒適的環境給我，我們經過商議後，搬到了香山腳下一處環境優美、空氣清新的地方。也許是因為有了依靠而缺乏危機感，也許是我根本沒有文字方面的天分，半年下來，沒寫出一件像樣的東西。

　　由於江波向表現優異得到了升遷，公司提供了一套宿舍給他，他邀我一同前往新公寓。但我因為身障的關係，不適合住在公寓，我倆只好分開了。

　　我在香山賣了一段時間的楓葉與旅遊紀念品，直到有一天，曲薇突然打電話約我吃飯，生活才發生了新的變化。

　　曲薇所在的公司與教育部聯合舉辦一次青少年作文大賽，她問我是否有興趣擔任初審評委，雖然這只是一次兼職的編外初審評委，但對評審的要求還是很嚴格的。在曲薇的力薦之下，他們老闆和我面談了一次，當下立刻決定給我這個兼職的機會。為了方便工作，我從香山搬到西北旺附近的一個小村子。從此一步一步地走向新的道路。

　　我兼職四十天後得到了五千四百元的報酬。這是我到北京後第一次一次性地得到千元以上的收入，而且完全憑藉自己的知識掙來，不禁喜上眉梢。我嘴上不說，心裡卻樂不可支。更令人高興的是，我評選出來的稿件得到了決審評委的廣泛認同，幾乎一路綠燈的通過，曲薇的老闆對我大加讚賞，以致後來只要有文字方面的工作，都會主動打電話聯絡我，並為我提供諸多方便，允許我將東西帶回家，只要按時完成任務即可。

　　隨著接觸層面的增加，我文字方面的潛能得到了極大的發揮。於是開始有人找我做校對、潤稿，編輯之類的工作，甚至替一些有資歷的人代筆寫文章。收入一天天好了起來，生活問題終於迎刃而解。陳挺也經過鍥而不捨的努力，從一名普通職員升為經理助理。

　　正當我意氣風發、躊躇滿志之時，不幸再一次降臨到我身上。這一次差點將我澈底擊垮，我度過了人生中最灰暗的日子。

八十三

　　母親來了。我接到她從車站打來的電話，又驚又喜，高興得唱起歌來。房東太太問我幹嘛這麼高興，我興奮地說：「我媽來了！」我想給母親一個驚喜，決定親自騎車去車站接她。

我一路上唱著「世上只有媽媽好……」，一路上想像著母親見到我時喜出望外的樣子。我沿著西站廣場路邊行駛，忽然聽到了久違的聲音：「兒子，我在這裡。」我回頭一看，路邊一位老太太坐在板凳上對我招手，並且吃力地站起來。

我一愣，仔細看了一眼。是她，是母親。五年的時間彷彿過了五十年。母親面容消瘦、臉色蒼白，老得我差點認不出來了。她邁著沉重、緩慢的步伐，笑嘻嘻地向我走來。我嗓子一啞，「媽」字幾乎是擠出來的。

「兒子，媽媽好想你！」母親臉上笑著，眼裡閃動著淚花。同樣的聲音、同樣的語言，人卻似是而非，我心裡不禁一陣酸楚。我深吸一口氣，緩解了一下心頭的思緒，微笑著說：「媽，上車，我們回家！」

「好。」母親應答一聲，一手提著凳子，一手提著包裹，緩緩地走了過來。她說凳子是在老家找老木匠做的，我用得上。母親上車時顯得小心翼翼。我看到她行動遲緩、沉重，與當年判若兩人，一種不祥的預感油然而生。

我從母親手裡將包裹接過來放在腳邊。母親很笨拙地坐到後座上，將凳子橫放在腿上，雙手抱著寶貝似的。長時間坐火車很累人，何況母親上了年紀。我擔心她坐在後面打瞌睡，將車速控制在二十五公里內，並且不停地問她家裡的一些情況，使她打起精神陪我說話。偶爾我稍停片刻，一邊和母親閒聊，一邊抽菸提神。母親告訴我姐姐在鎮上蓋了新房子，欠下不少債務，公司又不景氣，於是姐姐和姐夫去深圳找工作了，姪子宇鋒也一同去了深圳。母親一個人在家裡生活很久了，一直惦記著我才決定來北京。我一路上走走停停，不到三十公里的路程騎了三個多小時。

八十四

母親的食慾很差。我買了很多她平時愛吃的東西，她只是象徵性地嘗一嘗，再三囑咐我不要亂花錢。晚上睡覺時，我覺得母親身上有點燙，問她哪裡不舒服，她回答有點累。母親睡不著，與我閒話家常。她說回到老家後，大部分時間都住在鄉下老屋裡。我問她為什麼不到鎮上姐夫家住，她說常住在女婿家，會讓姐姐被婆家的人笑話的。我說她的思想觀念落伍了，母親卻

不這樣認為，她由衷地說還是和我在一起最踏實，並強調：「兒子，以後你到哪裡，媽媽就跟你到哪裡。」我將臉貼在她手上，要她放心，我們再也不分開。

　　第二天清晨，我在院子裡刷牙，房東太太到屋裡問候母親。她們寒暄一會兒，房東太太出來時，突然走到我面前，小聲地問我母親幾歲了？我口齒不清地說六十多了。房東太太驚訝地「啊」了一聲，接著說：「不應該呀？怎麼這把年紀了還有？」我問她有什麼？房東太太猶豫了一下，讓我自己進屋看看。我急忙洗了臉進屋去看母親，母親見我進屋，慌慌張張地把衣服蓋在床單上。

　　「媽，怎麼啦？」我問。母親很尷尬地看著我說：「沒事，沒事。」

　　我了解母親向來報喜不報憂的性格，便走過去將衣服拿開，頓時嚇了一跳。床單上有一灘濃濃的血跡，滲透了一大片。我心臟跳得很急，慌張地問她這是怎麼回事？母親紅著臉說：「沒事，沒事，女人不都有的嗎？」

　　我知道母親有事，看到她窘迫的模樣，又不好追問下去。於是我走到院子裡請房東太太出來，讓她代我問問母親發生了什麼事。房東太太抱著小孫子去屋裡陪母親聊了一會兒，她告訴我母親可能得了婦科病，建議我帶母親去醫院做檢查。我問她嚴重嗎？她說去醫院檢查，讓醫生判斷就知道了。我當下就打了電話給陳挺，他說正要抽空過來看望母親。母親聽說我和陳挺要帶她去醫院檢查，起初不同意，直到我板起面孔，她才不反抗了。

　　去醫院前，母親要先洗澡，我看她身體不好，便請隔壁一位女孩陪她一起去淋浴間。隔天，陳挺叫車來接母親去醫院。我隨後騎車跟了過去。

　　我們在醫院走廊的座椅上等了很久，醫生才出來問我們誰是家屬？我問醫生母親出了什麼事？她說從超音波上看子宮上有陰影，還要做電腦斷層和切片化驗進一步確診。我問她嚴重嗎？醫生說要等到檢查後才能確診，說完，幾個醫生就帶著母親去電腦斷層室了。經過一系列的檢查，母親才終於出來。醫生要我們過兩天再回醫院看檢查結果。

　　隔天母親說想出去走走，我騎車載她在西北旺附近轉了一大圈。我們路過一家照相館，母親無意中說很久沒有拍照了。我把車停在照相館門口，要母親進去拍幾張照片。她猶豫了一下，說還是算了，等二哥和姐姐聚集一堂時再照張全家福。我笑著說那得等到何年何月啊！說完，我便朝照相館裡的人招招手，請他們替母親拍張照片。母親拍完照片出來，又說想與我拍張合照，她說我們好久沒有合照了。我細細一想，上一次合照已經是車禍以前了吧？便請照相館的男人背我進去與母親拍張合照。萬萬沒想到，這一次合照竟是母親留給我最後的機會。那張照片成了永恆的紀念。

八十五

　　母親被確診為惡性子宮肉瘤。我看到診斷後不由得渾身一震。我很清楚惡性腫瘤意味著什麼。好在主任醫生信心十足地向我保證，母親已住院準備做子宮切除手術，身體很快會恢復健康的。我聽了她的話，心中一塊大石頭總算落地了。

　　母親住院需要有人照顧，我本想要姐姐火速前往北京。她在電話裡泣不成聲地告訴我，自己已經懷孕七個多月。我當下鼻子差點氣歪了，埋怨她這個節骨眼上卻什麼忙也幫不上。姐姐哭著說她馬上過來。我不耐煩地說她大著肚子能幹嘛，別來添麻煩了。我們商量了一下，最後決定讓姪子宇鋒立刻動身到北京。宇鋒十七歲了，我看到他已成長為青少年，不禁暗自感嘆：「時間過得真快！」

　　母親住院了。二姐幫忙辦理住院手續。我當時手頭現金不夠，二姐先替我墊了五千元押金。她那時新開了一家百貨批發，聞訊母親住院的消息後，特意抽出時間來醫院幫忙。宇鋒很懂事，日夜守護在醫院裡。陳挺見我通訊不便，便把手機拿給我，我將呼叫器留給宇鋒。我每天去醫院探望母親，宇鋒收到來電就會立刻到樓下接我。同病房的人剛開始以為我們是兄弟，說我們是一對孝子，得知我們是叔姪時，都說母親命好，有這樣的好兒孫。病房裡的人告訴我，宇鋒每天都替母親洗腳，我甚感欣慰。

四分之一的身體，一百分的人生：生命英雄段雲球

第四部分：漂在北京

母親旁邊的病床住著一位老太太，有一次朝兒孫發脾氣，說：「人多有什麼用，天天互踢皮球，不如人家一個身障兒子，我不如死了算了，省得你們在這裡勞心勞神！」老太太是心肌梗塞，沒幾天便走了。老太太過世以後，兒孫哭得驚天動地。

也許是受到老太太去世的影響，母親一下子變得膽小起來，脾氣很差。我不在醫院的時候，她經常無緣無故對宇鋒發脾氣，為此宇鋒在我面前哭著說他不知道哪裡做錯，母親說罵就罵，一點面子都不給。母親每次看到我便笑逐顏開，我一離開便鬱鬱寡歡。聽宇鋒說，母親很少吃東西，我到醫院的第一件事便是催促母親吃點東西。偶爾一兩天沒空去醫院，宇鋒打電話給我，說母親又不高興了，一點東西也不肯吃，整天吵著要出院，於是我馬不停蹄地直奔醫院。也許是因為我是兒子吧！母親看到我心裡總會踏實一些。每次到醫院，母親總是要我陪她聊天，我走的時候，她目光裡透著一種不安和依戀。

有一次母親問我她得了什麼病，我如實相告，並安慰她手術後就沒事了，並開玩笑說：「但妳要是還想生個弟弟妹妹給我，只怕是沒希望了！」母親難得笑了，病房裡的人都跟著笑了。有人責難地看著我，覺得我這是大不敬。而我只要能逗母親開心，其他可管不了這麼多。

母親比我想像的還要堅強。由於高燒不退，她很少吃東西，身體日趨虛弱。儘管如此，每次做檢查時，她依然堅持要自己慢慢步行過去，覺得累了才同意讓宇鋒攙扶。母親持續發高燒，沒辦法動手術，醫生建議我改用進口藥。我知道進口藥價格昂貴，硬著頭皮同意了。依照那位主任醫生的話，母親這種病花個七八千塊就行了，實際情況卻是一萬元都支出了，母親的病也沒有絲毫起色。

我開始著急起來，朋友聞訊後，紛紛主動借錢給我。陳挺和江波向竟然還跟公司借款幫我。我一看事情不妙，回到家裡考慮籌措資金的辦法。我打電話問母親的公司，詢問醫藥費是否可以負擔一些，對方卻回最近連薪水都發不出來，更別提醫藥費了。我知道姐姐的情況，要照顧姪女小思思還有尚

184

未出生的孩子，打電話給她幾乎逼她走上絕路。思來想去，我決定把家裡的住房賣掉。

宇鋒和陳挺一聽我要賣房子都愣了。他們說，房子賣了我就沒地方回去了。我故作輕鬆地對他們說：「房子沒了可以再買，人沒了有多少錢也換不回。」其實我心裡清楚，賣掉房子意味著這裡已經沒有我的容身之處，我成了真正意義上的遊民。但在這種情況下，我不賣房子又能如何呢？我甚至做了更壞的打算，房子賣掉若還不足以支付醫療費用，便去街頭賣藝乞討。只要能治好母親的病，我願意做任何事情。當時的情況，倘若我是健全人，很可能用極端的方法來解決問題，老天卻不給我這樣的機會。也許是上蒼有眼，看到我的血管裡流著不安分的血，所以早早地廢掉了我的武功，以免禍及他人。

房東太太看我每天忙來忙去，往返醫院與住處之間，卻依舊談笑風生、從容鎮定，跟沒事人似的，非常欽佩。她還誤以為我很有錢，逢人便誇：「這年輕人真了不起，他媽媽住院了，他卻不在乎花了多少錢，整天笑嘻嘻的。」她根本不知道我已是強弩之末，精神狀態和經濟狀態都已到了崩潰的邊緣。

八十六

我打電話給小勇，委託他盡快將房子賣掉。我家的房產證和戶口名簿都放在小勇家裡，要他辦理這件事情比較方便。他問我發生了什麼事，我撒謊說做生意亟需用錢。再三叮囑他越快越好，晚了就來不及了。小勇人雖小，思緒卻很清楚。他要我馬上寫份委託書寄過去。我當即寫了委託書，並按上了自己的手印。好在房產證和戶口上的戶主都是我的名字，小勇辦事起來很方便。他接到委託書後，馬上開始四處聯繫買主。

那日我與往常一樣到醫院探望母親，剛好遇到一位護理師出來買東西。她是剛來醫院實習的新人，我們打了聲招呼，剛要騎車離去，她卻叫住了我。我以為她有什麼事，便將車停下。她看著我，顯得有些猶豫。我笑問她有什麼事？她左右看了看，才小心翼翼地說：「有件事不知道該不該告訴您……」我笑著說有什麼事儘管說。她有點顧慮地悄聲告訴我：「令堂的病是子宮頸

第四部分：漂在北京

癌末期，已經擴散，有多少錢也沒用了。」我大吃一驚，問她是怎麼知道的，為什麼醫生沒有告訴我？她說：「這是主任醫生親口說的，醫生之所以不告訴您，是想要令堂再多住些日子，到最後實在不行了，再下病危通知書，這樣醫院可以增加收入。」

說完，護理師急匆匆地走了。我愣在那裡，過了好一陣子才緩過神來。宇鋒下來接我，我要他背我直接去主任醫生的辦公室。醫生見了我，微笑著打招呼，我坐在對面的椅子上開門見山地問：「家母的病到底如何了？為什麼遲遲不動手術？」她瞇起雙眼，笑著說不用著急，醫院還在觀察中。我板起面孔說：「這都觀察二十幾天了！還要等到什麼時候？」她說要根據實際情況而定，她們正準備請專家會診，很快會有結果的。我再也按捺不住，朝她大吼起來：「有沒有搞錯！都二十幾天了還沒有結果？而且妳不是保證過，家母動完手術就沒事了嗎？」醫生馬上矢口否認做過這樣的保證，並且振振有辭地說：「醫院從不保證任何病人的康復，我們只是盡力而為。」我不禁火冒三丈，聲色俱厲地瞪著那位醫生，恨不能馬上撕爛她那張臭嘴。

幸虧宇鋒輕輕拉了一下我的衣服，否則後果不堪設想。我心裡突突直跳，卻咬牙切齒地告速自己：「一定要冷靜，現在還不是發脾氣的時候，母親的病要緊。」我狠狠瞪了那位醫生一眼，悻悻然地問她要觀察到什麼時候？她說很快了。在場的其他醫生和護理師都用官腔安慰我，並且示意宇鋒把我背走。宇鋒走到我面前，膽怯地看著我，說：「叔叔，我們先去看奶奶吧！」

我心裡像壓著抖動的石頭般「怦怦」亂跳，看到宇鋒神色緊張的樣子，我才意識到自己失態了。我深深地吸了一口氣，漸漸地冷靜下來。

宇鋒眼巴巴地望著我，小心翼翼地說：「叔叔，我們走吧？」

我喘著粗氣點點頭。宇鋒背我經過走廊時，我說想在走廊的窗台上歇息一會兒。他問我怎麼了？我說沒事。坐在窗台上，我點燃香菸吸了幾口，等情緒穩定之後，才回病房看望母親。母親看到我立刻振奮起精神，忙著問這問那，我微笑著敷衍了幾句。她見我心情不好的模樣，關切地問我：「兒子，哪裡不舒服？」

我強顏歡笑地說沒事。母親嘆息一聲：「兒子，這段時間你辛苦了，都是媽媽不好，連累你了。」

我勸她不要胡思亂想，撒謊說剛才看到一個身障者在路邊要錢，覺得同病相憐。母親信以為真，對同室的病友說：「別看我兒子這個樣子，心腸可好得很呢！」

也許是因為母親常在病友面前說我好話，病房裡的人對我非常友好，誇我是孝子。其實我只是在盡一個「人子」的義務，「孝子」二字從何談起呢？每個人都應該對母親懷有一顆感恩的心。如果母愛是海，我們為母親所做的一切充其量是一朵小小的浪花。永遠不能把對父母應盡的義務與責任作為孝心來炫耀，這種沽名釣譽的行徑極其卑劣。世上只有偉大的母愛，沒有偉大的孝心。所謂的「孝子」只是對生命的尊重而已。

八十七

母親天天盼望做手術，早已等得不耐煩了。那天我剛到病房，她便問我為什麼還不做手術？我笑著說時候還沒到。我們正在談話時，有位護理師進來請我去主任醫生辦公室一趟。我要母親稍等，便與宇鋒去了辦公室。接待我們的不是平常那位主任醫生，而是一位戴著眼鏡的女醫師。她態度謙和，口條清晰。我剛坐下便聽到她嘆息一聲，然後表情凝重地望著我。

我心知肚明，攤牌的時候到了。我要宇鋒出去買包香菸，他不太情願地離開病房。女醫師心領神會，隨即鄭重其事地通知我，經過專家會診，確定母親的癌細胞已經擴散，唯一延長壽命的辦法是化療。說完，她忸怩作態地看著我。儘管我早有心理準備，此時仍然方寸大亂，腦子裡一片空白。

女醫師見我沉默不語，小聲地問我有什麼打算。我愣了一下，下意識地應道：「要是知道怎麼辦，我就不用來醫院了。」女醫師深感遺憾地安慰了幾句，將一張單子慢慢遞到我面前，果然是我最不願意看到的病危通知書。我斜睨了她一眼，問她結果是不是早就出來了，一直拖著不告訴家屬。她辯稱剛診斷出來，並強調是專家會診。我知道所謂的專家會診不過是冠冕堂皇

的託詞罷了，不禁忿忿地冷笑道：「醫院快變成掛羊頭賣狗肉的地方了。」女醫師立刻嚴肅地表示他們已經盡力了。

我此刻終於明白：醫院掛著「救死扶傷」的牌子，做的卻是「以病撈錢」的勾當，所謂的醫德醫風早成了一句美麗的謊言。

女醫師看到我面露慍色，含蓄地催促我快點拿定主意。她還委婉地說我如果不相信他們，可以申請轉院。我一聽她話中有話，實際上是下逐客令，於是問她是否還有轉院的必要？她諱莫如深地笑了笑，那副表情比哭還難看。我猶豫片刻，無奈地在病危通知單上簽下自己的名字。這時女醫師支支吾吾地告訴我，母親住院押金快用完了，要繼續治療就必須快點交上押金，他們好安排化療事宜。我很沉重地點點頭。

回到病房，母親問我醫生跟我說了什麼？我笑著說沒什麼，只是通知我準備化療。母親問我什麼叫化療？我那時也不明白何為化療，敷衍說是手術前的一些準備工作。母親一聽要做手術了，顯得很高興，她說整天待在醫院煩死了，早做手術早出院，免得受罪。我好言安慰她一番，心事重重地離開了醫院。

我開車走出醫院大門，眼淚不禁奪眶而出。我當時戴著墨鏡，眼前模糊一片，差點被一輛疾馳而來的轎車撞到，驚出一身冷汗。我心有餘悸地將機車停在人行道上，擦了擦鏡片上的淚痕，然後坐在車上點燃一根香菸，猛地吸了起來。我悔恨交加，懊悔當初不該把母親送到這家醫院治療。也許正是因為如此，耽誤了母親病情的黃金治療時間，演變到無力回天的地步。我意識到母親一天一天離我遠去了，淚飛頓作傾盆雨。

一個小學生騎著腳踏車從我身旁經過，誤以為我的車拋錨了，他停下來問我：「叔叔，您需要幫忙嗎？」我愣住了，稍作遲疑，很狼狽地擦了擦臉，笑著對孩子說叔叔沒事，只是沙子吹進了眼睛。孩子詫異地看著我，友善地揮揮手，騎上腳踏車走了。我望著孩子遠去的背影，不由得感慨萬千：「做一個孩子真好！倘若我是孩子，時光停留在過去，母親還是那個健康、充滿活力的母親，那該有多好啊！」

當我看著眼前行色匆匆的陌生面孔，我知道自己與許多人一樣，別無選擇地走在了人生的坎坷路上，已經不能回頭了。於是我擦乾眼淚，騎車奔向回家的路。

晚上，陳挺應約來到我的住處。他得知情況後，氣得大聲問候對方母親，嚷著要去找那位主任醫生算帳。我要他冷靜，說要怪只能怪這個醫療制度，慣壞了那些沒有良心的醫生。我們正在商量下一步，剛好小勇打電話來告訴我房子已找到買主，要我給出價位。陳挺見我要賣房子，急忙將電話拿過去，請小勇等一會兒，稍後再打電話通知他。陳挺掛斷電話，謹慎地建議我重新考慮，他說既然母親已經這樣了，賣掉房子也解決不了問題。我無可奈何地說：「總不能眼睜睜地看著母親去死吧？」

陳挺嘴唇蠕動幾下，欲言又止。他見我決心已定，只好打電話通知小勇按計畫進行。我不再顧及面子與自尊了，開始厚著臉皮東挪西借，又籌措到幾千元押金交上去，然後等著小勇將房款寄過來。那段日子我飽嘗人情冷暖的真正滋味。有的人真情相助，有的人肝膽相照，有的人旁觀徘徊，有的人退避三舍。我衷心地感謝那些或多或少給我幫助與支持的人，是他們陪我一起走過了那段陰霾的日子。

有位叫高偉的小夥子當時正在市場開雜貨店，我經常去市場買東西，和他有了一些交情。那時他的女友快臨盆了，正是需要用錢的時候。他得知我的情況後，依然主動借了我兩千塊，並且告訴我什麼時候有錢再還他，我感動得說不出話來。我們現在成了非常要好的朋友。高偉最近買了新車，又添了一個寶貝兒子，日子過得越來越順遂。我們一見面總要好好聊聊。回憶當初，真是感慨萬ㄒ。

八十八

母親做過化療，病情不僅沒有好轉，反而愈發嚴重了。她目光呆滯，面色灰暗，瘦骨嶙峋。她的頭髮一綹一綹的脫落，頭頂已經露出頭皮。母親焦躁不安，有時狠狠揪下一綹頭髮，拿在手裡看了許久，然後一根一根扔到痰盆裡。

第四部分：漂在北京

　　我問醫生這是怎麼回事？他們說這是化療期間的藥物反應。我問醫生母親還能堅持多久？他們避而不談、敷衍了事。他們只通知我，母親又欠下一千多塊的醫療費，催促我快點去繳費。我氣得肺都快炸了，卻咬緊牙關不露一絲痕跡。我終於體會到那句老話「人在屋簷下，不得不低頭」的無奈和困窘。

　　母親似乎預感到災難的來臨，將我叫到床前說：「兒子，算了，不要再花冤枉錢了。」我故作輕鬆地安慰她，說錢不是問題，花了可以再賺。我要她好好配合醫生治療，並且笑著說一切會好起來的。母親一臉憔悴地笑了，握著我的手說：「兒子，媽媽對不起你，辛苦你了！」我心如刀割，將臉貼在母親滾燙的手上，歉疚地說：「媽，我是您的兒子，您這樣說不是見外了嗎？」

　　母親苦澀地笑了，然後大聲炫耀道：「我兒子是全世界最好的兒子，我孫子是全世界最好的孫子，我什麼都不怕！」我聽得出來，母親這話是說給別人聽的。

　　我臨走時問母親想吃什麼，她說沒胃口，隨便。那段時間母親每天只喝一點粥。我說要買一箱八寶粥給她。

　　隔天，我帶上身上僅剩的一些錢，剛準備去醫院，宇鋒突然打電話過來，哭著說母親不見了。我嚇了一跳，急忙問他出了什麼事？他說母親要下樓走走，他就陪著下來了，母親說想吃水餃，他去買水餃，回來時奶奶就不見了。我要他回病房找找，他說整個醫院都翻遍了。我只覺得腦子「嗡」一聲，頓時愣住了。若不是宇鋒還在電話裡大聲叫喊，我一時沒反應過來。遲疑了一下，催促他繼續尋找，說我馬上過去。我將此事告訴陳挺，他要我別著急，他立刻從公司趕過去。

　　正當我驚魂未定之際，卻見母親回來了。我驚愕地望著她，懷疑是不是自己看走眼。母親笑嘻嘻地走到我面前：「兒子，我回來了！」

　　「媽？」我說不出話來。這時才看到母親身後還跟著一個胖胖的中年男子。母親看到我發呆，笑著說：「兒子，快給這位大哥車錢。」

「喔！」我下意識地應道，慌忙掏出一張鈔票遞給對方。那人開車走後，母親將事情的原委告訴我：她有意支開宇鋒，自己走到醫院門口招計程車回來了。母親說話時不無得意，似乎做了一件很開心的事情。我叫苦連天，可是看到母親平安歸來，總算鬆了一口氣。

母親有些睡意，進屋後躺在床上笑著說：「還是自己家裡舒服自在。」房東太太見母親回來了，急忙過來問候，倆人有說有笑地交談起來。我這才想起要打電話給陳挺和宇鋒。兩位老太太聊了一會兒，房東太太說：「小段的媽媽，您要是想吃點什麼，小段不方便做，您跟我說一聲，我做給您吃！」母親笑著說以後少不了麻煩她。

陳挺和宇鋒回來後覺得不可思議，母親都虛弱成這樣了，居然還能自己叫車回來。宇鋒哭著說：「奶奶您怎麼能這樣呢？您要是出事了，叔叔還不扒了我的皮！」母親躺在床上有氣無力地提醒我：「陳挺這段時間也辛苦了。」她要我去買點菜回來，留陳挺在家裡吃飯。

我與陳挺相視而笑，然後一同乘車去市場買東西。陳挺問我接下來怎麼辦？我說再回醫院沒有任何意義，只能走一步算一步了。陳挺眼淚忽然掉了下來，說自己沒用，關鍵時刻起不了作用。我拍了拍他的肩膀，說我們都盡力了，即便我們都是有錢人，這種事也無可奈何。他哽咽著說：「至少可以讓伯母她……」我打斷他，無奈地說順其自然就好，要怪只能怪我這幾年沒有陪在母親身邊，要是早點發現母親生病，也許還有得救。

吃飯時母親只喝了幾口湯。宇鋒想起還有些東西放在醫院沒有拿回來，我說算了吧！那些盆盆罐罐拿回來也沒用，何況我們還欠醫院一千多元的醫療費呢！姪兒問我那怎麼辦？我瞥了他一眼，讓他別問了。

隔天，某醫生打電話給我，客氣地詢問了母親的病況後，提到了醫療費的問題，我笑著告訴她，這件事請主任醫生親自與我聯繫，否則免談。主任醫生真的打電話過來，與我客氣的交談起來。我很禮貌地向她問好，甚至向她家人問好，卻隻字不提醫療費的事情。對方見我說話牛頭不對馬嘴，有意迴避，只好將話題轉到醫療費上。她說馬上要結算了，欠下的醫療費他們部門必須自行吸收，希望我能理解。我笑著問她有多少，她說了一個數字，又

說考慮到我是身障人士，替我去了零頭。我故作遲疑地猶豫片刻，然後笑嘻嘻地說：「不如這樣吧！等哪天妳不小心被車撞死了，我會燒幾億的紙錢給妳。」說完，我掛斷電話。

憑心而論，我當時的做法很對不起那位醫生。在醫療體制普遍存在弊端的時候，作為個體她能決定什麼？就整個大環境而言，她算得了什麼呢？我將矛頭直接指向她的確有失公允。其實，我耿耿於懷的是她向我做出保證後又矢口否認的蠻橫態度。因此才上演了我蠻不講理的一幕。

我一直對醫生、教師、軍人這三種職業心存敬意。從母親住院以後，我逐漸發現醫生這個職業太令人匪夷所思了。當它真正救死扶傷的時候，無疑是最美麗、最聖潔的天使；可是當它失去良知或麻木不仁、見利忘義的時候，無疑又是最醜陋、最骯髒、最冷酷的魔鬼。甚至比真正的魔鬼還可怕。因為真正的魔鬼面目猙獰，我們可以避而遠之，而披著天使面紗的魔鬼，我們防不勝防。毫不誇張地說，醫生這種職業就是在天使與魔鬼之間舞蹈，無論它擺出什麼樣的舞姿，看上去都很美。也許有一天，當醫生不再是天使或魔鬼了，才是病患真正的福音。

八十九

母親的身體一日不如一日了，大小便總處於失禁狀態。我只好買回一箱箱成人尿布供她使用。由於天氣炎熱，母親身上發出難聞的氣味，我又買回一個加大的浴盆給母親洗澡。母親開始還可以自己洗澡，漸漸就力不從心了。我和宇鋒畢竟是男人，都不太願意幫母親洗澡。無奈之下，只能像小孩似地猜拳，誰輸了誰就幫母親洗澡。房東太太偶爾也會主動過來幫忙。愈是這樣，母親愈是離不開我，即便我只是出去買菜，她都硬要同去，生怕我跑了似的。我實在沒轍，買了一條背嬰兒的背帶，出去時用背帶將她固定在車子後座。

最令大家傷腦筋的是，母親時常高燒不退，晚上睡不著覺便折騰得全家都無法入睡。後來我和宇鋒分工，一個守前半夜，一個守後半夜，輪流照顧她。有天夜裡我在熟睡中聽到「撲通」一聲，急忙起身查看，原來是母親從床上摔到了地下，我馬上挪著凳子過去攙扶母親。我看到母親的臉皮磨破了，

一氣之下一巴掌狠狠打在熟睡的宇鋒臉上。宇鋒驚醒後欲哭無淚。我見他委屈的樣子，心裡不禁酸楚起來：「他才十七歲，如此精心地照顧奶奶已經很不容易了，更何況這根本不是他份內的事。」原來是母親急著出去上廁所，看到我和宇鋒都在熟睡，不忍心叫醒我們，沒想到下床時雙腿發軟，這才跌倒了。

我不想重蹈覆轍，於是買了兩架很矮的鋼絲床，要母親每天睡在墊著厚被子的鋼絲床上，我與宇鋒輪流睡在另一架鋼絲床上守夜。從那以後，宇鋒守夜時再也不敢打瞌睡。

母親很堅強，疼痛時極少呻吟。她聽說「哌替啶」很貴，不肯注射，實在疼得受不了時，就服用大量普拿疼。我怎麼勸她都沒用，有時我急得朝她大吼大叫，她才勉強同意注射一針。村裡的醫生替母親注射時經常對我說，母親是少有的堅強女性。

母親意識到自己快不行了，最大的心願是回老家。雖然她沒有說出來，言行舉止中卻明顯地表露出她想回老家入土為安的迫切願望。我深知鄉卜的習俗，送母親回去入土為安需要一筆龐大的費用，遺憾的是我已經沒有這樣的經濟能力了，即便有這樣的能力，我也不敢送她回去。因為母親的身體脆弱得像一根枯草，極有可能在途中便撒手而去。每每想到此處，我不禁深感內疚，心裡隱隱作痛。

母親到了臨去的邊緣，有時清醒有時糊塗，說話語無倫次。不過念念不忘的還是二哥、姐姐什麼時候過來看她。我到北京以後，早就和二哥失去聯繫，他留給宇鋒的手機號碼早已打不通。姐姐當時即將臨盆，根本來不了。我只好對母親撒謊，說他們很快就來了。宇鋒急得在背後直罵他父親，我笑著斥責他大逆不道。

房東太太見母親快不行了，有一天邀請我去她屋裡。我明白她的心思，笑著請她放心，母親一旦出現不好的徵兆，我會立即送到醫院去，絕不會讓母親在家裡離開。她見我早有心理準備，不禁豎起大拇指，她說需要幫忙的地方不必客氣，我向她表示感謝。二姐常打電話來詢問母親的病情，我都敷衍過去。我知道她很忙，這種情況下沒必要給她添麻煩。

　　母親作了一個夢，夢見我結婚了。她說新娘是小燕子。母親自從看了《還珠格格》以後，就很喜歡小燕子，也許是「日有所思，夜有所夢」吧！於是在夢裡上演了這一齣好戲。院子裡的人都覺得好笑，只有我沉默不語。我看到母親的神智紊亂，又多了幾分苦澀與沉重。

九十

　　母親大小便流出像膿水一樣的東西，我看了心如刀割。時間從來沒有像現在走得這麼快，母親離我越來越遠，幾乎進入倒數計時。我真希望一天能像一年一樣漫長，母親多在幾天，就多給我幾年盡義務的機會。可是我知道，上天永遠不會給我這樣的機會了，祂要在我心裡充滿難以彌補的遺憾，讓我這輩子都懷著一顆對母親歉疚的心。我欲哭無淚，只有痛苦又無奈地等待，這種煎熬宛如在油鍋裡掙扎。

　　那天母親精神突然好轉，非要我騎車載她出去玩，我喜出望外。當宇鋒準備用背帶將母親固定在車座時，她拒絕了。我見母親精神不錯，便同意了她的要求，不過我騎車時一樣小心翼翼。我問母親想去哪裡，她想了想，說去河邊走走。我沿著河邊騎了一段路，母親要我在一棵大樹下停車。她慢慢下車，望著河裡的流水問我：「兒子，這些水才哪裡來的？」我告訴她好像是密雲水庫。她又問我流到哪裡去？我說昆明湖。母親望著河水發了一會兒呆，喃喃自語：「這水要是能流到老家那條河就好了。」我笑了，說母親的想像力真豐富，那樣的話這條河應該叫天河，而不是萬泉河了。

　　母親坐回車上，向我要了一根煙，津津有味地抽了起來。我很訝異，因為母親住院以後經常說嘴裡發苦，抽菸頭會暈。已經很久沒有抽菸了。我擔心母親坐在車上久了會累，委婉地對她說有點餓了，想回家吃飯，她又堅持坐了一會兒才同意回家。一路上她的目光始終若有所思地望著緩緩流去的河水，好似意猶未盡。

　　回到家以後，我問母親有沒有胃口吃東西？因為她連續幾天沒有進食了，我一直在想辦法給她補充營養。母親想了想，孩童似地笑著說，想吃我以前做過的辣炒鴨子。我非常高興，母親有了食慾，說明她身體比我想像中的好。

我要宇鋒好好照顧母親，自己騎車到市場買了隻鴨子。這是母親來到北京後吃得最香的一頓飯。其實母親生病是不該吃辣椒的，不過看到母親吃得津津有味，實在不忍心阻止。心裡想：「管他呢！只要母親愛吃、想吃，吃得高興，別說是辣椒，就是想吃人肉，我也會割一塊下來給她吃。」

母親吃了小半碗飯，已經創住院後的記錄了。吃完飯後，母親又吃了一粒新鮮桃子與幾口西瓜，然後要我騎車載她出去晃晃。我要她休息一會兒，她精神抖擻地說：「我感覺今天身體好多了！」我拗不過她，帶她漫無目的地繞了一大圈，她笑得像個小孩子。偶爾路過車站，她要我停車。她慢吞吞地下車，然後在等車的人群裡看來看去，當看到她喜歡的女孩，她就對人家傻笑，嚇得人家不敢看她。

母親回到車上，我問她幹嘛那樣看別人？她笑嘻嘻地說：「要幫我兒子找個好女孩當老婆啊！」我忍不住笑了，說她想要媳婦想瘋了。她立刻埋怨我：「當年那個女孩多好，你啊！眼光太高了，這樣不好！」

我知道母親說的是孟香，心想：「幸虧她不知道何琪來北京的事情，否則不罵死我才怪。」母親掰著指頭數起來，她說我要是和孟香在一起，孩子現在都六七歲了吧！我嘴上不說什麼，心裡卻酸酸的。又一想，真若那樣，也許現在生活在家庭瑣事的水深火熱之中，也許在為柴米油鹽醬醋茶發愁呢！母親免不了數落我一頓，然後一再叮囑我，遇到好女孩就不要再錯過了。我只是笑，我早已習慣了她的絮絮叨叨。我再不孝，也不至於頂撞身患絕症的母親。如果說我是一塊稜角分明的頑石，母親無疑是轉動的沙輪，早已將我打磨得光潤圓滑了。不知不覺，我在母親患病期間又成熟了許多，老練了許多。經歷的事情多了，人也就真正長大了。

九十一

隔天一早，宇鋒做好早餐叫我和母親起床吃飯。我走到洗手台前刷牙，屋內的宇鋒突然大聲問我：「叔叔！奶奶怎麼叫不醒？」

我一邊刷牙，一邊口齒不清地說也許是昨天太累了。宇鋒把早餐端上桌子，我走到母親面前輕輕叫了兩聲。母親沒有反應，我又提高聲音叫了兩聲，

第四部分：漂在北京

母親依舊沒有反應。我納悶了，將臉湊到母親耳邊再提高嗓門喊了兩聲，母親還是沒有反應。我下意識地握住母親的手，感覺她的手很涼，心裡不禁「撲通」亂跳。我立即跳到床上把母親扶了起來，朝她大聲喊了幾句。母親氣若游絲地「嗯」了一聲，緩緩睜開了眼睛，目光呆滯地看了看，隨即又閉上了。我知道大事不妙，讓宇鋒立刻到外面找車來。我用力按住母親的人中，不斷地喊她。房東太太急忙跑了過來，她用力搖著母親的雙手。母親終於睜開了雙眼，我要她保持清醒。她輕輕地說累了，想再睡一會兒。我大聲提醒她千萬別睡著，她「嗯」了一聲。

宇鋒叫來一輛計程車，眾人手忙腳亂地把母親抬進車裡。我和宇鋒在車裡不停地呼叫母親，直到三零九醫院。我看到醫生將母親推進急診室，心裡一下子緊張起來。幾分鐘後，一位男醫生從急診室裡走出來，問誰是家屬？坐在急診室門口旁邊椅子上的我慌張應道：「我是她兒子。」

醫生看了看我，遲疑了一下，問母親是什麼病。我語無倫次地將母親的病情告訴醫生。他猶豫片刻，用溫和的口吻問我還搶救嗎？他的眼神已經說明這種搶救是徒勞的。醫生見我猶豫不決，小聲說搶救過來了也活不久。我喘了一口粗氣，很壓抑地說：「救！」醫生詫異地睜大了眼睛，隨即搖了搖頭。他要我先到旁邊的窗口付一千元急救費押金。我將錢包遞給姪兒，要他盡快去辦理。醫生又看了我幾眼，匆匆進了急診室。我知道他是一番好意，卻說不出「放棄」二字。因為我想起母親當年為了救我，給醫生下跪的那一幕。母親的一生，為了我，為了我們這個家，付出的太多太多了。這個時候我若是放棄，實在邁不過良心這道檻。

大約過了一刻鐘，醫生走出來說，人是醒過來了，但不知道能撐多久。按醫院規定，要立即辦理住院手續，需要付五千元的押金。我當時沒有那麼多錢，那位醫生見我很為難，主動找到觀察室的負責人，將我的情況告訴他們。觀察室的主任看到我確實困難，要我先交一半押金即可。我已是山窮水盡，只好對他說請讓母親先住進去，我回去領錢，他同意了我的請求。我看到母親渾身插著許多輸液管，從急診室轉移到觀察室。我輕輕喊了母親幾聲，

她只是「嗯嗯」應道，眼睛卻一直沒有睜開，好似在說夢話。我吩咐宇鋒幾句，叫車離開醫院。

我在車上打電話給陳挺，將詳情告知，他要我去公司門口等他。司機按著陳挺電話裡說的地址開車疾馳而去。陳挺那天很忙，沒有時間陪我搭車回醫院，他將兩千元塞到我手裡，說了幾句安慰的話，便匆匆上樓了。

我趕回醫院後，要宇鋒先把押金交給收費的人。然後我們叔姪倆就一直守候在病床邊。母親從急診室出來，始終處於半昏迷狀態，無論我們如何喊她，也只能偶爾聽到她喉嚨裡「嗯」地一聲。到了晚上，母親的身體已經拒絕液體輸入，心臟一度停止跳動。醫生、護理師一頓忙碌，心臟才逐漸恢復微弱跳動。醫生好不容易在母親身上找到血管，針頭插進去後，液體卻輸不進去。我親眼看到醫生切開了母親的頸動脈，將針頭插進去，慘不忍睹。我看到母親被折騰來、折騰去，心裡非常難過。甚至後悔起來，早知道會看到她這樣活受罪，不如讓她在睡夢中靜靜離去。

半夜十一點多，母親忽然睜開了雙眼，看著我和宇鋒，然後氣若游絲地叫著二哥、姐姐的名字，問我他們來了沒有？我強顏歡笑地說他們正在路上。母親蒼白的臉上微笑了一下，斷斷續續地告訴我，二哥、姐姐來了一定要叫醒她。我笑著說一定。母親慢慢合上眼睛，此後永遠沒有睜開。

十二點五十五分，母親心臟停止了跳動。醫生連打了幾針強心劑，已經無力回天。宇鋒「哇」一聲嚎啕大哭，我厲聲叫他閉嘴。宇鋒抽泣著，果然沒有出聲。護理師將一塊很大的白布慢慢蓋在母親身上。我將母親垂在外頭的手輕輕塞進布下。醫院有專人將母親送往太平間，他們問我還有什麼要求嗎？我木訥地搖搖頭。我沒有送母親去太平間，吩咐宇鋒記下母親在太平間的號碼。我看到眾人推著母親漸漸遠去，頓時呆若木雞，腦子裡一片空白。

宇鋒淚痕斑駁地回來了，我擦去他的眼淚，讓他去醫院門口叫車。我在車裡打電話告訴陳挺，母親已經走了。他在電話那頭放聲痛哭，說要馬上過來。我阻止了他，說明天有許多事要做，先好好睡一覺吧！說完，我掛上電話。

那天是六月二十五日。母親走完她忙碌的一生，辛苦的一生，歷經坎坷磨難的一生。

九十二

隔天一早，陳挺急急忙忙地趕來了。我們寒暄了幾句，他要打電話給朋友，說要多叫一些人來。我打斷他，說沒有人喜歡去殯儀館，也沒有人喜歡參加葬禮。他執意要多找些人來，我板著面孔沒好氣地說，這種事沒必要傳得人盡皆知。陳挺見我生氣了，只好作罷。我們買了一些陪葬品後直奔醫院。在醫院辦完了手續，我們到太平間接母親。

在太平間門口，有專門替死者穿戴衣物賺錢的人主動找上我們，說要幫母親穿戴衣物。我拒絕了，說我要親手替母親穿戴衣物。也許是熱脹冷縮的原理，工作人員將母親從冰櫃拉出來的時候，她的眼睛直愣愣地睜著，好似永不瞑目。陳挺和宇鋒看到母親睜著的雙眼，不免有些恐懼，站在旁邊不敢靠近。我挪著凳子走到母親面前，將手掌覆蓋在她的眼睛上。母親額頭冰冷，好似一陣西伯利亞寒流迅速傳遍我的身體，直達內心。

過了一會兒，我感覺手掌下面潮濕了才慢慢抬起手來，輕輕將母親的眼簾合上。我將臉貼在母親冰冷的臉上，要她放心，她交待過的事情我一定辦到。說完，我開始幫她換衣服。陳挺與姪兒看到我鎮定自若，處之泰然，膽子漸漸大了起來。他們小心翼翼地靠近幫忙，起初有些膽怯，很快便從容自若了。母親當時如石塑一般僵硬、冰冷。與其說我在幫母親換衣服，不如說我只是做做樣子。真正替母親換衣服的還是陳挺和宇鋒，沒有他們幫忙，我根本什麼都做不了。我不過是在精神上起了一點支撐的作用。

我要司機開車直奔火化場，陳挺要替母親在殯儀館做個簡單的送別儀式，我對他說形式上的東西就免了吧！他仍然堅持要做，我苦笑著說要顯擺我們還沒有資格，沒必要打腫臉充胖子。我讓司機直奔火化場。

陳挺和宇鋒去辦理火化前的一些手續，我坐在火化場的椅子上等他們。那天正好有一位兒孫滿堂的老太太過世，大家哭爹叫娘的，非常熱鬧。我看到這一切，心裡不禁淒涼落寞起來。我恨自己，連為母親辦一場像樣的喪事

都做不到。陳挺和宇鋒辦完手續回來，看到人家個個披麻戴孝、哭喊熱鬧的場面，心裡很不是滋味。我安慰他們，說：「何必要這麼多人來辦這點事情，有我們三個人就成了，我們是以一頂百，比他們強多了。」陳挺和宇鋒面色凝重，沉默不語。

「別看這些人哭得昏天搶地的，說不定都在想著回家後如何分家產呢！」其實，我只是「吃不到葡萄說葡萄酸」罷了。誰不想自己父母的喪事辦得風風光光的呢？我不是不想，而是不能。只好以此寬慰自己。

陳挺為母親買了一個骨灰罈。在專門燒紙錢的地方，宇鋒跪在母親面前，燒了一大堆紙錢。最後，我們將母親的骨灰罈放在殯儀館。

晚上我們在餐廳吃飯，陳挺和宇鋒一直喝悶酒，氣氛非常壓抑。等他們喝多了，才有了一些活躍的氛圍。陳挺問我以後怎麼辦？我笑著說：「還能怎麼辦？殺人償命，借債還錢，想辦法賺錢還債吧！」宇鋒酒勁一上來，說話便口無遮攔：「叔叔！我怎麼想都想不明白，為什麼奶奶的事要你一肩扛著，我爸跟姑姑怎麼就不用管呢？」我說不知者無罪，二哥完全不知道母親生病的事情。宇鋒漲紅著臉，說：「我爸分明是沒那個心，要是有心，平時就會打電話關心奶奶！」我說也許二哥現在過得也很不如意，所以沒面子打電話聯繫母親。

「東北人不是最愛面子了嘛！」我笑道。我嘴上這樣說，心裡卻責怪兄長，出去那麼久，怎麼也不與母親聯繫呢？宇鋒發起了牢騷：「爺爺是叔叔送走的，但沒花什麼醫藥費，就算了；現在奶奶也是叔叔送走的，除了喪葬費以外，還有一大筆醫藥費，什麼時候能還完都不知道呢！」

我說：「管他呢！債多不壓身，慢慢來吧！」陳挺插嘴了一句，說母親住院期間的費用應該由二哥、姐姐和我平均分攤。我笑了，說他們沒趕上，我比他們幸運，有機會盡點孝心。我半開玩笑半酸楚地對姪兒說：「你爸爸和你姑姑這輩子是沒機會了。」

我回到家裡粗略一算，儘管再三節省，母親這筆喪葬費還是得花去兩千多元。我很有感觸地對宇鋒說：「在北京生活不容易，死了也不容易啊！」

這不是玩笑話，對我們這些「漂」在北京的低收入者而言，事實的確如此。如果不是陳挺，我真不知道那天如何處理母親的後事。

很久以後我才知道，那天跟陳挺借來救急的錢是陳挺公司的公款，他也因此受到老闆嚴厲的斥責，差點丟掉飯碗。這份深厚的情意令我終生難忘。

九十三

母親走後，我渾身散架似的疲憊不堪，在家裡連續睡了好幾天才醒來。細細想來，從母親住院到病逝，我一直像顆高速旋轉的陀螺，身心疲憊在所難免。母親在時，我心裡始終緊繃著一根弦，不敢有絲毫懈怠，所以沒有感覺到這一點。母親一走，這口氣終於鬆懈下來，頓時沒有了精神，不倒下才怪了。

客觀來說，母親離去對我的影響不僅是痛苦，更多的是歉疚，而所有的苦痛隨著母親的離去灰飛煙滅，代之而來的是長時間的深深內疚與思考。我經常捫心自問，我為母親做了什麼？我盡到「人子」義務了嗎？答案模糊得像一瓶綜合果汁，品嘗不出真正的滋味。我一邊覺得自己盡心盡力了無可厚非，一邊又覺得自己什麼都沒做好像跑龍套的瞎忙活，眼睜睜看著母親離我一點點遠去卻無能為力。

母親生前對我是那樣呵護與恩惠，可是當她面臨災難的時候，我卻無可奈何。也許我的母親與許多母親一樣平凡。不過就我個人而言，用「偉大」來形容我的母親一點也不過分。她為我盡了一個母親所有的一切。沒有她的呵護、關愛甚至縱容庇護，或許我今天是另一種景象。父親給了我理智、正直和寬容；母親則給了我自信、勇氣與堅強。父母生前對我寄予深切的期望，可是我辜負了他們。父母之所以對我寄予深切期望，並不是我比二哥和姐姐聰明或有潛能，而是他們與生俱來的舐犢之情。畢竟我與其他孩子不一樣，父母的感情天秤自然向我傾斜。好比園丁栽樹養花一樣，對受到病蟲侵擾的花草樹木需要多些關照。往往付出的就多了一分牽掛與期許。他們希望汗水沒有白流，母親的表現尤為明顯。

　　實事求是地說，無論資質或條件，我都不是一塊好料，是父母這塊肥沃的土壤令我沒有過早夭折，並且一點一點地茁壯成長。父母沒有給我留下一分物質上的財富，卻給了我取之不盡、用之不竭的生命原動力。與物質財富相比，這無疑是天大的饋贈。我怎能不對他們心懷感恩與歉疚呢？孩子對父母的義務與父母對孩子的呵護永遠無法相提並論。世上只有忘恩負義的兒女，少有虐待兒女的父母。兒女對父母做了該做的事自認為很了不起了，可是與父母的付出相比，不過是滄海一粟。

　　我終於明白為什麼母親走了以後，我沒有感覺到太多痛苦，因為我是孩子。孩子的心是盡了義務即可，而父母的心是永恆的愛！懂得這一點，我可以大言不慚地宣布：「我長大了。」父母在天之靈一定能夠聽到，因為他們的愛一直在延續。

　　為母親燒「三七」的那天晚上，我問宇鋒想回去找姐夫還是留在北京，他說一切聽我安排。他又強調工廠裡的工作很辛苦，薪水又不高。我笑著說北京也有辛苦的地方。宇鋒說我要他走他就走，我要他留他就留。我知道他曲解了我的原意，於是笑著說：「想不留你也不行，你爺爺奶奶再三交待過要好好對待他們的寶貝孫子。」宇鋒這才笑了，說他馬上出去找工作。我告訴他「工欲善其事，必先利其器」。他看著我，顯得一臉困惑。我笑了，心想：「他現在根本不懂，跟他說這些為時過早。」我建議他先學點本事再去找工作，並且鄭重其事地告訴他，只給他三個月時間，行不行看他的造化。宇鋒擲地有聲地表示一定不會讓我丟臉。

　　我送他去電腦速成班學習一段時間，然後介紹他去網咖實習。網咖老闆是我的朋友，他一邊在酒吧當歌手一邊經營網咖。他叫小舟，新疆人。他聽說要實習的人是我姪子，不但爽快答應了，而且按正職待遇支付薪水。宇鋒在那裡實習了一段時間後，陳挺介紹他去一家數位相機公司工作。

　　宇鋒正式工作後，我建議他搬出去住。他剛開始不同意，說在我身邊互相有個照應。我狠下心說：「你是你，我是我，你不用想著管我，我更不會管你。」他見我決心已定，沒有再說什麼。

宇鋒搬走那天，我希望他做人明辨是非、明理誠信。這是父親在遺言中對我的要求，我將它傳給了下一代。宇鋒很懂事，工作兢兢業業，為人處事還說得過去。他現在有了女朋友，是個不錯的女孩，不但勤儉持家，而且還有一份穩定的工作。

九十四

北京是一個朝氣蓬勃、日新月異的大都市。機遇和挑戰無處不在，誘惑和陷阱無孔不入。有人揚名立萬，有人頹廢沉淪，大多數人則滿懷憧憬地徘徊在理想與現實的邊緣。沒有人知道明天將發生什麼，不過每個人星星點點的欲望之火不會因為明天即將發生的事情而消失。這就是北京的魅力！它兼收並蓄，包羅萬象；紛至沓來的人大多看準了這一點，才抱著僥倖心理前仆後繼，簇擁而來。

若將都市比喻成一座欲望膨脹的火山，用「鋪天蓋地的飛蛾」來形容漂在北京的人真是再恰當不過了。飛蛾撲火的一剎那，感覺一定痛快淋漓。或許飛蛾撲火之前看到了天堂，否則不會有那麼多飛蛾向著燃燒的火焰迎面撲去。代價是疼痛，甚至毀滅，但正是這種疼痛與毀滅，造就了另一種重生。

我與許多人一樣，很想體驗一下飛蛾撲火時痛快淋漓的感覺。但也僅僅是想想而已。因為上天扣留了我飛翔的翅膀。所以轟轟烈烈的重生對我來說只是美麗的奢望，於是我別無選擇地走在生存的路上。

母親過世以後，我情緒低落了一陣子，隨後想辦法賺錢還債。母親治療期間大部分的費用都是向朋友借的。為了盡快還清債務，我攬了一些文字類兼職的工作。隨著經驗的不斷積累，又有一點文字的基礎，我的膽子越來越大。什麼編輯、編寫、代寫、潤稿、校對等等，只要價錢合理，來者不拒。雖然只是兼職，我對待工作卻是兢兢業業、一絲不苟，深得客戶的信賴與好評。但凡我兼職過的地方，只要有適合我做的事情，客戶一般情況下都會第一個想到我。有些熱情好心的客戶還將我介紹給同行，因此我的收入漸漸有了保障。

　　我最得意的一件事是給某大學的一位副教授文集做編輯。文集裡包括散文、詩歌、小說、戲劇等多種文學體裁。公司老闆指名道姓要我做編輯，我接到任務後誠惶誠恐。畢竟這是大學教授一生的心血，我有能力勝任嗎？為此我查閱了許多資料，並且多次與作者本人溝通。書出版時，老教授特意給我寫來了感謝信。我心裡非常高興，那種被人認同的滿足感令我欣喜若狂。有了一次這樣的經歷，我的自信心如同火箭升天般，一下子騰空而起。

　　我那時偶爾給一些有資歷的人代筆寫東西，反應還不錯。遺憾的是自己寫的東西卻掛上別人的名字，心裡不免怪怪的、酸酸的。可是一想到「這是我寫的」，不禁又多了幾分自豪感。我曾在許多大公司名下的小公司兼職過。多次擔當這些小公司主辦的青少年作文大賽的評委。類似的大賽難免有些作假的成分，不過我可以問心無愧地說，在我的手下沒有遺漏過一篇好文章。儘管客戶為了經濟利益要我變通，我總是能找到委婉推卻的辦法敷衍過去。與我合作過的客戶知道我的為人，很少勉強我做不喜歡的事情。

　　有時礙於朋友的情面，我時不時地接到代寫畢業論文，甚至公司老闆與單位主管的演講稿，類似的事情我在收費上毫不客氣。日子一天天平凡地過著，雖然沒有固定的工作，收入也起伏不定，我的生活卻過得多采多姿。

　　我經常與朋友聚在一起品茶聊天吃火鍋，談古論今，天南海北地閒聊天下事。高興時騎車出去四處轉轉，一路上唱著流行歌曲，哼著開心小調。我住過的地方有很多人都見過我一路高歌的情景，有人羨慕，有人驚訝，有人感嘆，有人不屑。我對這一切早已司空見慣，自己開心就好。

　　我搬家時房東太太捨不得我走，好在我新住的地方離她不遠。有一次太太包了餃子送到我家，我感動得說不出話來。我投桃報李，常去她家裡看看，有時帶著相機幫他們一家人拍照。太太喜歡我照的相片，因此經常誇我：「年輕人做什麼都很能幹。」

九十五

　　一天曲薇約我吃飯，說她要走了。我問她去哪裡，她諱莫如深地表示去一個很遠的地方。傳言她早已辭掉工作，釣上一個有錢的大老闆。後來又聽

四分之一的身體，一百分的人生：生命英雄段雲球

第四部分：漂在北京

說她交了幾個男朋友，不知道為何都無果而終。她一度重操舊業，在高檔的娛樂場所當小姐。現在的男朋友比她大十七歲，她紅著臉說年紀是大了點。我笑著安慰她：「只要真心相愛，彼此間兩情相悅，這又有什麼關係呢？」她沉思片刻，說那個人允諾與她一起移民去加拿大。我開玩笑地說她以後的身分是華僑了，她沉默地看了我一眼。

閒聊時，她問我〈彩虹美人〉那首歌詞寫的是不是她？我微微一笑，說一時有感而發，正好她那天出現在那個點上。我如實告訴她形是她，神卻不是。她矜持地說，只要有沾上邊便心滿意足了。我們那天的談話聊得很深入。曲薇第一次向我透露，她知道我心裡一直看不起她，因為她曾經是陪酒小酒，還讓人包養過。我很直率地說再美麗的女人也有人老珠黃的時候。女人真正吸引人的地方是她的氣質、修養、內涵以及對生活的態度。她點頭表示認同。

她突然叫了我一聲「段哥」，此前她一直叫我「小段」。乍聽起來反而令我不習慣。她說在北京最幸運的一件事是認識了我，我很意外，覺得這話由我來說比較合適，因為我第一次重要的兼職是她力薦的結果。正是那次兼職使我接觸了文字領域的工作，此後才有了許多兼職的機會。即便她離開了那家小公司，我與客戶的關係卻沒有受到任何影響。她說若不是遇到我，也許還過著「二奶」的生活，說不定早當了流鶯。她每次看到我在市集上賣畫，心裡便想：「自己好歹是大學生，有手有腳，為什麼不如一個身障者呢？」曲薇說這就是榜樣的力量，是我對生活的積極態度刺激了她，促使她下定決心依靠自己的雙手養活自己。說完，她笑盈盈地望著我，得意之情溢於言表。

我雖然高興，卻謙虛地說這是她骨子裡有血性，我不過出現在了那個點上，剛好激發她不甘墮落的熱血。她微微一笑，說在之前的公司上班時，聽到有文學兼職的工作立刻聯想到我，她也不知道為什麼自己特別想幫我。我調侃說女人之所以偉大，是因為她們的天生富有同情心。她嫣然一笑說也不盡然，身障者那麼多，為什麼獨獨想幫我，那是因為我和別人不一樣。我嘿嘿一笑，戲謔地說：「我身上缺的部位比較多啊！」她忍俊不禁，哈哈大笑。我很少見到她這樣開懷大笑，也許這才是她真實的一面。

我們聊了很久，曲薇始終對我大加讚賞。她甚至說一直用仰視的目光看著我，將我作為效仿的目標。我受寵若驚，不免飄飄然。曲薇臨走時，忽然問我喜歡什麼動物，我愣了一下，告訴她從來沒想過這個問題。她沉吟片刻，要我好好想想。我思索了一會兒，搖了搖頭，說沒有什麼動物是我喜歡的。她鄭重其事地對我說，我很像一種動物。

我像一種動物？世界上有像我這樣的動物？我開玩笑說不會是好萊塢電影裡的怪物吧？她猶豫了一下，說我像蛇，並加重語氣強調說我就是蛇。說完，她笑嘻嘻地望著我。我問她蛇是不是太恐怖了？她要我好好想想，這個比喻是否形象貼切。我想了想，覺得有點意思，不置可否地笑了笑。

臨別時，我祝福她在國外生活得幸福快樂，希望她能闖出一番自己的事業來。她傷感地說，會夢想的年齡已經過去了，現在只想當一個賢妻良母。我點點頭說很好。二〇〇三年，曲薇去了加拿大。是真是假，我無從考證。就當她是真的吧！衷心地祝福她開心、順遂。

九十六

偶然在電視裡看到專門介紹蛇的電影，我想起了曲薇的話，她說我像蛇。細細想來，真有那麼回事。也許她說得對，我是一條搖擺在誘惑與陷阱邊緣的蛇。我看了那部專題片，真的開始喜歡上蛇。喜歡牠柔美的體型，喜歡牠靈敏的嗅覺，更喜歡牠迅速快捷的反應力以及捕捉獵物的本領。有時候我覺得自己就是一條蛇，潛行在都市森林之中，一旦發現目標，慢慢靠近，然後一躍而起將其捕獲。

蛇捕捉獵物依靠毒信一擊中的，而我獲取獵物憑藉僅有的左手。蛇沒有腳可以四處遊蕩，我也沒有腳可以縱橫馳騁。我與蛇最大的區別，就在牠的血是冷的，我的血是熱的。牠比我冷酷，我比牠熱情。蛇為了生存不講遊戲規則，於是有了《農夫和蛇》的故事，人人避之不及。而我為了生存，始終恪守道德底線，所以很多「農夫」喜歡我，大家與我攜手共進，於是一個個動人心弦的故事發生了。

九十七

去年秋天，我想好好休息一段日子，順便寫點自己的東西，於是搬到十三陵的景陵村居住了半年。

今年春天，有客戶和校園文學協會聯合舉辦首屆「新人盃」青少年作文大賽，在客戶的極力推薦下，我有幸擔當了大賽的編外評委。我評審的很多稿件與決審評委吻合，尤為高興的是，我的筆下出了兩個特等獎，占了名額的五分之一；一個一等獎，占了名額的十分之一。遺憾的是我寫東西的願望又延遲了一陣子。

我現在依然過著平凡的日子，做著兼職的工作。偶爾做做寫手、槍手之類的事情。我所以將這一切寫出來，只是想告訴大家：「沒有健全的身體並不可怕，可怕的是沒有一顆健全的心。熱愛生活吧！感恩生命吧！鍥而不捨的精神不僅能夠改變命運，而且可以創造百分百的美麗。」在芸芸眾生之中，每個人都是其中一分子，從容坦然地面對一切，生活處處充滿陽光。我感恩生命的奇蹟，所以一路快樂地走來。有那麼多人關心我、幫助我、呵護我、支持我，我有什麼理由不沿著鋪滿鮮花的路走下去呢？

我向所有關愛過我的人深深鞠躬，謝謝你們！我將一路踏歌而行，將生命的寬度一直延伸下去。我沒有可歌可泣的事蹟，更沒有轟轟烈烈的輝煌，只有生活的一點體會與感悟。它們好似海綿裡的水，擠一擠，點點滴滴便匯聚成泉。若是能在你心底滋潤一小塊綠地，我將榮幸之至。讓我們攜起手，一起迎接明天的朝陽吧！

後記 我還剩下四分之一

寫點東西的想法由來已久。當初到北京來正是基於對這座古都文化氛圍的憧憬和嚮往。到了這裡才知道，光有熱情和想法還遠遠不夠，我那點墨水還不足以讓我在這個人才薈萃、競爭激烈的都市中憑藉舞文弄墨為生，終於體會到「先謀生計，後謀業績」的重要性。「知子莫若父」，想當初，父親早看出我急功近利、好高騖遠的盲目心態，於是將如此厚重的金玉良言相贈，真可謂用心良苦。

在現實中堅持一種夢想，在世俗中固守一份執著真的好難。一天天長大，徘徊在理想與現實的裂痕之間，我忽然發現一些美好的東西被現實的熔爐無情地焚化了：原來理想和現實是兩種完全不同的顏色。在現實的色彩面前，理想不過是一抹脆弱的點綴。儘管如此，我堅持將這一抹脆弱點綴到現實的調色盤上。因為我知道在理想和現實之間，健全人有健全人的煩惱，身障者有身障者的快樂。健全人做不到的，不等於身障者也做不到。

理想和現實之間的這扇門對每個人都是平等的，只有永不放棄的人才可以走進來。其實這扇門從來沒有關上過，一直等待著我們走進去，只是很多人還沒走到它的門口便已放棄了。

於是，我一直慢慢地走著。雖然有點累，有點苦，甚至有點痛，可是我知道我離那扇門越來越近，只是還需要一些運氣和機遇。

也許是機緣巧合，也許是上天作美。二〇〇五年秋天，有同鄉到北京來辦事，經他介紹，我認識了劉燁先生。我們年齡相當，趣味相投。不同的是他事業有成，公司已初具規模，正是大展宏圖之時。我沒想到偌大的北京城居然還有一位同鄉在這裡尋夢。

劉燁先生具有湖南人特有的性格特點，求真務實。他聽了我的遭遇、看到我的實際情況以後，既驚訝又關切，建議我寫一本書。我原想寫一部小說，他說我就是一本很好的書，鼓勵我將自己的經歷寫出來。我一直覺得自己沒什麼可寫的，和普通人一樣平凡而渺小。他說我雖然平凡而渺小，可是我的經歷和行為卻不是每個人都能擁有和做到的。正是這種平凡和渺小，蘊涵了一個人對生活的真正理解和感悟。他要我想想：我為什麼能夠走到今天？

劉燁先生的話宛如一塊石頭，在我的心湖泛起陣陣漣漪。是的，我為什麼能夠走到今天？就我個人而言，只是做了自己該做的事，沒有什麼值得書寫的。倒是那些關心我、支持我、幫助過我的人值得寫一寫：像姑姑、大媽、小紅姐；小海、陳挺、二姐和二姐夫、高偉、江波向；還有孟香、小帆、曲薇、陳丹等等，而其他認識和不認識的人更是數不勝數。

第四部分：漂在北京

　　當然最主要的還是我的親生父母。他們為我操勞了一生，牽掛了一生，呵護了一生，直到離開這個世界，心裡仍然念念不忘。所以說我是一個幸福的人，集萬千寵愛於一身。同時我又是一個內疚壓抑的人，背負著還不清的感情債。我除了感恩生命的奇蹟，還能做什麼呢？劉燁先生的提醒和幫助促使我拿起了沉甸甸的筆，還原生活中的點點滴滴，希望能給其他身障朋友一點啟示，給健全人一點鞭策。世界沒有拋棄任何人，首先要學會自重自愛；世界是五彩繽紛的，積極參與了才能看到它的美麗。

　　如果這個目的達到了，我就心滿意足了。

　　上帝是公平的！祂收去了我身體的重要組成部分，卻給了我一顆頑強不屈的心。我不是上帝的寵兒，祂卻使我懂得一條做人的基本準則：「不管生活有多麼艱難，我們都要微笑著去面對！」我相信，只要不放棄，我便不會成為上帝的棄兒！

　　財富可以改變生活的狀態，身體可以影響人生的品質，心靈則決定了生命的寬度。人只能活一次，是否精彩，完全取決於自己的行為方式！

　　謝謝你們，親愛的人們！

段雲球

男兒心如海 衝浪需潮湧

國家圖書館出版品預行編目（CIP）資料

四分之一的身體，一百分的人生：生命英雄段雲球
/ 段雲球 著 . -- 第一版 . -- 臺北市：崧燁文化，2020.02
　　面；　公分
POD 版

ISBN 978-986-516-312-9(平裝)

1. 段雲球 2. 身心障礙者 3. 傳記

782.887　　　　　　　　　　　　　　　108022305

書　　名：四分之一的身體，一百分的人生：生命英雄段雲球
作　　者：段雲球 著
發 行 人：黃振庭
出 版 者：崧燁文化事業有限公司
發 行 者：崧燁文化事業有限公司
E - m a i l：sonbookservice@gmail.com
粉 絲 頁：　　　　　　　網 址：
地　　址：台北市中正區重慶南路一段六十一號八樓 815 室
8F.-815, No.61, Sec. 1, Chongqing S. Rd., Zhongzheng
Dist., Taipei City 100, Taiwan (R.O.C.)
電　　話：(02)2370-3310 傳　真：(02) 2388-1990
總 經 銷：紅螞蟻圖書有限公司
地　　址：台北市內湖區舊宗路二段 121 巷 19 號
電　　話：02-2795-3656 傳真 :02-2795-4100　　網址：
印　　刷：京峯彩色印刷有限公司（京峰數位）
　　本書版權為千華駐讀書堂出版社所有授權崧博出版事業有限公司獨家發行電子
　　書及繁體書繁體字版。若有其他相關權利及授權需求請與本公司聯繫。
定　　價：250 元
發行日期：2020 年 02 月第一版
◎ 本書以 POD 印製發行